U0755885

中国特色社会主义
理论与实践论丛

ZHONGGUO TESE SHEHUI ZHUYI
LILUN YU SHIJIAN LUNCONG

常绍舜◎著

中国政法大学出版社

2020·北京

图书在版编目（ＣＩＰ）数据

中国特色社会主义理论与实践论丛/常绍舜著.—北京：中国政法大学出版社，2020.11
ISBN 978-7-5620-9747-1

Ⅰ.①中… Ⅱ.①常… Ⅲ.①中国特色社会主义－研究 Ⅳ.①D616

中国版本图书馆 CIP 数据核字(2020)第 232083 号

出 版 者	中国政法大学出版社
地　　址	北京市海淀区西土城路 25 号
邮寄地址	北京 100088 信箱 8034 分箱　邮编 100088
网　　址	http://www.cuplpress.com（网络实名：中国政法大学出版社）
电　　话	010-58908285(总编室) 58908433（编辑部）58908334(邮购部)
承　　印	固安华明印业有限公司
开　　本	720mm×960mm　1/16
印　　张	22.75
字　　数	370 千字
版　　次	2020 年 11 月第 1 版
印　　次	2020 年 11 月第 1 次印刷
定　　价	109.00 元

目　录
CONTENTS

|第一部分　论马克思主义中国化问题|

|第二部分　论改革的方法问题|

|第三部分 论文化问题|

|第四部分 论人生问题|

|第五部分　论社会问题|

|第六部分　论法治问题|

第七部分 论教育问题

|第八部分　论哲学问题|

|第九部分　论价值问题|

|第十部分　论经济问题|

|第十一部分 论环境问题|

|第十二部分 论科学问题|

|第十三部分 论创新问题|

第一部分

论马克思主义中国化问题

1. 从"以人为本"到"以人民为中心"

"以人为本"是党的十七大确定的科学发展观的核心内容。这一发展理念是针对当时"以物为本"的发展倾向而确立起来的，完全符合当时社会历史发展的要求，对于推动我国社会"以人为本"的全面发展起了科学指导作用，是我们党的发展理念的一个重要阶段。"以人民为中心"是党的十九大提出的"新时代中国特色社会主义思想"的重要内容，它是适应我国当前"全面建成小康社会"的总体要求而提出来的，是我们党坚持"五位一体"总体布局和"四个全面"战略布局的重要指导方针，是我们党的发展理念的一个新阶段。"以人民为中心"同"以人为本"的提法，在本质上是一致的，但"以人民为中心"的命题更具有科学性：

一是更能体现我们党的宗旨。我们党的宗旨是全心全意为人民服务，为此必须坚持人民主体地位，坚持立党为公、执政为民，把党的群众路线贯彻到"治国理政"全部活动之中，把人民对美好生活的向往作为奋斗目标，依靠人民群众创造历史伟业。而"以人为本"作为一种发展理念并不为无产阶级政党所独有：早在两千年前的中国古代就已经被封建阶级的思想家管仲提出来了，如《管子》中就说"夫霸王之所始也，以人为本"；到了近代，"以人为本"更成为西方管理学家的一个重要主张，后又发展为一个管理学派。当然，我们党提出的"以人为本"的内涵无论与古代还是近代都是有本质不同的，对此，党的十七大报告已有明确解释。然而，就字面而言，却难以看出这种差别，因而它也就不能把我们党"全心全意为人民服务"的宗旨全面准确地体现出来，而"以人民为中心"的理念却可以全面准确体现出我们党的宗旨，避免"以人为本"理念表述上的缺陷。

二是更能体现社会主义的本质。社会主义的本质就是"解放生产力，发展生产力，消灭剥削，消除两极分化，最终达到共同富裕"，这是经济学上的概括。从政治学上看，社会主义的本质就是人民为主体的社会，作为执政的共产党必须充分尊重人民群众的主体地位，全心全意为人民服务，必须"一切为了人民群众，一切依靠人民群众"，一切以满足人民群众的根本利益需要为转移。所以，"以人民为中心"的理念也更能体现出社会主义社会的本质特征。而从字面上看来，"以人为本"中所说的人是指一切人，既包括人民群众，也包括执政党人自身，因而无法鲜明体现出"人民主体"这一社会主义的本质。

总之，"以人为本"的理念是相对于"以物为本"的理念提出来的，其目的是要求党和政府把发展的目标定位于人；而"以人民为中心"的理念则是针对执政党与人民群众的关系提出来的，其目的是要求党和政府把发展目标定位于服务人民群众。因此，"以人为本"的理念不能全面体现出共产党的宗旨和社会主义社会的本质要求，而"以人民为中心"的理念则可以完美地体现出这两点。从"以人为本"发展到"以人民为中心"不仅是提法的改变，还是我们党在发展理念表述科学性上的重要提升，也是我们党在发展理念认识上的一次飞跃。

（本文发表于 2018 年 2 月 8 日《社会科学报》第 1595 期）

2. "全面建成小康社会"理念的提出是"新时代中国特色社会主义思想"的诞生标志

新时代中国特色社会主义思想是指导我们党和国家现在和未来发展的根本思想，然而它的诞生标志是什么？这是一个有分歧的问题。笔者认为，这一重要思想的诞生始于"全面建成小康社会"理念的提出。理由如下：

首先，这是由历史发展的必然性决定的。邓小平同志曾为我国设计了"三步走"的发展战略。第一阶段的发展任务早在 20 世纪 80 年代中期就已经完成了。"全面建成小康社会"是我国社会第二个发展阶段的目标。21 世纪初期我国基本上进入了小康社会，但也有很多方面尚未达到小康社会指标要求，故党的十六大提出全面建设小康社会的目标，十七大进一步发展和丰富全面建设小康社会的内涵，十八大提出全面建成小康社会奋斗目标的新要求。从"三步走"发展战略的实现过程来说，全面建成小康社会的目标实现了，我国发展战略的第二步任务也就完成了，下一步必然要向着第三阶段目标——"中等发达国家"的目标前进，而这个"中等发达国家"的目标也就相当于我们今天说的"富强民主文明和谐美丽的社会主义现代化强国"目标。所以我们今天正在全力为之奋斗的"全面建成小康社会"目标乃是第二步发展阶段的终点，因而也必然成为下一个历史发展阶段的起点。又由于"全面建成小康社会思想"和"新时代中国特色社会主义思想"都是这两个历史发展阶段的理论表现，因而前者也就必然成为后者的逻辑前提或起点。

其次，新时代中国特色社会主义建设的主要矛盾也是在全面建设小康社会过程中主要矛盾解决的基础上新产生的。

全面建设小康社会进程中的主要矛盾是"人民日益增长的物质文化生活需要同落后的社会生产之间的矛盾"，这一矛盾将随着小康社会的全面建成而得到基本解决。然而，旧的主要矛盾解决了，新的主要矛盾又出现了。而新的主要矛盾的出现无疑也以旧的主要矛盾的解决为前提。而新的主要矛盾正是新时代中国特色社会主义建设所要解决的问题，由于主要矛盾不同，解决的方式也不同，十九大提出的新时代中国特色社会主义的十四个方面的战略正是解决新时代主要矛盾的战略，也是新时代中国特色社会主义思想的主要内容。

最后，新时代中国特色社会主义的建设目标也是以全面建成小康社会为基石的。十九大《报告》指出"从二〇二〇年到二〇三五年，在全面建成小康社会的基础上，再奋斗十五年，基本实现社会主义现代化""从二〇二五年到本世纪中叶，在基本实现现代化的基础上，再奋斗十五年，把我国建成富强民主文明和谐美丽的社会主义现代化强国"。这就说明，新时代的历史任务的提出和实现是以全面建成小康社会为基础的。目前，我国正处于"全面建成小康社会决胜期"，我们应该在以习近平同志为核心的党中央领导下，集中精力做好这一时期的工作，这是新时代中国特色社会主义建设的首要任务内容。

总之，"全面建成小康社会"的理念虽然不是新时代中国特色社会主义的核心内容，却是它的首要内容；虽然不是新时代中国特色社会主义的主要标志，却是它的第一标志。我们在学习和贯彻新时代中国特色社会主义思想体系的时候，应该首先学习和贯彻好"全面建成小康社会"的思想内容。只有这样，我们才能全面系统地掌握好这一思想体系，并将其落到实处，使其在中国特色社会主义现代化建设史上开出光辉灿烂之花，并结出中华民族伟大复兴的丰硕之果。

（本文发表于 2018 年 4 月 5 日《社会科学报》）

3. 马克思主义研究不能只走学术化之路

现在有越来越多的青年学者从学术上对马克思主义进行研究：或专注于考察马克思主义产生的历史背景和思想渊源，或专注于考察马克思主义的文本形态和原初内容，或专注于梳理马克思主义的历史发展过程和现实流派，等等。这种研究对于我们准确把握经典马克思主义的思想内涵及其历史脉络无疑是必要的，对于提高马克思主义研究在整个社会科学研究中的历史地位也是有意义的。但我们不能只对马克思主义进行这种学术研究，而应该把研究重点放在马克思主义现实形态上，特别是放在如何将其与新时代、新国情结合的问题上，放在新时代中国马克思主义的建设和发展上。

首先，马克思主义是在社会实践中产生的，是一门社会性和实践性极强的学问，它只有永远与社会实践保持密切联系才有永恒的生命力。马克思主义的根本价值也在于能够指导无产阶级和人民群众的社会实践，在于指引人民改造世界的行动，只有紧密联系社会实践需要，特别是联系我国当前社会主义现代化社会实践的需要研究马克思主义，才能使其充分发挥出现实价值。总之，只有紧密联系当前社会实践来研究马克思主义，才能使其不断获取新的营养，推动其不断丰富、更新和发展，也才能使其发挥出巨大的历史功能和价值。脱离社会实践特别是今天的实践来研究马克思主义，必然使之成为僵化的教条，至多使马克思主义成为历史上转瞬即逝的一道火光，而却无法使之成为永远照亮历史前进方向的明灯。

其次，马克思主义不是单纯的知识体系，而是立场、方法和情感的统一。现在学界对马克思主义的研究，往往只是将其作为一种单纯的知识体系来对待，重在探索其内在逻辑的科学性，这种对马克思主义的认识是十分片面的。马克思主义首先是一种阶级立场，只有站在无产阶级和人民大众的立场上才有可能掌握马克思主义真理；马克思主义还是一种辩证的科学方法，只有学会这种方法，才有可能正确地认识世界、评价世界和改造世界；马克思主义还是一种情感和人文关怀，只有对无产阶级和人民群众怀着热烈的情感和深刻的人文关怀，才能自觉地和持久地钻研其内容和精神实质。总之，马克思主义是立场、方法、情感的统一，只将其作为知识体系来对待是无法从整体上把握马克思主义的。

再其次，只搞单纯的学术研究，容易脱离群众，不利于马克思主义的普及。学术研究需要掌握大量的历史资料，并需要对这些资料进行仔细分析和深入思考，而广大群众（包括一般研究者群众）是不可能具备这一条件的，他们只能根据社会现实和自身经验，来体会和把握马克思主义理论的要旨和功能，并用作行为指导。如果过分强调研究的学术性，就会把广大群众排除在研究马克思主义的队伍之外，而使之成为少数专家和学者的专利，也难以使研究成果为现实服务，这是不利于马克思主义普及和在今天发展的。

最后，我们今天研究马克思主义，是为了更好地将其与新时代中国特色社会主义建设实践相结合，进一步完善中国马克思主义理论体系和中国特色社会主义制度体系，实现中华民族的伟大复兴，为马克思主义在今天的发展做出贡献。诚如习近平"在纪念马克思诞辰 200 周年大会上的讲话"中所说，"我们要坚持用马克思主义观察时代、解读时代、引领时代，用鲜活丰富的当代中国实践来推动马克思主义发展，用宽广视野吸收人类创造的一切优秀文明成果，坚持在改革中守正出新、不断超越自己，在开放中博采众长、不断完善自己，不断深化对共产党执政规律、社会主义建设规律、人类社会发展规律的认识，不断开辟当代中国马克思主义、21 世纪马克思主义新境界"。

（本文发表于 2018 年 8 月 16 日《社会科学报》）

4. 从"猫"论到"鞋"论

"猫"论是邓小平对检验真理实践标准的形象概括，不过其当时针对的对象是关于社会主义和资本主义的道路之争的问题，认为"判断的标准，应该主要看是否有利于发展社会主义社会的生产力，是否有利于增强社会主义国家的综合国力，是否有利于提高人民的生活水平。"[1]这一关于判断社会主义和资本主义标准的论述，极大地解放了人们的思想观念，把全国人民的注意力集中到了社会主义现代化建设中来，空前推动了我国社会的发展和进步。

"猫"论虽然给出了判断社会主义和资本主义的科学标准，然而由于当时

---

[1]《邓小平文选》（第三卷），人民出版社 1993 年版，第 372 页。

处于改革开放的初期，社会主义在这三方面的优越性尚未通过实践结果显示出来，因而最终的检验也就不可能做出，故其意义只是能给日后的社会主义建设指出前进方向。但到了 21 世纪的今天，这一情况已经发生根本转变：首先，经济建设取得重大成就，我国已成为世界重要的制造业大国，在科学技术的诸多方面已站到世界第一的位置；其次，综合国力有了显著提升，国内生产总值已稳居世界第二；最后，人民生活不断改善，人均可支配收入日渐提高，群众就业状况、健康状况、社会保障状况持续改进，生态环境水平不断提升。实践已经证明，我国人民选择的中国特色社会主义道路是完全符合中国国情的，是符合中国人民根本利益的，因而也是完全正确的。正因为如此，2013 年 3 月 23 日，国家主席习近平在莫斯科国际关系学院发表重要演讲时说，"'鞋子合不合脚，自己穿了才知道'。一个国家的发展道路合不合适，只有这个国家的人民才最有发言权。"笔者将这一形象说法概括为"鞋"论。

显而易见，习近平的这一"鞋"论与邓小平的"猫"论是有着继承关系的。如果说"猫"论是源，则"鞋"论就是流；如果说"猫"论是实践标准的理论设计，则"鞋"论就是实践标准的施工结果。总之，"猫"论和"鞋"论是内在统一的，中国特色社会主义道路既是实践检验的目标，又是实践检验的过程和结果。

当然，实践检验既有绝对性，也有相对性。因为实践是不断发展的，被实践检验的认识结果也会不断发展。今天的实践证明：中国特色社会主义道路是正确的道路，明天的实践可能证明它也有不完善的地方，因而作为被需要的"鞋"也需要完善和修正，把任何思想和观念绝对化都不可取。但是从总体上和方向上说，中国特色社会主义道路是唯一正确的道路，只有按照这一道路所指示的方向前进，中华民族的伟大复兴才有真正的可能最终获得实现，这是"鞋"论告诉我们的真理。

(本文发表于 2018 年 7 月 5 日《社会科学报》)

5. 哲学应当关注的现实对象

哲学研究应当关注现实，具体应关注如下四个方面的内容：

首先，哲学应该关注现实世界的发展本原。马克思主义哲学认为，世界万物都是有其本原的，现实世界也是如此。现实世界的本原主要有两方面：一是社会生产方式，二是以往历史。对我国而言，今天的社会现实正是以特定生产方式为本原的。现实生产方式的特征是：生产力以机械化为主，信息化为辅；生产关系以公有制为主，私有制为辅；经济运行方式是社会主义市场经济，同时也有宏观调控。现实社会现象都是此种生产方式的反映。我国现有的一切不仅是这种生产方式的反映，还是我国特定历史的产物：一是新民主主义革命和社会主义革命历史的产物；二是"人多、底子薄"这一基本国情的产物；三是改革开放政策的产物。现实各种社会现象也都应以此为基础加以说明。

其次，哲学应该关注现实世界的发展阶段。马克思主义哲学认为，任何事物都处在特定的发展阶段中，超阶段的事物是不存在的。我国现实则处在社会主义初级阶段。一方面，其在性质上是社会主义，这主要表现在对"四项基本原则"的坚持上；另一方面，我国又是初级阶段的社会主义：生产力总体水平不高，生产关系还存在多种不同类型，社会政治制度实行人民民主专政，社会文化还存在多元化情况。不了解我国所处的这一特殊阶段，就不能正确解决我国社会发展中的问题，就不可能制定出正确的指引社会发展的路线方针和政策。

再其次，哲学应关注现实世界发展的动力。马克思主义哲学认为，任何事物都是在矛盾推动下前进的，无矛盾的事物并不存在。我国现实中的矛盾很多，但主要矛盾仍然是人民日益增长的物质文化需要同落后的社会生产之间的矛盾。其中，落后的生产力是矛盾的主要方面，这是我国目前实行"供给侧"改革的基本原因。我们要推动现实社会的进一步发展，保证在 2020 年全面建成小康社会，就必须通过改革和创新，大力发展社会生产力，使广大人民群众的需要不断得到满足。

最后，哲学应该关注现实世界发展的方向。马克思主义哲学认为，任何事物都是有着自身特点的发展方向的。我国社会也不会永远停止在现实发展阶段，它必然还会进一步向前发展。而发展的未来则是中国特色社会主义制度的发展和完善。这包括：中国特色社会主义理论体系的不断完善，中国特色社会主义价值体系的不断完善，中国特色社会主义制度体系的不断完善，中国特色社会主义控制体系的不断完善，中国特色社会主义实践体系的不断完善。我国社会的最终发展方向是建成共产主义社会。

当然，我们这里所说的现实是指国内现实，尚未包括国际现实。但从哲学上关注国际现实同样应包括上述诸点。总之，马克思主义哲学对现实的关注应体现在对现实的本原、发展阶段、发展动力、发展方向等问题上，并争取得出正确结论。只有这样，人们才能对现实得出科学的认识，并作为自己行动的向导。

（本文写于 2016 年 4 月 21 日）

6. 中国马克思主义是科学概念

中国马克思主义是我国在马克思主义中国化进程的第二个阶段（改革开放以后）诞生的一个概念。由于马克思主义中国化范畴主要强调的是过程，而对于这一过程的结果则缺少一般性范畴加以概括，因而人们创造性地提出了中国马克思主义的概念以代之，其目的是概括新阶段以来马克思主义中国化的系列成果，以防止理论称谓过于分散，其内容则包括毛泽东思想、邓小平理论、"三个代表"重要思想、科学发展观、习近平新时代中国特色社会主义思想等。此外，由于中国历史已由革命时代进入建设时代，马克思主义中原有关于革命的内容已经不再适用，而有关社会主义建设的理论内容又不足以指导我国社会主义实践，因而迫切需要创立符合社会主义新阶段发展规律的马克思主义理论体系以满足需要，而由于这些理论只能在马克思主义一般原理指引下、从中国当代实际出发来建立，因而也就使中国马克思主义概念的提出更加成为必需。

中国马克思主义概念的本质是什么呢？就是符合当代中国实际的马克思主义，其内容涵盖马克思主义理论体系的各个方面。这里需要指出：由于适用对象的不同，马克思主义并非只有一种形式，而是有着多样性。如有经典马克思主义和现代马克思主义之分，前者主要反映历史上的实际，后者则主要反映现代实际；也有俄国的马克思主义（列宁主义）和中国的马克思主义（毛泽东思想、邓小平理论等）之别，前者主要符合俄国的实际，后者则主要符合中国的实际。不同阶段和地域的马克思主义理论有着共性，即都以辩证唯物主义和历史唯物主义为世界观基础，因而都是马克思主义；但也有着时空适用性的区别，因而成为具有不同特点的马克思主义。只看到马克思主义的共性是不行的，这容易导致教条主义的错误；只看到马克思主义的个性也不够，这容易导致经验主义的弊病。总之，应当把马克思主义的共性与个性统一起来，而中国马克思主义则是符合这一要求的概念。

中国马克思主义与马克思主义的中国化并非水火不相容，而是相互作用的统一体。从逻辑关系上说，中国马克思主义是马克思主义中国化的必然结果，没有马克思主义中国化，就不会有中国马克思主义，这是人所共知的，所以我们今天要建设好中国马克思主义，就要进一步做好把马克思主义中国化的工作。但是这二者关系又不仅仅如此，中国马克思主义也对马克思主义中国化有巨大反作用，没有建立中国马克思主义的理论需求，马克思主义中国化就会失去动力；不建设好中国马克思主义，马克思主义中国化也会成为没有结果的东西而受人诟病。所以这两者之间是相互作用的，我们不应该用一个来否定另一个，而应该建立二者的统一。当然，在不同时期这两者的地位又是不同的：在人们缺乏对马克思主义中国化重要性认识的情况下，应该强调做好马克思主义中国化工作，而在人们缺少中国马克思主义理论指导的情况下，建设中国马克思主义的工作又应成为重点。具体到今天而言，由于各行各业均感到马克思主义理论供应不足，则应着重建设中国马克思主义，包括建设中国马克思主义哲学、中国马克思主义政治经济学、中国特色科学社会主义等，这是中国特色社会主义现代化建设"顶层设计"的根本内容。

恩格斯指出："一个民族要想登上科学的高峰，究竟是不能离开理论思维的。"[1]我们今天尚属于发展中国家，在经济、政治、文化、社会、生态建设各方面，还与发达国家有着不少差距，距离实现中华民族伟大复兴的"中国梦"还有着很长的路要走，要实现共产主义伟大理想则更需要几百年甚至上千年的艰苦奋斗。我们要保障实践的成功，就必须始终有不断发展的伟大理论做指导，而这一理论只能是建立在马克思主义中国化基础上的不断发展的中国马克思主义。

（本文写于 2016 年 6 月 1 日）

---

[1]　《马克思恩格斯选集》（第 4 卷），人民出版社 1995 年版，第 285 页。

7. 马克思主义是一门实践知识

现在如果拉出一个贪官来问：你信仰马克思主义吗？贪官肯定会毫不犹豫地说：信仰。可是你要继续问他：马克思主义允许搞贪污腐败吗？贪官肯定就无语了。这说明什么？说明贪官们在宣布自己信仰马克思主义时，是没有把它作为一种实践知识来对待的，他们只是把马克思主义作为一种纯理论知识来对待而已，根本没准备在实践上实行马克思主义。

马克思主义本质上是一种革命（广义）实践体系，作为科学的思想体系只不过是这一革命实践体系的反映罢了。马克思曾把共产主义者称为"实践的唯物主义者"[1]，以与费尔巴哈理论的唯物主义相区别，他还说过"一步实际行动比一打纲领更重要"[2]，列宁也特别重视实践问题，提出"生活、实践的观点，应该是认识论的首要的和基本的观点"[3]，毛泽东更是重视实践问题，他把马克思主义认识论称为实践论，并提出学习马克思主义要"有的放矢"[4]，即解决实际问题。所以，看一个人是真马克思主义者，还是假马克思主义者，并不能以其掌握多少马克思主义理论知识为标准，更不能以其口头上能说多少马克思主义的词句为标准，而只能以其在实践上做得怎么样来衡量，要看其是否全身心地扑在人民事业上、是否严格要求自己廉洁清正、是否敢于对一切危害人民利益的人和事坚决斗争，一句话，要看其是否为人民鞠躬尽瘁死而后已！能够做到这些要求的，就是真马克思主义者，否则定是假马克思主义者。

现在全国各个省市都办有党校，对不同层级的党员干部经常进行马克思主义教育，这是非常重要的党建机制。但党校在制定教学计划时应把马克思主义实践学习放在重要地位，特别要突出当前所急需的马克思主义廉政实践学习、改革开放的实践学习、创新的实践学习、和人民群众紧密联系在一起的作风实践学习。要注意增强学习效果，使党政干部从党校学习毕业后真正

---

[1] 《马克思恩格斯选集》（第1卷），人民出版社1995年版，第75页。

[2] 《马克思恩格斯选集》（第3卷），人民出版社1995年版，第296页。

[3] 《列宁选集》（第2卷），人民出版社1995年版，第103页。

[4] 《毛泽东选集》（第三卷），人民出版社1991年版，第819页。

在实践上有所进步。总之，中国发展的关键在党，党的发展关键在马克思主义，马克思主义的关键在实践。只要我们设法使广大党员都深知什么是马克思主义，怎样在实践中贯彻马克思主义，中国社会主义现代化建设的成功就是铁定的，伟大"中国梦"的实现也是必然的。

（本文写于 2015 年 12 月 15 日）

8. 树立马克思主义世界观是与党中央保持一致的基本要求

与党中央保持一致是中国共产党对每一个党员的基本要求，非此不能使党成为一个统一整体，更无法实现党的目标和任务。与党中央保持一致有思想、意志、指挥、行动等多方面的要求，其中最为根本的要求是在世界观上与党中央保持一致，每个党员都应树立起马克思主义世界观。

我们党是以马克思主义世界观为指导建立起来的政党，党的理论、路线、方针、政策都是以马克思主义世界观为指导制定出来的，党的一切实践活动也都是以马克思主义世界观为指导而进行的。因此，每个党员只有树立起马克思主义世界观，才能自觉地与党的理论和实践保持一致，有效为实现党的历史使命而奋斗。如果在世界观上与党中央南辕北辙，那就无法与党中央保持全面而持久的一致性，并为党的事业做出自己的贡献。毛泽东曾经说过这样一段话："我劝同志们要学哲学。……这个东西没有学通，我们就没有共同的语言，没有共同的办法，扯了许多皮，还扯不清楚。"[1]这里讲的就是共同世界观对于保持与党中央一致的重要性。

我们党的马克思主义世界观并不复杂，其主要由辩证唯物主义世界观和唯物主义历史观两个部分构成。其中辩证唯物主义世界观认为：世界的本质是物质，而物质世界是基于内在矛盾而发展变化的，意识则是人脑对变化的物质世界的能动反映；这一世界观要求人们在认识世界和改造世界时坚持实事求是的思想路线和从实际出发的实践路线，而反对唯心主义和形而上学的思想和实践路线。唯物主义历史观则认为：人类社会的本质是以物质生活资

---

〔1〕《毛泽东文集》（第六卷），人民出版社 1993 年版，第 396 页。

料生产为基础的物质生活，社会意识则是人们对社会物质生活的能动反映，人民群众则是社会历史的主体，其实践活动乃是推动社会发展的决定力量；这一历史观要求人们在认识和改造世界时尊重社会发展的客观规律，在实践上坚持以人民群众为本位和群众路线。历史表明，我们党正是在上述理论和路线的指导下，取得革命和建设之成功的，每个共产党员，也必须坚持践行上述理论和路线，才能在工作实践上有所作为。

坚持马克思主义世界观，在认识问题和解决问题过程中也会显示出个人的特殊性，但这种特殊性是在认识和解决具体问题上显示出来的特殊性，它并不违反马克思主义世界观的基本原则，并且还是对这一原则的丰富和发展。实际上，我们要求党员与党中央保持一致，是在基本原则上保持一致，即在思想路线、实践路线上保持一致，至于在各项具体工作中则完全应该充分发挥党员个体的创造性，也只有这样，才能使我们党的各项事业显得生动活泼而朝气蓬勃，那种只是机械贯彻党中央的指示方针，而无任何结合本地本时特点的创造性的工作方法并非是真正与党中央保持一致，而只是一种懒汉的行为。这种懒汉行为是不可能在党中央领导下开创具体工作新局面的，而只能把事情搞砸搞糟，因而应该加以摒弃。

总之，我们每一个党员尤其是党的干部都应该首先在马克思主义世界观上与党中央保持一致，以此为基础在具体工作中充分发挥主观能动性，创造出有当时当地特点的有益于广大人民群众需求的业绩，为全面建成小康社会和实现伟大的"中国梦"做出自己的贡献。

（本文写于 2016 年 1 月 6 日）

9. 马克思主义中国化的五大使命

马克思主义中国化是把马克思主义的普遍性理论和实践变成中国马克思主义具体理论与实践的过程，这一过程包括五大使命：

一是把马克思主义普遍性理论体系变为符合当代中国实际的具体马克思主义理论体系，包括中国特色的哲学理论体系、政治经济学理论体系、科学社会主义理论体系（中国特色社会主义理论体系），以及其他理论体系。没有这些具体理论体系的指导，中国革命就不可能成功，中国社会主义现代化建设也无法取得成功。

二是把马克思主义普遍性价值观体系变为符合当代中国实际的马克思主义价值观体系，主要是以"为人民服务"为核心的党的价值观体系和以社会主义核心价值观为内容的公民价值观体系，这是我们党保持无产阶级本色和先进性的精神支柱，也是全国人民在党领导下建设社会主义的精神指导。

三是把马克思主义普遍性策略体系变为符合当代中国实际的马克思主义路线、方针、政策体系，这是党领导人民进行革命和社会主义现代化建设取得成功的决定性条件，没有正确的路线、方针、政策体系的指导，我国革命和社会主义现代化建设就会失去方向。

四是把马克思主义关于未来社会的理想变为符合当代中国实际的制度、体制、机制体系，包括政治、经济、文化、社会、生态诸方面的制度、体制和机制体系，这是党领导人民进行社会主义现代化建设的重要成果和根本保障。

五是把马克思主义"实验和工业"为主的实践体系变为当代中国社会主义建设实践体系，毛泽东曾把这一实践体系概括为包括生产实践、阶级斗争实践和科学实验在内的"三大革命运动"，如今，阶级斗争显然已不能作为社会主义建设时期实践体系的主要内容了，而应该代之以改革开放实践，此外还应包括社会主义现代化建设实践以及现代科学技术的创新实践，这是新时期的社会主义建设的三大实践体系，是使党的事业和社会主义建设事业永远向前发展的基本保障。

历史事实说明，马克思主义中国化过程是上述五个方面的综合过程，它也通过上述五个方面的成果表现出来。我们要自始至终注意抓好这五个环节的工作，构建好符合当代中国实际的中国马克思主义，并以其为指导，不断争取社会主义现代化建设实践的胜利，努力实现全面建成小康社会的近期目标和中华民族伟大复兴的"中国梦"。

（本文写于 2016 年 7 月 27 日）

10. 论社会主义由制度建设向体制建设的转变

长期以来，掌握了政权的各国共产党人都是立足于制度层面来建设社会主义的。作为刚刚执政的共产党人把制度的巩固和建设作为第一大事来抓并没有错，因为任何一个社会形态都是建立在政治、经济等制度基础上的，没有制度保证，社会形态就失去了根基，制度的垮塌也一定会引起整个社会的衰亡。所以任何一国的共产党人在取得政权后，都必须把主要精力放在制度的巩固和建设上来，否则无法实现社会主义的长治久安，无产阶级政党的执政地位亦无保障。

但是，制度只是社会主义社会的基础，而并不是一切。如果只是制度好，而与社会主义制度相配套的一系列体制和机制却不好，甚至与社会主义制度要求相矛盾，则社会主义就会空有先进制度的支撑，在一定条件下仍然会轰然倒塌。苏联和东欧社会主义的失败正是源于此：这些国家虽然较早地建立了社会主义制度，但它们却缺少与之配套的先进社会经济、政治、文化体制。苏联虽然在革命胜利后建立起了一套有效的社会经济政治体制，但长期墨守成规，不思进取，结果使得生产力发展缓慢，党内腐败之风盛行，党与人民群众的关系渐行渐远，社会主义优越性也丧失殆尽，这样整个社会主义制度体系也就难以不在瞬间垮台，社会主义社会的发展也就不能不在其广袤大地上停止了。

由此可见，社会主义社会的发展是不能仅以制度的建立和守护为最终目标的，更不能认为社会主义制度一旦建立就可以万事大吉了。取得政权的共产党人应该在建立起基本的经济政治制度以后，立即把主要精力集中到建立各种新的经济政治运行的体制和机制上来，特别是党的领导体制和机制上来，并注意随着社会主义建设实践的发展，不断对这些体制和机制进行调整和改革，以使其尽可能地满足社会生产力的发展需要，满足广大人民群众当家作主的需要。我国社会主义制度之所以能在东欧剧变、苏联解体的冲击下岿然不动，我国之所以经过多年奋斗跃上世界第二大经济体的台阶，正在于邓小平同志带领中国共产党人及时抓住了这一关键，开辟了轰轰烈烈的社会主义经济政治体制改革事业，这是邓小平对社会主义事业的一大贡献，也是社会主义在发展中实现的一次重大进步！

今天，以习近平同志为总书记的党中央正在领导全党和全国人民在社会主义体制建设方面胜利前进，取得了一系列成就，空前恢复了社会主义制度的活力。但是这一体制建设的使命并未最终完成，也不可能最终完成，我们还应继续努力，使社会主义的各种体制机制尽可能地适应社会生产力的发展要求，适应广大人民群众当家作主的要求，不断推动我国的社会主义事业向前发展。总之，搞社会主义不应仅仅重视社会制度建设，还要高度重视社会运行体制机制建设，并且要把二者很好地结合起来，这是社会主义事业发展过程中一条极为重要的历史经验。

（本文写于 2016 年 7 月 19 日）

11. 怎样理解全面从严治党

全面从严治党是以习近平同志为核心的党中央近期提出的重要方针，这里所谓的"全面"包括的内容很多，但主要有以下四方面要求：

一是政治上从严治党：这是从严治党的核心。中国共产党是靠党的路线、方针、政策来领导国家的，全体党员和各级组织对党中央制定的路线、方针、政策必须无条件贯彻执行，任何违反党的路线、方针、政策的言行都会危害党的领导，因而也是党所绝对不能允许的。因而各级党组织和每一个党员都必须努力学好党的路线、方针、政策，为全面准确贯彻执行党的路线、方针、政策竭尽全力。若对党的路线、方针、政策有不同意见或者建议，党组织和党员可以通过法定途径向党中央提出，但在行为上绝不允许阳奉阴违，另搞一套。毛泽东说："政策和策略是党的生命，各级领导同志务必充分注意，万万不可粗心大意。"我们应该记住他的教导。

二是组织上从严治党：这是从严治党的保障。中国共产党是一个组织严密的整体，它的每一个成员都是党组织的螺丝钉，都在党组织集体中发挥着重要作用，因而不可稍有懈怠。共产党员必须坚决服从党的组织纪律，努力做到统一指挥，统一行动，不允许破坏组织原则。决策必须坚持民主集中制，党务工作必须依组织程序进行，违反组织原则必须依纪处理。

三是思想上从严治党：这是从严治党的基础。中国共产党的指导思想就是马克思列宁主义、毛泽东思想，就是中国特色社会主义思想。对于党的指导思想必须坚定地学习和宣传，不得在党内搞什么指导思想多元化，共产党员不得信教，要勇于批判和抵制错误思想对党的侵袭。

四是作风上从严治党。作风是共产党的行事风格，不同时代对党的作风有不同要求。在革命时代，我们党形成了三大作风：理论和实践相结合的作风，和人民群众紧密地联系在一起的作风，自我批评的作风。在社会主义建设时代，除应继续坚持上述三大作风之外，还应坚持廉政作风和守纪作风，在作风上永葆共产党人的本色。

从严治党的对象是党的各级组织和每一个党员，其中重点对象是党的高层组织和处于领导地位的党员干部，必须抓住关键少数，实行精准治党。治党必须与治政、治经、治文相结合，以治党促进治政、治经、治文，同时又通过治政、治经、治文来实现治党，孤立地治党是不会收到好效果的。从严治党必须依靠民主集中制来保障，只有集中没有民主，治党难以全面，只有民主没有集中，治党难以保障效率。从严治党的目标是强化党的先进性，以保证党的执政地位永不动摇，最终是保证中国社会沿着社会主义大道胜利前进。

（本文写于 2016 年 11 月 16 日）

12. 中国共产党是在不断自我修复中前进的党

中国共产党不仅是一个善于按客观规律办事的政党，是以全心全意为人民服务为宗旨的政党，还是一个有着强大自我修复能力的政党，这是她之所以成为领导中国核心力量的又一重要原因。

首先，中国共产党能够不断修正错误，坚持正确的前进方向。

中国共产党总的奋斗目标是要在中国建成共产主义社会。但是，实现这一目标的道路却不是笔直的，而是随时随地变化着的，就像黄河那样，要经过九曲十八弯才能最终到达大海。中国共产党在为共产主义奋斗的过程中，由于主客观原因，经常会在方向上受到一些干扰，但她始终能不断做出调整，保持正确的前进方向，就像轮船上的舵手一样。例如，在民主革命时期，我们党犯过几次方向、路线性质的错误，使革命事业遭受了严重损失。但通过党的会议，特别是通过 1945 年 4 月在延安召开的六届七中全会（在这次会议上通过了《关于若干历史问题的决议》），这些错误很快被纠正了。又如在社会主义历史时期，我们又犯过"大跃进"和"文化大革命"两次错误，给人民事业造成了损失。但通过党的会议，特别是 1981 年 6 月召开的十一届六中全会（在这次会议上，也通过了一个重要文件《关于建国以来党的若干历史问题的决议》），这些错误也被纠正过来了。

老子曾经说过这样一句话："胜人者有力，自胜者强。"意思是说：能够战胜别人，说明你是有力气的；能够战胜自己的人，才是真正强大的。对于我们党也可以这样认识：她的真正强大之处并不在于能够战胜外在的敌人，而在于她能够不断战胜自己的缺点和错误！

其次，批评与自我批评是我们党自我修复能力的内在机制。

中国共产党为什么能够克服自身的错误而永葆自身的强大？最为关键的一点就是：她有着批评与自我批评这个强大的健身武器。毛泽东曾经讲过："任何政党，任何个人，错误总是难免的，我们要求犯得少一点。犯了错误则要求改正，改正得越迅速，越彻底，越好。"[1]毛泽东还说过："我们有批评与自我批评这个马克思列宁主义的武器。我们能够去掉不良作风，保持优良作风。"[2]

这里所谓"批评"主要是指发动人民群众对我们党进行批评，因为人民群众的眼睛是雪亮的，对我们党的是非功过，人民群众最清楚，批评起来也最能一语中的，当然批评也包括党内同志之间互相批评。这里所谓"自我批评"就是指我们党根据实践结果和群众反映，主动对自己所做的工作进行检讨和批评。当然也包括党员个体自己对自己的批评。

这种批评和自我批评的作风对于我们党克服缺点和错误，保持自己健康的发展是非常有效的。众所周知的 1942 年延安整风就是通过批评和自我批评的方式进行的。通过这次整风，我们党去掉了三大不良作风（主观主义、宗派主义、党八股），加强了党的团结，推进了革命事业的发展。可以说，没有这次整风，就不会有后来的中国革命的胜利！

---

〔1〕《毛泽东选集》（第四卷），人民出版社 1991 年版，第 1480 页。
〔2〕《毛泽东选集》（第四卷），人民出版社 1991 年版，第 1439 页。

最后，辩证唯物主义世界观和全心全意为人民服务的宗旨是中国共产党能够自觉修正错误和缺点的根本原因。

辩证唯物主义世界观认为，事物发展的根本原因在于事物内部的矛盾性。任何事物内部都有积极因素与消极因素，只有通过斗争使积极因素战胜消极因素，事物才能发展。共产党也是一样，其内部的思想对立和斗争是经常发生的，只有不断用正确思想克服错误思想，用正确行为纠正错误行为，党才能不断发展壮大。正是基于这一认识，我们党才敢于并善于开展批评与自我批评，并通过这种方式纠正自身的错误和缺点。正如毛泽东所说，"党内如果没有矛盾和解决矛盾的思想斗争，党的生命也就停止了。"[1]

毛泽东曾经说过这样的话："因为我们是为人民服务的，所以，我们如果有缺点，就不怕别人批评指出。不管是什么人，谁向我们指出都行。只要你说得对，我们就改正。你说的办法对人民有好处，我们就照你的办。"[2]1945年4月他在党内做《论联合政府》的报告时还深情地说："无数革命先烈为了人民的利益牺牲了他们的生命，使我们每个活着的人想起他们就心里难过，难道我们还有什么个人利益不能牺牲，还有什么错误不能抛弃吗?"[3]正是基于这种对人民的无限热爱和高度负责的精神，我们党才能坚持这种批评与自我批评精神，并随时克服自己的缺点和错误!

总之，批评和自我批评的做法是我们党区别于其他政党的根本标志之一，也是我们党能够永葆青春和强大的独门绝技!

(本文写于 2016 年 11 月 16 日)

13. 只靠单纯理性思维理解不了马克思主义

马克思主义是一个庞大的科学思想体系，必须靠强大的理性思维能力才能理解其要义、掌握其精华。但是只靠理性思维又是很不够的，还必须辅之

---

〔1〕《毛泽东选集》(第一卷)，人民出版社 1991 年版，第 306 页。

〔2〕《毛泽东选集》(第三卷)，人民出版社 1991 年版，第 1004 页。

〔3〕《毛泽东选集》(第三卷)，人民出版社 1991 年版，第 1097 页。

以强烈的无产阶级情感、丰富的社会历史实践经验和唯物辩证法思维工具才能真正理解之。

马克思主义不是一般的思想体系，而是无产阶级的思想体系，是为无产阶级和人类彻底解放服务的思想体系，因而其阶级性是很强的。缺少无产阶级的立场和视角，没有强烈的无产阶级情感，很难理解其要义，更难对其做出正确解读。现在有些学者虽然理论思维能力不差，但由于缺少这些基础要件，终难把握马克思主义的本质，甚至会不自觉地歪曲马克思主义。

马克思主义也不是纯粹的"思想框架"和靠冥思苦想得出的抽象结论，而主要是对当时历史和无产阶级实践经验的总结，它是有着强大现实性和实践性的。因而，必须是具有丰富实践经验或正在从事社会实践的人，才能感知其真理性和价值性之所在。远离实践和毫无实践经验的人，尽管其理论思维能力强大，掌握的原始材料很多，但也难以感受到其真理性和现实价值之所在。因而欲学好马克思主义，必须立足于历史的和现实的社会实践才行。

马克思主义更不是按着传统形而上学思维方式建立起来的思想体系，而是按着唯物辩证的思维方式建立起来的思想体系。因此不了解唯物辩证法特别是不了解唯物史观，是不可能理解和把握马克思主义基本理论的，甚至会认为其是谬言。现在有人非难马克思主义的阶级斗争学说，原因固然很多，但其中一个重要原因是其不了解唯物史观。其实马克思、恩格斯正是基于唯物史观而提出阶级斗争学说的，抛弃了唯物史观，阶级斗争学说当然也就无从谈起了。

总之，马克思主义作为一种思想体系是有着强烈的无产阶级阶级立场和情感、丰富的社会历史和现实实践经验以及深厚的唯物辩证法思维工具做基础的，是这三者的共同结晶。抛弃了这三者就不可能理解马克思主义，更不可能实施马克思主义。

（本文写于 2017 年 3 月）

14. 党的能力建设应围绕"五力"进行

党的能力建设是党的建设的重要内容，主要应围绕五个方面进行：

一是认识和把握客观规律的能力建设。一切事物都是有其自身发展规律的，都是按规律运行的，社会主义事业也是如此。中国共产党只有认识了社会主义发展规律并进而把握其规律，才能领导人民取得实践的成功和胜利，因而认识和把握社会主义社会发展规律的能力是我们党应当具备的一项首要能力，无论党的干部还是普通党员，凡事都应多搞调查研究，先取得感性认识，进而再发展到理性认识，最终认识和把握规律，特别是认识和把握中国特色社会主义社会的发展规律，这是我们党领导人民取得成功的根本前提。

二是科学评价事物的能力建设。党领导人民进行社会主义建设，除了必须正确认识各种事物规律以外，还必须科学地评价事物，只有对客观事物满足人民需要的价值有了全面而科学的评判，才能产生改造世界的目标和动力。对客观事物的评价要遵循辩证法的要求，既应看到客观事物有利于人民的一面，也要看到其不利于人民的一面，要充分利用其有利的一面，而规避其不利的一面。评价事物的能力主要表现为制定评价标准的能力，如四项基本原则就是党中央制定的政治标准，宪法则是法治标准，社会主义核心价值观则是道德标准，"百花齐放、百家争鸣"则是社会主义文艺标准，等等。党只有能够和善于提出各种评价世界和人们行为的科学标准，并在实践中加以执行，才能领导人民有效实现既定目标，取得实践胜利。

三是设计新事物的能力建设。党领导人民改造世界的本质是创造新世界，而创造新世界必须按照一定的设计方案来进行，所以，领导人民设计新世界方案的能力是共产党人的一项核心能力。由于客观世界和人类行为具有不同层次，因而设计也有不同层次，党领导人民制定建设社会主义总体方案的设计就是顶层设计。顶层设计科学、可行是党领导人民取得社会主义建设事业成功的关键。方案设计表现为不同形式，路线、方针、政策设计是基本的设计形式，其中路线设计是最根本的顶层设计，党的思想、政治上的路线正确与否决定一切。设计能力本质上是一种思维创新能力，它以认识能力和评价能力为基础并为其所决定。党对世界和人们行为的设计必须走群众路线，不能闭门造车，否则无法得到人民的认可和支持，因而也难以实现。

四是控制世界的能力建设。控制能力是人类的基本能力之一，控制对象包括外界事物和自身，控制机制包括他动控制和自动控制。党领导人民建设社会主义必须具有强大的控制能力，包括控制对象的能力和自我控制能力。控制的本质就是在特定环境中驾驭事物做合目的性的运动过程，控制对象的运动一且脱离既定目标，就是失控。失控对党领导的社会主义事业十分危险，必须努力加以预防：其一，充分认识控制环境，其二，科学制定控制目标，其三，采取有效控制手段，其四，制定应对失控的有效方法。要注意保持控制过程的相对稳定，防止震荡。我们党在社会发展控制方面的经验教训是很多的，应注意吸取。

五是改变世界的能力建设。改变世界的能力是人类的最高能力，也是人类的最高使命。党领导人民建设社会主义的本质就是不断改变旧世界、创造新世界。改变世界的能力也就是社会实践能力。由于党是中国工人阶级的先锋队，也是中国人民和中华民族的先锋队，因而党要领导人民改变世界，就必须充分发挥党员的模范带头作用，始终冲在改变世界的实践的最前面，这样才能更好地带领广大人民群众战天斗地，克服困难，实现建设社会主义的伟大目标。改变世界的能力以上述四种能力为基础，因而必须结合上述四种能力才能充分显示和发挥出来。

（本文写于 2017 年 3 月）

15. 当代中国马克思主义所应回答的主要问题

当代中国马克思主义需要回答的三大问题：一是当代中国社会的中心任务是什么（目标），二是如何正确处理四项基本原则（道路），三是怎样正确对待改革开放（条件）。这三大问题在改革开放前后始终存在，但不同时期的中国马克思主义者的回答却有别：

以毛泽东为代表的第一代中国马克思主义者认为：当代中国社会的中心任务是民族独立和人民解放，新中国成立以后，中国的中心任务是人民解放。四项基本原则是实现这一目标的根本保证。改革和争取外援则是实现人民解放的外在条件。以邓小平为代表的第二代中国马克思主义者则认为：新中国成立后中国社会的中心任务是经济建设，四项基本原则是实现中心任务的根本保障，改革开放是实现中心任务的必要条件。

由此可见，不同时期中国马克思主义者对中国问题的回答是既有同也有异的：其中对中心任务的认识是不同的，关于四项基本原则的认识是相同的，对改革开放必要性的认识则不完全相同——毛泽东认为通过开放争取外援是辅,而邓小平则认为开放乃是完成中心任务的必要条件。以此亦不难看出,改革后和改革前的中国马克思主义者既有一脉相承之处,亦有发展和创新之地。二者根本不是本质有别的思想体系,而只是同一思想体系——中国马克思主义——发展的不同阶段而已。

当然,如果就改革开放以后的中国社会发展而言,其不同时期的中心任务也是有别的:邓小平时期的中心任务主要是追求发展经济的规模和数量;江泽民时期则主要是抓党的建设,强调党的领导作用;胡锦涛时期则主要是抓科学发展观;当前则主要是抓治国理政,其重点又是反腐和扶贫。但无论如何,都是为社会主义经济建设服务,为全面建成小康社会服务。因而如果问当前中国马克思主义的核心内容是什么,那么回答应当是"治国理政"的理论与实践。在当今,抛弃了"治国理政"理论,就抛弃了中国马克思主义理论;不以"治国理政"理论为指导,就是拒绝中国马克思主义理论的指导;攻击和诋毁"治国理政"理论就是诋毁中国马克思主义理论。当然,"治国理政"的理论也并不是中国马克思主义的终极理论,而只是这一理论发展的特定阶段。目前,"治国理政"理论还在丰富和发展中,我们一定要努力学好这一理论,把这一理论贯穿于社会主义现代化建设实践之中,并从中国当代实际国情出发,不断总结经验,丰富和发展这一理论,以引导中国特色社会主义建设不断走向新的历史时空。

(本文写于 2017 年 7 月 5 日)

16. 经典著作要能指导当下实践才有现实价值

改革开放以来,马克思主义经典著作受人们重视的程度远不如从前了,甚至一些青年学者根本就不读这些经典著作,为此很多老学者感到悲哀。其实,这是一种正常现象,大可不必感到无奈。试想:为什么这些经典著作在革命时期特别受到革命者重视?甚至在改革开放前也是倍受重视?其根本原因乃是其为当时实践提供了理论指导,因而有着巨大的历史价值。而今天,这些经典著作的内容并没有任何改变,即"山还是那座山",然而社会实践却已经变化和发展了，即由革命时代进入建设时代了！由计划经济时代进入市场经济时代了！由强调集体利益时代进入强调集体个人利益并重时代了！于是作为以往时代精华的经典著作，也就必然会逐渐淡出人们的视野，不再像过去那样受到人们重视，人们至多只是在翻阅马克思主义发展史时，才会重新看到这些著作，并发现其理论价值。

历史表明，人们总是要根据当前具体实际拿出解决问题的方针和办法的，如果总是用以往的办法解决今天的新问题，则必然会招致失败。例如，用革命时期的阶级斗争理论指导解决社会主义建设中的问题，就必然会使社会处于无休止的"折腾"状态，无法集中力量于建设；用计划手段去解决国民经济问题，则必然会永远束缚住人们的手脚，使经济变得僵化，并永远处于"短缺经济"之中；如果总是片面强调集体利益，则个体积极性就会受到抑制，社会财富源泉难以充分涌流。因此，人们总得立足于当前实际，不断拿出新的解决当前问题的办法才行。"一个中心，两个基本点"的基本路线正是这样提出来的，科学发展观也是适应社会发展的实际制定出来的，"三个代表"重要思想也是针对新时期党的建设实际创建出来的，十八大以来的"治国理政"思想以及"五个统筹""四个全面""供给侧结构性改革""一带一路"方针等也都是适应当前实际制定出来的。离开了这些与当前实际相符合的一系列战略和策略的指导，我国的社会主义现代化事业就不能前进一步！广大人民群众的利益也就无法得到有效保障，而经典著作却是无能为力的。

然而，这是否意味着马克思主义的经典著作就完全过时，对今天一点现实价值都没有了呢？当然不是！马克思主义经典著作虽然是针对当时的社会发展情况而写作的，因而只具有一定的历史价值，但是马克思主义经典作家在解决当时的具体问题时所坚持的立场（无产阶级和人民大众的立场）、观点（辩证唯物主义和历史唯物主义观点）和方法（理论与实际相结合的方法）还是有现实价值的，即适用今天实际的，为此必须加以坚持。当然即便如此，我们也必须对其内容做出相应解析才行。因为今天的无产阶级和人民大众与历史上的无产阶级和人民大众是有区别的，今天的辩证唯物主义和历史唯物主义与历史上的辩证唯物主义和历史唯物主义相比也有不少发展，而今天的理论与实际更与以往有很大不同。所以我们提出要用发展了的马克思主义解决发展了的实际问题。另外，对马克思主义经典著作，也不能认为就是以往小时代的产物，而应看成是从资本主义向共产主义过渡的整个历史大时代的结晶。而我们今天无疑尚处于这一历史大时代之中，因而适应这一历史大时代的著作中的精神也无疑还有现实价值。因此，我们要掌握这些具有现实价值的东西，就应当继续翻读经典著作，而不能完全将之弃于一旁。

总之，对于马克思主义经典著作，我们应该采取辩证的态度：对于有现实价值的内容还是要读，而且要读好！并且要努力将其与现实相结合，实现马克思主义中国化。而对于只有历史价值但已无现实价值的著作，则不必再去深读，因为现实实践并不需要，当然研究历史的学者还是应该深读并读好的。一句话，作为新的伟大实践的开拓者，我们应该主要立足于现实实践制定出自己的行为路线、方针和政策，而不能再拘泥于以往，只有这样，才能不断推动社会实践前进，实现历史赋予我们的复兴中华民族和建设好社会主义的伟大任务。

（本文写于 2017 年 7 月 26 日）

17. 立足实践解读马克思主义

什么是马克思主义？怎样解读马克思主义？这是一个十分重要但有分歧的问题。目前主要有三种思路：其一是用现代哲学或科学理论解读马克思主义，如用结构主义解读马克思主义，用系统科学解读马克思主义，等等。其二是用马克思自己的学说来解读马克思主义。如马克思讲过，"《资本论》的最终目的就是揭示现代社会的经济运动规律"[1]，这就是马克思对《资本论》的解读。恩格斯说，"共产主义是关于无产阶级解放的条件的学说"[2]，这是恩格斯对共产主义的解读。其三是立足于历史和现实的实践来解读马克思主义，如马克思主义发展史就是从历史的角度来解读马克思主义的，毛泽东和邓小平则是基于时代现实实践来解读马克思主义的，解读的成果则是马克思主义中国化。

应该指出，用现代哲学或科学理论来解读马克思主义是可以进行探索的，

---

〔1〕《马克思恩格斯选集》（第 2 卷），人民出版社 1995 年版，第 101 页。
〔2〕《马克思恩格斯选集》（第 1 卷），人民出版社 1995 年版，第 230 页

因为同一个内容可以用不同形式来表达。但是这种解读有很大局限性：它无法对马克思主义理论进行内容解读。例如，马克思主义中关于共产主义一定会战胜资本主义的内容就无法用结构主义方法推导出来，马克思主义的辩证法也难以用系统论来表达，因为系统论只是关于事物统一的思维形式，对于事物内部的对立它是没有相应概念来表达的。总之，马克思主义是形式和内容的统一，或者说是辩证思维形式与革命或建设内容的统一，如果换成新的形式，马克思主义的革命内容就难以表达出来，可见用现代哲学或科学理论是难以正确解读马克思主义的。

用马克思主义自身的理论能否解读马克思主义呢？当然可以，而且是返璞归真之路。另外在马克思主义中，本体论与方法论是统一的，所以用马克思的方法论当然能够说明马克思主义理论自身。但是，这种解读方式也有两个问题：其一是无法说明马克思主义的真理性，而只能说明其学说的合乎逻辑性，一种学说的真理性只能用社会实践来证明；其二也无法真正说明马克思主义自身的价值或功能，因为价值或功能这些东西是客体满足主体需要的产物，缺少主体是无法表达的，就是说，马克思主义的价值或功能只能用其满足无产阶级社会需要的属性来说明，而马克思主义理论自身无法说明自己的价值和功能，所以这种解读马克思主义之路也是有局限性的。

用历史和现实的实践来解读马克思主义是唯一可行之路。第一，马克思主义是当时社会实践发展的产物，它是马克思和恩格斯在总结当时的历史实践经验基础上创立出来的，也是为当时无产阶级革命实践服务的，因而从当时的历史实际出发就可以客观地说明马克思主义产生的过程，说明马克思主义理论的实质及其价值和功能。第二，马克思主义不仅反映了当时社会发展的特殊规律，而且反映了社会发展的一般规律，即它是放之四海而皆准的普遍真理。因而我们从今天的实际出发，可以说明其所具有的普遍真理的性质及其对今天实践的指导价值。例如，毛泽东说："实践、认识、再实践、再认识，这种形式，循环往复以至无穷，而实践和认识之每一循环的内容，都比较地进到了高一级的程度。"[1]这就是毛泽东立足于现实实践对"辩证唯物论的全部认识论"的解释；又如邓小平说："社会主义的本质，是解放生产

---

〔1〕《毛泽东选集》（第一卷），人民出版社 1991 年版，第 296~297 页。

力，发展生产力，消灭剥削，消除两极分化，最终达到共同富裕。"〔1〕这是他立足于社会主义初级阶段的实践对科学社会主义的解释。这些对马克思主义的解释，不仅符合历史和现实的实际，而且具有现实价值，是我们进行社会主义现代化建设、全面建成小康社会、实现中华民族伟大复兴的理论指导。总之，我们立足于今天的实践来解读马克思主义可以有效证明其普遍真理性，同时也可以指导我们今天的实践。

（本文写于 2017 年 8 月 24 日）

18. 论十八大后党的领导方式创新

十八大后，党中央在领导人民全面建成小康社会和实现中华民族伟大复兴的征程中，取得了前所未有的成绩，这些成绩的取得是多种因素起作用的结果，其中党的领导方式的创新贡献最为重要，具体表现在以下几方面：

第一，强化"顶层设计"。"顶层设计"原本是一个工程学上的用语，其特征是在从事一项实践活动之前，先搞出包括总目标和总计划在内的总体设计方案，以供行为指导。习近平同志任党的总书记后，把搞好"顶层设计"作为开展一切工作的前提条件，从而使我们党工作的方向性和计划性空前突出了。"五个统筹"是"顶层设计"，"四个全面"是"顶层设计"，"一带一路"倡议更是"顶层设计"，正是由于这些"顶层设计"方案的制定和指导，我国才取得全面建成小康社会的一系列成就。总之，搞好"顶层设计"是党的事业取得成功的重要保证。在十八大以前，我们党领导社会主义改革开放事业的方式主要是"摸着石头过河"，这是与当时的党情与国情相适应的，而"顶层设计"则是在此基础上实现的适应新情况的领导方式的重要创新。

第二，重视执行力。顶层设计再好，若没有党的各级组织的强大执行力作保证，也是无法实现的。因此，十八大后以习近平同志为核心的党中央特别重视执行力建设。习近平总书记强调："要抓实、再抓实，不抓实，再好的

---

〔1〕《邓小平文选》（第三卷），人民出版社 1993 年版，第 373 页。

蓝图只能是一纸空文，再近的目标只能是镜花水月。"〔1〕因此必须坚持"一分部署，九分落实"。十八大后，党中央成立了多个方面的领导小组，且习近平总书记亲任组长，定期召开会议、布置任务、检查实施。他还多次深入到边远地区检查扶贫情况，为各级党委做出表率。在党中央的带领下，各级省委也都纷纷狠抓政策落实和执行工作，极大推进了各项事业的发展。

第三，强化检查监督。十八大后，党中央对纪检、监督工作空前重视，并极大增强了其工作效率。中央几乎每年都派出多路纪检和监察人马对各个省市、部门进行检查和监督，发现了大量问题，并及时进行了处理和解决，有效整肃了各级干部队伍，增强了各级党组织的领导力和执行力，各项工作（扶贫工作、环保工作、反腐工作）均取得极大进展。由中纪委执行的检查监督工作获得了广大人民群众的极大支持和拥护，使党在人民群众中的威望有了明显提高。

第四，加强过程控制，坚持"稳中求进"总基调。过程控制是目标实现的重要保障，过程起伏不定，必然影响目标的实现。在这方面，党中央采取了"稳中求进"的工作总基调。习近平指出："我们的立场是胆子要大、步子要稳，既要大胆探索、勇于开拓，也要稳妥审慎、三思而后行。"〔2〕在发展国民经济基础上坚持"稳中求进"总基调，就是要在实事求是基础上"进"，在注重质量基础上"进"，在注意保证平衡基础上"进"，在注重防控风险基础上"进"。目前这一"稳中求进"的总基调在经济上已经取得了成效，在世界经济普遍低迷的情况下，我国连续保持了 6.5% 左右的增速，对世界经济增长的贡献率也不断提高，被称为世界经济增长的重要引擎。

第五，大力倡导创新。十八大以来，党中央特别强调创新对各项事业的引领作用。提出"实施创新驱动发展战略"，采取了诸多措施鼓励和支持创新，近年又提出"大众创业、万众创新"方针。正是在创新方针的引领下，我国高铁、量子通信、超算机、支付宝、共享交通工具等新事物如雨后春笋般涌现出来，中国共产党的先进性也通过其所倡导的创新工作方针得到体现。

综合十八大后党中央领导方式的转变，可以看出贯穿其中的一个重要思

---

〔1〕《习近平总书记系列重要讲话读本　2016 年版》，学习出版社、人民出版社 2016 年版，第 293 页。
〔2〕《习近平总书记系列重要讲话读本　2016 年版》，学习出版社、人民出版社 2016 年版，第 285 页。

想——系统工程思想，这也是习近平总书记多次提出系统工程思想的重要原因。实际上，顶层设计、注重执行、重视检查监督、强调创新等方法也正是系统工程的固有内容。因而采用系统工程领导方式乃是十八大以来党的领导方式转变的总特征，而习近平总书记则是带领全国人民全面建成小康社会和实现中华民族伟大复兴的总工程师。

（本文写于 2017 年 9 月 1 日）

19. 什么是中国马克思主义

什么是中国马克思主义？这是一个有争议的问题。但无论怎样概括，有三个要点是必须包括在内的。

第一，中国马克思主义是中国无产阶级的代表——中国共产党人关于中国社会的本质及其发展规律的解释性学说。不反映中国社会的本质及其发展规律的思想绝不是中国马克思主义的思想。而反映中国社会本质及其发展规律的思想，不管其来源于何处，或由谁提出，都必然属于中国马克思主义的内容。当然，中国社会的本质及其发展规律在不同时代的表现形式是不同的，因而中国马克思主义在反映内容上也有着时代的区别。毛泽东思想主要是反映近代中国社会本质及其革命规律的中国马克思主义，而邓小平理论、"三个代表"重要思想、科学发展观以及习近平关于治国理政的系列思想则是反映现阶段中国社会本质及其发展规律的中国马克思主义。我们要全面学习和把握中国马克思主义，但重点是学习和把握反映现阶段中国特色社会主义建设规律的中国马克思主义。

第二，中国马克思主义是中国共产党人按中国社会发展规律来改造中国社会的实践性学说。马克思曾经指出："哲学家们只是用不同的方式解释世界，而问题在于改变世界。"[1]这虽然是对以往哲学的评论，但其方法也适用于认识中国马克思主义。中国马克思主义理论绝不仅仅是对中国社会发展规律的解释性理论，更为重要的是关于改变中国社会面貌的实践理论，例如关

---

[1] 《马克思恩格斯选集》（第 1 卷），人民出版社 1995 年版，第 61 页。

于改变中国社会的革命和建设路线、方针、政策的理论，关于改变中国社会制度体系的理论，关于改变中国社会的实践方式的理论，关于改变中国社会价值观念的理论，等等。并且正是这方面的内容构成了中国马克思主义与现代西方马克思主义的区别：现代西方马克思主义主要是关于西方社会的解释性理论，而对于如何改变西方社会的问题，他们或者很少关注，或者只是从理论上提出某种可能性，因而缺少实践意义。

第三，中国马克思主义是中国共产党人立足于当今时代的创新性学说。马克思主义历来是立足于整个时代来观察问题的，因而它反映着时代的本质和发展规律：马克思主义是立足于自由竞争的资本主义时代的理论，列宁主义则是立足于以垄断为特征的帝国主义时代的理论，中国马克思主义则是立足于当前时代的马克思主义理论。当前的时代特征主要是世界一体化和经济全球化，因而中国马克思主义把和平共处与合作共赢作为处理国际事务的根本方针。把中国的发展放在世界一体化和经济全球化的大背景下加以考虑，并制定出相应战略和策略，这样的马克思主义理论就必然是带有创新性的马克思主义理论，不仅是在认识和改变国内问题上的创新理论，而且是在认识和改变国际问题上的创新理论。因而离开了创新性品格，就没有中国马克思主义，就不是真正的中国马克思主义。

由此可见，中国马克思主义是中国共产党人自觉探索和发现中国社会发展规律并以此为指导能动改造中国社会的创新性学说。

（本文写于 2017 年 9 月 21 日）

20. 马克思主义中国化与党的作风建设

马克思主义中国化有很多领域的任务，诸如党的理论建设任务、价值观建设任务、方针政策建设任务、社会制度建设任务、实践形式建设任务，等等，而党的作风建设乃是重要任务之一。

我们党在革命时期的马克思主义中国化实践中形成了三大作风，即"理论和实践相结合的作风，和人民群众紧密地联系在一起的作风以及自我批评的作风"〔1〕。这三大作风的形成是马克思主义中国化的重要成果，是我们党区别于任何其他政党的显著标志，也是我们党领导人民取得民主革命和社会主义革命胜利的重要保证。

如今，我们已经进入中国特色社会主义建设时期，上述三大作风无疑是应该继续加以坚持和贯彻的，否则就不能保持中国共产党人的先进本色，也无法领导人民搞好社会主义现代化建设，实现中华民族的伟大复兴。然而由于中国特色社会主义建设时期的特殊性，党的作风建设也必然要有新的形式，增加新的内容，否则就无法适应新的社会情况，完成新的历史使命。根据我们党领导的中国特色社会主义建设实践，党的作风建设应增加以下三方面内容：

一是廉政作风建设。我们党作为执政党已经有近70年的历史了，其中有很多成功的经验，也有一些失败的教训。而最为深刻的经验和教训就是作为执政党必须始终保持廉洁奉公的作风，把权力作为为人民服务的工具，而不是作为为党的群体和个体牟利的手段，每一个党员和干部都应该做到为人民鞠躬尽瘁、死而后已。只有全体党员都无保留地奉行这种廉洁奉公的作风，我们党才能永远获得人民群众的坚定支持，从而永远立于不败之地。

二是改革作风建设。社会主义社会是一个处在不断改革中的社会，改革是社会主义社会发展的根本动力。只有不断改革，社会生产力才能不断发展，人们的社会觉悟才能不断提高，广大人民群众的物质文化生活需要才能不断得到满足。因而中国共产党的每一个干部和党员都应该具有强烈的改革精神，既注意不断改革人与自然的关系，又要注意不断改革人与人之间的关系；既要改革各种不适应生产力发展要求的生产关系，也要注意改革各种不适用经济基础发展要求的上层建筑关系。只有全体党员都具有这种强烈的改革精神，并能身体力行地推进各项改革事业，我国的社会主义现代化建设才能不断获得前进动力。

三是创新作风建设。中国特色社会主义事业是一个前无古人的伟大事业，没有任何现成的经验可循，也没有任何成功的样板做参考，因而只能靠我们党领导人民通过创新实践不断走向进步。每一个党员和干部都应该具有高度创新精神，既在认识世界上有所创新，也要在改造世界上有所创新，每个共

---

〔1〕《毛泽东选集》（第三卷），人民出版社1991年版，第1094页。

产党员都应该成为广大人民群众创新实践的先锋和模范。只要我们党时刻保持这种创新作风，就一定能不断开辟新天地，改造旧山河，在领导人民群众实现中华民族伟大复兴的征程上不断迈入新境界。

总之，处在新历史时期的中国共产党人，除了在理论和实践上要有新作为以外，在党的作风上也应该有新的进步，只有如此，才能胜利领导中国人民实现中华民族的伟大复兴，并沿着社会主义和共产主义大道不断前进。

（本文写于 2017 年 9 月 21 日）

21. 要把坚持一般马克思主义指导与坚持中国马克思主义指导相结合

马克思主义是有层次的：有一般意义上的普遍适用的马克思主义，也有与各国具体实际相结合的特殊马克思主义。前者反映了一切社会发展的共同规律，后者则反映了不同社会发展的特殊规律。西方马克思主义和中国马克思主义都属于后一种形式的马克思主义，它们都是把一般马克思主义与本地实际相结合而具体化的结果，也都分别反映了西方社会和中国社会发展的特殊规律性。

我们搞中国特色社会主义建设，既要坚持一般马克思主义理论的指导，也要坚持中国马克思主义的理论指导。忽视了一般马克思主义的理论指导，我国社会主义实践就会迷失方向，就会犯经验主义错误；忽视了中国马克思主义的理论指导，我国社会主义实践就会走偏道路，犯教条主义错误。所以，坚持一般马克思主义指导与坚持中国马克思主义指导是有机统一的，二者不能偏废，这是我们在研究马克思主义指导问题时应该坚持的一个基本原则。至于现代西方马克思主义，我们应学习其有益成果，借鉴其成功经验，但不能全盘照搬。

历史表明，坚持马克思主义一般原理的指导是包括中国马克思主义者在内的一切马克思主义者的共同使命。但是，作为具体国度的共产党人，只注意坚持马克思主义一般原理的指导还不够，还应该坚持把马克思主义具体化，形成有自己国家特色的马克思主义，并用来指导本国的革命和建设实际，这同样是各国马克思主义者的重要历史使命。

总之，坚持马克思主义普遍原理的指导同坚持中国马克思主义理论指导是有机统一的，忽视其中任何一个方面都不能真正把中国社会主义现代化建设推向前进，而对于中国特色社会主义实践而言，中国马克思主义更具有直接的指导意义。

（本文写于 2017 年 10 月 1 日）

22. 先进性的本质是符合客观规律

先进性是中国共产党的根本属性，也是中国共产党实现政治目标的根本保证。但究竟什么是先进性？笔者认为，先进性并不是简单地在时空上"先走一步"，其本质是指人们的思想和行为与客观规律相符合的性质。脱离了客观规律的"先走一步"，不仅不是先进，还是走向错误的冒险。

首先，根据马克思主义认识论，人的思想是对客观事物及其规律的反映，这种反映越正确和及时，也就越先进，否则就会落后，甚至会歪曲事物的本来面貌。我们党的思想和路线之所以是先进的，正在于它正确地反映了客观事物发展的规律性，特别是正确反映了中国社会发展的客观规律性，而革命和建设实践的成功则证实了这一点。每一个党员要想保持自己内心思想的先进性，亦必须努力做到使其与客观规律相符合，特别是与自己从事工作的规律相符合，只有这样，才有可能带领群众前进。

其次，我们党的先进性不仅表现在思想上，更主要表现在实践行动上，而实践行动上的先进性本质也是与客观规律相符合的，如果不符合，就会遭遇失败，就会使人民事业遭受损失，先进性的意义也就丧失了。从历史到今天，我们党的先进性，也正是通过其符合中国社会发展规律性的革命和建设实践成功表现出来的。因此，每一级党组织，每一个党员，都应努力使自己的实践行动符合客观规律性，特别使自己的领导实践行为符合客观规律性，只有这样才能带领群众实现既定目标。

再其次，我们党的先进性表现在其理论和行为与人民群众根本利益的符合上。人民群众是历史的创造者，这是最根本的历史规律。任何个人或政党的行为只有与人民群众的根本利益和要求相符合才有可能是先进的，否则只能是落后的。我国革命和建设的历史表明，中国共产党的理论和实践是与中国最广大人民群众的根本利益要求相符合的，中国共产党是全心全意为人民利益工作的政党，所以它是最先进的政党。脱离人民群众根本利益要求的理论和实践，不可能有任何先进性可言。

最后，把先进性建立在符合客观规律性的基础之上，可以有效避免各种错误倾向。在我们党的历史上，一些有"左"倾思想的人在民主革命时期就提出干社会主义时期才能干的事，在社会主义建设时期，我们也曾犯过"大跃进"和"文化大革命"的错误，这些做法看起来是先进的，但由于违反了客观规律，结果都遭遇了失败。现在有少数持错误政绩观的党员干部认为，先进性就是先干一步，别人不敢想的我敢想，别人不敢干的我敢干，而完全不顾其想法和做法是否符合客观规律，是否符合人民利益要求，因而给人民事业造成损失，这种对先进性的理解是完全错误的，以此为基础的政绩观必须加以纠正。

党的十九大刚刚开过，十九大报告中关于"新时代、新思想、新矛盾、新目标"的论述既符合现代中国实际，又符合我国广大人民群众的根本利益要求，因而是先进的报告，也是具有充分可行性的政治报告。坚决贯彻和落实党的十九大报告，是我们党全面建成小康社会，胜利实现"两个一百年"目标的根本保证。总之，中国共产党的先进性本质就是其思想和实践符合客观规律性和人民群众的根本利益要求，这是我们党永葆青春的基础所在。

（本文写于 2017 年 10 月 28 日）

23. 学习习近平同志领导方式的风格特征

任何一个时代的领导人在领导方式上都会有自己的独特风格。正是这种风格推动了时代的进步和发展，也使得时代具有了鲜明的特征。习近平作为中国特色社会主义建设新时代的领导者也具有自己领导方式的新风格。

第一，注意抓全面。任何一个时代的进步都是由社会生活各个方面的进步有机结合而构成的。因此作为时代开拓者的领导人必须善于抓住社会发展的各个方面，才能推动其前进。习近平同志在领导全党和全国人民开展新时代中国特色社会主义建设过程中也非常注意这一点。这集中表现在他亲自领导制定的发展方针和战略上，如"五位一体"总体布局，"四个全面"战略布局，"四个自信"的要求，"四个意识"的树立，"新发展理念"的提出，以及各种战略方针的制定，等等。这些方针和战略涉及国家发展的各个方面，正是由于有了这些发展方针和战略的指引，中国特色社会主义建设才能获得全面发展，并全面推进了中华民族伟大复兴的中国梦的实现。

第二，注意亲力亲为。任何一个伟大时代都是需要亲力亲为的领导者来指挥的，否则力量难以集中，决策难以及时做出，效果也难以立显。习近平同志在领导中国特色社会主义建设实践中也十分重视这一点。他强调，党政主要负责同志是抓改革的关键，要把改革放在更加突出位置来抓，不仅亲自抓、带头干，还要勇于挑最重的担子、啃最硬的骨头，做到重要改革亲自部署、重大方案亲自把关、关键环节亲自协调、落实情况亲自督察，扑下身子，狠抓落实。他自己则率先垂范，亲自兼任中央多个领导小组的组长，如中央全面深化改革领导小组组长、中央财经领导小组组长、中央网信领导小组组长、中央军委深化改革领导小组组长等。由于他亲力亲为，这些重要部门的工作得以迅速推进并收到显著效果。

第三，注意狠抓落实。马克思主义领导人一向是重视纲领落实工作的。马克思在《哥达纲领批判》中就曾指出："一步实际运动比一打纲领更重要。"[1]习近平在领导中国特色社会主义建设过程中也特别注意抓好落实工作。他多次强调"空谈误国，实干兴邦"，要求领导干部要对重大决策、重要部署、主要矛盾、关键环节时刻放在心上，亲力亲为，抓出实效，做到"踏石留印，抓铁有痕"。他强调："要抓实、再抓实，不抓实，再好的蓝图只能是一纸空文，再近的目标只能是镜花水月。"[2]他还提倡钉钉子精神，提出坚持"一分部署，九分落实"的要求。为了便于检查落实情况，他还提出"精准"和量化目标，并设立检查和督查机构，通过巡视对各部门工作实现目标的情况进行检查和监督。正是这种狠抓落实的领导风格，使得我国各项社会

〔1〕《马克思恩格斯选集》（第3卷），人民出版社1995年版，第296页。
〔2〕《习近平总书记系列重要讲话读本 2016年版》，学习出版社、人民出版社2016年版，第293页。

主义现代化建设工作不断扎实前行，并取得显著成效。

第四，推崇创新。习近平在领导中国特色社会主义现代化建设过程中十分注重创新的作用。他认为创新是引领发展的第一动力，抓住了创新，就抓住了牵动经济社会发展全局的"牛鼻子"。他指出，树立创新发展理念，就必须把创新摆在国家发展全局的核心位置，不断推进理论创新、制度创新、科技创新、文化创新等各方面的创新，让创新贯彻党和国家的一切工作，让创新在全社会蔚然成风。习近平同志不仅倡导创新，自己也是创新的大家，如"供给侧结构性改革"、"精准扶贫"、"新型城镇化"、"维稳与维权关系"、"一带一路"倡议以及"人类命运共同体"等新观念、新思想就都是其在审视国情和世情的基础上首次提出的创新性理念，对开创新局面起了巨大引领作用，其中的"人类命运共同体"观念还被联合国决议所采用，成为具有世界意义的创新思想。在他推崇的创新方针引领下，我国在政治、经济、文化、社会、生态等方面建设中，不断取得新成绩，整个国家出现了由创新引领的生机勃勃的局面！

第五，重视法治。习近平同志在领导中国特色社会主义现代化建设中特别注意坚持依法治国的方针，他认为，全面依法治国，是着眼于实现中华民族伟大复兴的中国梦、实现党和国家长治久安的长远考虑。他提出，我们将坚持依法治国、依法执政、依法行政共同推进，坚持法治国家、法治政府、法治社会一体建设，实现科学立法、严格执法、公正司法、全民守法，为党和国家事业发展提供根本性、全局性、长期性的制度保障。他在领导工作中，全力推进法治中国建设，坚定不移地走中国特色社会主义法治道路，建设中国特色社会主义法治体系，大力维护社会公平正义和司法公正，提出领导干部要做遵法学法守法用法的模范。这对依法治国方针的落实起了巨大推动作用。关于党的领导与社会主义发展建设的关系，他提出必须"把党领导人民制定和实施宪法法律同党坚持在宪法法律范围内活动统一起来"的方针。[1]可以说，领导全党和全国走依法治国道路是其领导工作的重心之一。在他的领导下，我国法治建设取得了突飞猛进的发展，国家走上了社会主义法治之路。

第六，注意价值观的引领作用。习近平同志非常重视用社会主义核心价值观凝心聚力，这是其领导风格的又一特征。他指出："人类社会发展的历史表明，对一个民族、一个国家来说，最持久、最深层的力量是全社会共同认

---

〔1〕《习近平总书记系列重要讲话读本　2016年版》，学习出版社、人民出版社2016年版，第88页。

可的核心价值观。"〔1〕核心价值观体现一个民族、一个国家的灵魂和行为依归。因而必须通过教育引导、舆论宣传、文化熏陶、行为实践、制度保障等，使社会主义核心价值观内化于心、外化于行。在习近平同志的大力倡导和亲自支持下，全国各地逐渐形成学习贯彻社会主义核心价值观的热潮，涌现出大批践行社会主义核心价值观的好人好事，极大推动了社会主义精神文明建设和物质文明建设。

第七，从严治党。中国共产党是中国特色社会主义事业的领导核心。坚持党的领导，是党和国家的根本所在、命脉所在，是全国各族人民的利益所系、幸福所系。但是，坚持党的领导，确保党的领导核心地位，必须加强和改善党的领导。习近平同志指出："党要管党，才能管好党；从严治党，才能治好党。"〔2〕他提出"打铁还需自身硬"，要补足共产党人精神上的"钙"。为了贯彻从严治党的方针，它提出要对党员干部进行马克思主义理想信念教育，培养和选拔党和人民需要的好干部，要持续不断地抓好党的作风建设，开展党的群众路线教育实践活动和"三严三实"专题教育活动，着力解决"四风"问题，坚持以零容忍态度惩治腐败，并提出用制度治党、管权、治吏，用铁的纪律维护党的团结统一，充分调动广大党员干部的积极性、主动性、创造性。通过这一系列措施，我们党的整体素质有了明显提高和跃升。

第八，改善民生目标明确。任何伟大领导者都是有着明确奋斗目标的。习近平则把改善民生作为领导发展的根本目的。他反复强调，我们的发展是以人民为中心的发展，全面建成小康社会、进行改革开放和社会主义现代化建设，就是要通过发展社会生产力，满足人民日益增长的物质文化需要，促进人的全面发展。他提出民生是做好经济社会发展工作的"指南针"，要抓住人们最关心最直接最现实的利益问题，一件事情接着一件事情办，一年接着一年干，锲而不舍向前走。他还特别关注"打赢脱贫攻坚战"，多次到贫困地区检查指导，并做出"精准扶贫"的指示。他还十分关注维护社会和谐稳定问题、构建全民共建共享的社会治理格局以及坚持总体国家安全观，为实现人民幸福安康的基本要求尽心竭力。

---

〔1〕《习近平总书记系列重要讲话读本 2016年版》，学习出版社、人民出版社2016年版，第189页。

〔2〕《习近平总书记系列重要讲话读本 2016年版》，学习出版社、人民出版社2016年版，第104页。

总而言之，习近平作为我们党和国家的领导人，除了具有伟大领导人的共性品质以外，在领导方式上也是有自己独特风格的，这些风格来源于他对当代马克思主义的深刻把握，来自于他多年由基层到中层再到高层的领导实践，也来自于他对当下中国国情和中华传统文化的全面精准了解。这些风格给我们党所领导的中国特色社会主义建设新时代打上了深深的烙印。各级领导同志应该好好研究并学习其领导风格，推动我国新时代社会主义现代化建设不断迈上新台阶、走上新境界。

（本文写于 2017 年 11 月 4 日）

24. 学习十九大报告中的思维方式

习近平在党的十九大报告中讲到"全面增强执政本领"问题时指出，"增强政治领导本领，坚持战略思维、创新思维、辩证思维、法治思维、底线思维"。这说明，党的政治本领的增强是与掌握这五大思维方式密切相关的。

战略思维是关于事物发展全局和全过程的思维。正确的战略思维是我们党领导中国特色社会主义事业取得胜利的根本保证。我们党在历史上制定的新民主主义革命总路线、社会主义过渡时期的总路线、社会主义初级阶段的基本路线都是战略性思维的产物。习近平同志在十九大报告中对"新时代坚持和发展中国特色社会主义的总目标、总任务、总体布局、战略布局和发展方向、发展方式、发展动力、战略步骤、外部条件、政治保证等"的论述也是战略思维，因为其不仅着眼于中国社会发展的所有方面，而且着眼于新时代的整个过程。当然，除了整个新时代中国特色社会主义的战略思维以外，在经济建设、政治建设、文化建设、社会建设、生态建设等方面也有战略思维。坚持正确的战略思维可以保证中华民族沿着中国特色社会主义的发展方向顺利前进，稳步实现既定发展目标，完成中华民族伟大复兴的历史使命。

创新思维是实现认识世界和改变世界的质变思维。客观世界的发展是由量变引起质变的过程，人类社会的质变只能通过创新来实现。所谓创新思维是立足于现实而追求未来的思维，它要求人们在认识和处理问题时，要有新目标、新方法、新结果、新效能。创新过程首先是破旧的过程，没有对旧事物的否定和扬弃，新事物不可能建立起来。创新的机制很多，但最终目标是系统整体创新，只有实现系统整体创新，事物才能发展到新阶段，进入新层次。党的十九大报告指出，"创新是引领发展的第一动力，是建设现代化经济体系的战略支撑"。创新思维是保证创新实践的首要条件，是推动新时代中国特色社会主义建设不断发展的思想保证。

辩证思维是一种哲学思维，其特点是在认识世界和改变世界时注重事物的普遍联系和永恒发展，核心是坚持用对立统一观点认识问题和处理问题，特别注意抓好主要矛盾。此外还要求注意事物发展的量变和质变过程，否定之否定过程，以及各种矛盾展开过程。十九大报告中关于我国新时代主要矛盾的论述就是辩证思维的集中体现。恩格斯曾指出："辩证法在考察事物及其在头脑中的反映时，本质上是从它们的联系、它们的联结、它们的运动、它们的产生和消逝方面去考察的。"[1]只有坚持辩证思维才能正确认识事物和改变事物，也只有坚持辩证思维，才能指导中国特色社会主义建设实践不断取得胜利。

法治思维就是坚持用法的观点来审视一切社会行为，包括认识行为、评价行为、规划行为、管理行为、实践行为等。只要是合法的行为就支持和拥护，违法的行为则坚决反对和制止。法治是治理社会的重要方式，是保持社会长治久安的法宝。法治思维的要求是科学立法、严格执法、公正司法、全民守法。任何组织和个人都不得有超越宪法法律的特权，决不允许以言代法、以权压法、逐利违法、徇私枉法。法治思维是法治社会中最重要的思维方式，缺少法治思维，不可能建成社会主义法治国家，也无法使国家走向现代化，并进而实现中华民族伟大复兴的"中国梦"。法治思维不是孤立的，而是与政治思维、德治思维紧密联系在一起的。法治思维只有与政治思维、德治思维相结合，才能充分发挥作用和功能。

底线思维是建立在事物存在基本层次上的思维模式。例如，坚持四项基本原则就是一种底线思维，否定四项基本原则的言行不能容忍，遵守法律也是一种底线思维，违法言行要受到制裁。在处理国家关系问题上，坚持"和平共处五项原则"也是一种底线思维，违反这一原则必然受到抵制。此外如"人不犯我我不犯人"的原则、人与人之间相互尊重的原则等，都是底线思维

---

[1]《马克思恩格斯选集》（第 3 卷），人民出版社 1995 年版，第 736 页。

的要求。底线思维的根据在于做人或事都有一些基本要求，违反了这些基本要求，人或事就会发生无利于社会的质变。过去所谓"从最坏处着想，向最好处努力"就是一种底线思维的体现，这里的"最坏处"就是突破底线之意。坚持底线思维有利于保持社会稳定，有利于团结大多数人共同工作，有利于调动一切可以调动的积极力量实现中华民族伟大复兴的"中国梦"目标。总之，底线思维是具有普遍适用性的思维方式。当然，在底线思维之上还应该有更高的要求，如我们在要求自己做合格公民的基础之上，还应有做模范公民的要求，这就是一种底线之上的思维了。

习近平同志在十九大报告中还提出"伟大斗争，伟大工程，伟大事业，伟大梦想"的光辉思想，要顺利实现这"四个伟大"的光辉思想，必须有上述思维方式作保证。因而坚持好战略思维、创新思维、辩证思维、法治思维、底线思维乃是我们党顺利实现新时代中国特色社会主义建设的历史使命的根本保证，我们党欲提高执政本领，应该努力学好并运用好这五大思维方式。

（本文写于 2017 年 11 月 17 日）

25. 马克思主义不是单纯的知识体系

现在一些学习和研究马克思主义的人总喜欢把它作为一个单纯的科学知识体系来对待，一些教师也总是将马克思主义作为一个单纯的科学知识体系来讲授。其实这是十分片面的，也是不会获得真正结果的。马克思主义当然是一门科学的知识体系，但它首先是一种阶级的立场和情感，其次也是一种人类追求的崇高理想，此外也是一种认识世界和改造世界的辩证观点和方法，是改造世界的方针和政策，最终是一种社会实践活动。只有全面掌握马克思主义的这些性质和功能及其相互关系整体，才能真正搞懂马克思主义，也才能真正学好、用好和教好马克思主义。

第一，马克思主义是人们在认识世界和改造世界过程中所秉持的工人阶级立场和情感。实践是人们认识世界和改变世界的出发点，立场不同，人们所看到的社会现象的本质也不同。例如，站在工人阶级的立场上，就会看到资本家剥削工人的本性，而站在资产阶级立场上，则会看到资本家赚钱的合理性。马克思主义正是马克思和恩格斯站在工人阶级立场上观察世界而创立的思想体系，是怀着对工人阶级彻底解放的激情而创立的一种思想体系，它的理论体系的每一个篇章都渗透着工人阶级的立场和情感，而绝不是没有任何立场和情感的可为一切人所利用的教条。中国马克思主义则首先是中国工人阶级认识世界和改变世界的立场和情感，而不是其他阶级的立场和情感。因而缺少鲜明的工人阶级和人民大众的立场，没有强烈的工人阶级和人民大众情感，是很难理解马克思主义的要义，更难对其做出正确解读的。现在有些学者虽然理论思维能力不差，掌握的文献资料也很多，但由于缺少工人阶级的立场和情感，往往在看问题时与资产阶级学者同流合污，得出否定革命和改革历史的结论，陷入历史虚无主义，这是非常可悲的。

第二，马克思主义也是工人阶级立足于自己利益需要而产生的崇高理想和信念，即消灭一切剥削和压迫的共产主义理想和信念。马克思主义认为，人类社会特别是资本主义社会所发生的一切苦难，都是由于剥削阶级的剥削和压迫造成的，而这种剥削和压迫的最终根源又是适应生产力一定发展阶段要求而产生的私有制所引发的结果。因此，人类要想摆脱苦难，特别是要摆脱资本主义的苦难，就必须创造条件来消灭资本主义私有制，这些条件首先是要进行革命，推翻资产阶级的政治统治，其次要大力发展社会生产力，消除资本主义私有制存在的经济基础，最终彻底消灭私有制。这当然是一个十分长期的艰苦奋斗过程，不可能是一蹴而就的。但是，在任何情况下这一崇高理想必须坚持，必须时时检查我们的行为与这一理想实现之间的差距，从而尽可能缩小这一差距。如果因为道路漫长而放弃这一理想信念追求（不论是自觉还是不自觉的），那是非常可悲的，也是不可能达到原定理想目标（初心）和使命的。故学习和研究马克思主义的人，一定要树立共产主义的伟大理想，时时用这一理想激励自己，不断用这一理想的要求来检查自己言行的背离之处，并及时加以纠正。现在一些腐败分子之所以陷入万劫不复之地，一个根本原因就是丧失了对共产主义理想信念的追求（初心），忘记了共产党人的固有使命，因而行为也就必然陷入堕落。

第三，马克思主义也是工人阶级和人民群众认识世界和改造世界时所运用的方法理论，主要是辩证唯物主义和历史唯物主义方法论。历史表明，无论什么人要完成什么任务和使命，都是需要一定方法的。孔子说的"工欲善其事，必先利其器"就是这个道理。马克思主义就是无产阶级和人民群众实现共产主义理想目标和信念的唯一可靠武器，中国马克思主义则是中国共产党人实现中华民族伟大复兴的唯一可靠思想武器。中国马克思主义虽然在本质上也属于马克思列宁主义，却增加了许多适应新时代和中国国情的内容，因而是马克思主义方法论发展的新阶段。不了解中国马克思主义的方法论功能，不了解中国共产党人对马克思主义方法论的发展和创新，就不可能真正理解和把握中国化马克思主义。现在有些人企图用各种非马克思主义思想来取代马克思主义，特别是中国化马克思主义，鼓吹指导思想的多元化，这是不可能实现共产主义这一伟大理想目标的，也无法实现中华民族伟大复兴。

第四，马克思主义还是改造现实世界的方针和政策体系。马克思说过：哲学家们只是满足于解释世界，但问题在于改变世界。然而要改变世界就必须要有改变世界的方针和政策做指导，中国无产阶级要改变中国也必须有适合中国的方针和政策做指导。因而这些方针政策体系乃是马克思主义的重要内容，甚至是核心内容。我们要研究和学习作为方针政策形态的马克思主义，特别是当前党的方针政策更是最鲜活的马克思主义。忽视对党的方针政策的研究和学习，不理解党的方针政策与马克思主义基本原理之间的关系，就无法掌握马克思主义的活的灵魂，也学不到真正的马克思主义。

第五，马克思主义更是一种改造世界的社会实践活动。马克思主义的本质就是实践，不过是以辩证唯物主义和历史唯物主义为根本指导的实践。马克思主义创始人都首先是实践家，然后才是理论家，中国共产党的领导者也首先是中国革命和建设的实践家，然后才是理论家，他们的理论乃是其实践经验的总结。故脱离社会主义实践的人是不可能真正搞懂马克思主义的，也不可能成为真正的马克思主义者。我们要研究和学习马克思主义，就必须亲自参加人民群众的社会实践，在中国研究马克思主义就必须参加中国特色社会主义现代化建设实践，首先做一个实践者。只有这样，才能真正体现出马克思主义的真理性和价值，才能真正掌握马克思主义。

第六，马克思主义当然是一门科学的知识体系，主要由马克思主义哲学、马克思主义政治经济学、科学社会主义学说三大部分构成。其中，科学社会主义则是核心内容，而马克思主义哲学是其世界观和方法论指导，马克思主义政治经济学是其直接理论基础，这三者构成了一个统一整体。脱离科学社会主义的实践需要去搞哲学研究和政治经济学研究是没有意义的研究，脱离中国特色社会主义的实践需要去搞哲学和政治经济学研究，也是没有前途的研究。在当前，马克思主义哲学研究和政治经济学主要应服从新时代中国特色社会主义的实践需要。从社会实际需要出发学习和研究马克思主义，这是中国革命和改革的一条基本经验，也是中国马克思主义建设的一条基本经验。

总之，马克思主义首先是工人阶级和人民群众的立场和情感，是一种崇高的理想和信念，是科学的方法论工具，是工人阶级政党领导人民改造世界的方针和政策体系，是人民群众所从事的社会主义革命、改革、建设实践活动，是关于社会发展规律的科学知识体系。孤立地强调马克思主义的知识性而否定其他方面的属性，是对马克思主义的片面理解，不可能从整体上把握马克思主义，也不可能掌握好中国化马克思主义。

（本文写于 2018 年 2 月 8 日）

26.《共产党宣言》的基本思想

《共产党宣言》是由马克思、恩格斯在 1848 年共同写作的阐释共产主义思想的科学著作，其内容既有马克思主义哲学思想，又有马克思主义政治经济学思想，还有科学社会主义思想；既有对现实资本主义社会的科学解释，也有改造资本主义社会的实践总纲领和对未来共产主义社会的轮廓描绘；既有对共产主义理论的正面论述，也有对反共产主义思潮的严厉批判。总之是近代史上第一次揭示人类社会发展规律并预示了未来新时代的书，也是一部激励人们树立伟大理想并投身到实现这一伟大理想的事业中去的书，当然也是一部引起全世界资产者普遍恐惧和全世界劳动者普遍兴奋的书。

《共产党宣言》中的基本思想有三点：一是指出迄今为止（原始社会除外）的社会发展史是阶级斗争史。阶级的产生是生产方式发展到一定阶段的产物，资产阶级则是资本主义"生产方式和交换方式的一系列变革的产物"，而无产阶级乃是"随着资产阶级即资本的发展"而产生和发展起来的一个阶级。二是指出无产阶级同资产阶级的斗争是人类历史上最后一种形式的阶级斗争，由于"随着大工业的发展，资产阶级赖以生产和占有产品的基础本身……

被挖掉"，而"无产阶级却是大工业本身的产物"，因而斗争的结果必然是"无产阶级用暴力推翻资产阶级而建立自己的统治"，即建立无产阶级专政。三是指出无产阶级专政的根本任务是大力发展生产力，"尽可能快地增加生产力的总量"，同时逐步消灭私有制和与之相适应的私有观念，最终实现人与人自由平等的"联合体"，在这个联合体中，"每个人的自由发展是一切人的自由发展的条件"。此外，马克思和恩格斯还批判了当时存在的各种伪社会主义、共产主义思想，阐明了共产党人对各种反对派的既联合又斗争的态度，表达了对共产主义事业必胜的坚定信念。《共产党宣言》的上述思想就像一座永不熄灭的光芒四射的灯塔指引着各国共产党向着既定的共产主义理想前进！

我国社会中当前对《共产党宣言》的理解存在两种偏向：一是从根本上否定《共产党宣言》的科学性，认为共产主义只是一种虚无缥缈的幻想，根本不可能实现，其理论依据便是所谓人的"自私本性"之说。对此，马克思、恩格斯在《共产党宣言》中早已指出：人的自私本性是私有制生产关系的产物，而随着私有制生产关系的灭亡，人的自私本性也将一并消失，共产主义则是伴随公有制发展而发展起来的社会形态。二是只强调共产主义社会的发展目标是人的自由平等"联合体"的建立，而对于实现这一目标的途径和手段却有意无意加以淡化和回避，这有使共产主义理想成为空中楼阁的危险。马克思、恩格斯指出，共产主义是生产力高度发展和生产关系根本变革的结果，而这一发展和变革是基于现实的长期发展过程，需要经过人们长期的艰苦奋斗才能实现。对于我国而言，在今天搞"大众创业、万众创新"就是为发展生产力而奋斗，搞"四个全面"战略布局（全面建成小康社会、全面深化改革、全面依法治国、全面从严治党）就是为全面改变生产关系而奋斗。脱离奋斗过程去谈共产主义目标是空想，而把奋斗过程与共产主义目标结合起来才是科学社会主义。

（本文写于 2015 年 10 月 5 日）

27. 研究民主问题应从实际出发

最近读了一些研究民主问题的著作和文章。这些著作和文章大都从民主的起源和原始本意讲起，并重在描述西方民主制的发展历程，然后从此出发来评价我国现实民主制，并要求按民主的原始本意来改造现实民主制。有的文章则认为西方民主制是最能体现民主原始本意的，因而要求我国民主制建设要以西方民主为样板，向西方民主制学习。这种研究方法本质上是一种从概念到概念的抽象研究法，完全忽视了民主发展的实际过程，特别是忽视了我国的国情实际对民主的要求，是典型的以概念来框现实的教条主义。

民主问题研究要不要考察其历史？当然要考察，因为民主作为一种普遍的价值体系无疑是有自身内在发展逻辑的，但是这一逻辑并非是单线条的因果关系逻辑，而是多线条相互交叉的因果关系逻辑。因为民主作为人类社会生活的一种重要价值取向是植根于各个民族的发展史中的，只不过作为概念形成的早晚不同而已。古希腊民族形成的民主概念早一些，因而可以成为民主研究的逻辑起点，但其他民族的民主意识并非只是从古希腊民主意识中移植而来，而是也有着自己的经济基础和思想来源，因而也应该成为各个民族知识分子从事民主问题研究的起点，这是文化多样性的体现。

民主问题研究虽然应考察其历史，但更为重要的是应该立足于现实，即从现实实际出发说明民主的起源、内容、形式、发展前景等问题。比如我国的经济、政治、文化发展现实是什么？这一现实需要什么样的民主内容和形式？我国现实存在的民主内容和形式是否符合现时代经济社会发展的要求？我国应该怎样建立适合国情需要的民主制内容和形式？怎样控制这种民主内容和形式？我国的民主制内容和形式将来怎样适合经济社会发展需要的发展而发展？等等。总之，只有立足于我国经济社会发展现实的需要和可能，才能得出既有科学性又有可行性的民主问题研究结论。脱离社会发展现实的所谓民主问题研究，不仅是缺少科学性的，而且是没有意义的，我国的现实民主问题研究尤其如此。

世界上的文化都是相互作用的，虽然各种不同的文化观都有自己的经济基础和思想根源，因而也都有自己存在的理由，但由于民族发展史的差别，强势民族的文化往往对弱势民族的文化具有极大的冲击、渗透和融化作用。

对此，我们一定要采取强化民族自信措施加以应对，为中华传统文化自立于世界民族之林争取一席之地。还有一个原因就是思想界长期存在着脱离中国实际研究学术问题的倾向所致。这一问题早在中国共产党成立初期就存在了，这是党内教条主义长期存在的方法论根源，而毛泽东"马克思主义中国化"命题正是针对这种错误倾向提出来的，邓小平的"建设中国特色社会主义理论"命题也是针对这种错误倾向的。我们今天应该继续发扬光大这一马克思主义中国化的思想，强化中国特色社会主义理论建设。只有这样才能有效化解在民主问题研究上脱离实际的西化趋向，找到发展中国民主制的正确方向。

（本文写于 2016 年 2 月 19 日）

28. 学习习近平的综合性思维

在习近平近年发表的系列讲话中有很多重要思想，其中综合性思维给人印象最为深刻。所谓综合性思维就是要求人们在认识和处理问题时，要关注问题的各个方面，而不要只关注一个方面；要关注问题各个方面的连接，而不要将其孤立起来；要关注认识和处理问题的总体功能，而不要只关注局部功能；等等。习近平的综合性思维表现在其对全面建成小康社会的各种论述中：如对"五位一体"总体布局的论述中，对"五大发展理念"的论述中，对"四个全面"战略布局的论述中，等等。这种综合性思维对我国社会主义现代化建设具有重要指导作用。

综合性思维与马克思主义哲学理论中"全面性思维"的要求完全一致。列宁曾说："要真正地认识事物，就必须把握住、研究清楚它的一切方面、一切联系和'中介'。我们永远也不会完全做到这一点，但是，全面性这一要求可以使我们防止犯错误和防止僵化。"[1]毛泽东也讲过"要学会用十个指头弹钢琴"[2]的思想，这都是全面性或综合性思维的体现。综合性思维并不是只关注事物发展的方方面面就行了，它还要求在事物发展的各方面中找出主要矛盾和主要方面并加以遵循，例如在"五位一体"总体布局中，经济建设

---

〔1〕《列宁选集》（第 4 卷），人民出版社 1995 年版，第 419 页。

〔2〕《毛泽东选集》（第四卷），人民出版社 1991 年版，第 1442 页。

是根本；在"五大发展理念"中，协调发展是重点；在"四个全面"的战略布局中，"全面依法治国"是关键；等等。所以综合性思维本质上是一种辩证思维。而那种"一方面……另一方面"[1]的思维表面上看起来挺全面，实际上是"僵死而空洞的折中主义"[2]。

综合性思维之所以正确，是因为客观事物本身就是综合的，它不过原原本本地反映了客观事物的实际而已。例如，自然界的运动本来就是多种运动方式的综合，社会生产本来就是生产—交换—分配—消费的综合，马克思主义理论体系本来就是哲学—政治经济学—科学社会主义的综合，所以人们也就应该综合地去认识它们。历史表明：人们在认识和处理问题时只有符合客观事物本身的综合性，才能得出正确的认识结论，只有运用综合性思维去思考和处理问题，才能在实践上取得成功。恩格斯曾在批判杜林的唯心主义错误时说："如果我把鞋刷子综合在哺乳动物的统一体中，那它决不会因此就长出乳腺来。"[3]所以综合性思维不是主观"任性"的思维，而是以实践为基础的遵循客观实际的唯物主义思维。

综合性思维也符合现代系统思维的要求。现代系统科学认为：事物都是由不同要素构成的系统，其内部有着一定层次和结构，对外显示出一定功能，并与环境发生着相互作用。系统的发展通过整体的变化显现出来，而整体的变化则是要素、层次、结构、功能、环境因素综合起作用的结果。因而系统思维要求人们运用整体性、层次性、结构性、功能性、环境关联性等观点和方法综合性思考和处理问题，以避免犯线性还原论错误。所以，综合性思维与系统科学要求具有总体一致性。

总之，综合性思维是习近平近年系列讲话中的重要思维特征和内容，它是我们搞好社会主义现代化建设并实现"中国梦"的重要思想指导，我们应该在学习习近平系列讲话时将之作为重点来学习和把握，以努力开拓社会主义现代化建设的新天地。

（本文写于 2016 年 4 月 4 日）

---

〔1〕《列宁选集》（第4卷），人民出版社1995年版，第421页。

〔2〕《列宁选集》（第4卷），人民出版社1995年版，第421页。

〔3〕《马克思恩格斯选集》（第3卷），人民出版社1995年版，第381页。

29. 从跟跑到领跑的跨越之路并不平坦

党的十九大以后，有关部门在发展上提出了从跟跑逐步发展到领跑的方针。这充分显示了中华民族不甘落后奋勇争先的品格，无疑是振奋人心的。但历史表明，这一目标的实现之路并不平坦。

如何应对当下的挑战呢？笔者认为坚持如下三点最为重要：一是持续向世界阐明我们的发展目标。我们的目标是实现中华民族的伟大复兴，力争成为世界民族之林的合格成员，而并不是要实行中国独赢；我们要争取的是与世界各国人民共同发展，而不是要称霸世界，对此，我国领导人毛泽东和邓小平等人是多次加以申明了的。我们不仅要在宣传上这样讲，而且要在实际上这样做。要大力支持广大发展中国家发展，与发达国家公平交往，实现互利共赢。只要我们在理论和实践上坚持这样做下去，就一定会得到多数国家和人民认可，从而为我们争得广泛的民心空间。

二是一定要坚持走中国特色社会主义发展之路。既不能再走封闭僵化的老路，也不能走改旗易帜的邪路，要保持政治定力，坚持实干兴邦，始终坚持和发展中国特色社会主义。在经济领域就是要坚持独立自主方针，把发展建立在主要依靠自己力量的基础上。全球化是巨大机遇，但不是我国发展的根基。这次"中兴事件"说明，把发展建立在他国技术支持基础上是非常危险的，很容易被他国卡住脖子。我们应主要依靠自主创新解决问题，外部有利条件要尽量利用，但不能形成依赖，经济全球化是以各国的充分发展为基础，而不是各国发展以全球化为基础。我们只有自己充分发展了，才能更好地参与全球化进程，千万不要把全球化与自身发展的关系搞反。

三是要努力学习各国先进经验，包括科学技术和治国理政方面的经验。马克思主义认为，只有充分吸收人类文明的全部积极成果，才能使自己立于不败之地。在国家发展问题上，只有充分学习先进国家的经验，才有可能超越先进国家。在赶超问题上，既要有雄心大志，充分看到自己的成绩，以鼓舞士气，又要谦虚谨慎，看到自己的不足与差距，以便不断进步。

总之，中华民族的复兴是一个必然的过程，但又是一个长期的艰苦奋斗过程。我们既要有爆发力，更要有持久的耐力。只要我们不断修炼和完善自己，与大多数国家和政府搞好关系，在国内坚持中国共产党的领导，并始终保持好党与人民群众的鱼水关系，我们就一定能实现中华民族复兴的目标，并为世界人民做出我们的大贡献。

（本文写于 2018 年 7 月 25 日）

30. 两个珍贵的 40 年

马克思写作《资本论》用了 40 年的时间，探索出了资本主义社会发展的规律性。我国改革开放也已经 40 年了，在实践上走出了一条社会主义市场经济之路。

如果从"十月革命"算起，社会主义已经有了 100 多年的实践史。但是，社会主义道路究竟应该怎么走，在我国改革开放之前的 60 多年中，并没有找到一条成功之路。苏联在探索了 70 多年后，社会主义道路失败了，我国在探索了 30 多年后，虽然获得一定成功，但也走了不少弯路，造成了不少损失。改革开放以来，我们又探索了 40 年，虽然至今尚未最终成功，但从取得的已有成就而言，基本的路径应该是找到了，这就是社会主义市场经济之路。

社会主义市场经济之路包括诸多内涵。如果将研究成果写作出来，其字数恐怕不会少于《资本论》三大卷。但是繁中有简，就主要内容而言，无非是在共产党领导下的政府调控和市场机制两项。这两者都是不可或缺的，失去了共产党领导下的政府调控，社会主义方向就无法保证，人民群众的幸福生活就没有保障；而失去了市场机制，社会主义社会的资源就得不到有效配置，社会主义社会就会失去前进活力，最终社会主义社会也难以生存下去。政府调控和市场机制是一对矛盾，它支配着社会主义社会发展过程的始终，共产党必须领导人民处理好这一矛盾，才能肩负起领导社会主义事业的历史使命。

目前，学界正在探索社会主义政治经济学的写法，可以说是见仁见智，这些探索都是极为重要的，每一种意见都是向着真理前进的一步。但笔者认为，无论哪种写法都不能脱离社会主义市场经济这一中心内容。因为从实践上看，我国40年来的社会主义建设发展过程实际上就是社会主义市场经济的不断发展过程：什么时候市场机制受到阻碍，经济发展就会出现波动，什么时候政府调控能力减弱，经济活动就会出现混乱。党的十九大报告也提出"加快完善社会主义市场经济体制"的任务包括政府调控和市场经济两个方面。历史表明，只有这一条道路能够调动起全体人民的积极性，使社会生产力在目前情况下得到充分涌流，从而推动社会主义社会的不断进步。我们党宣布的"既不走封闭僵化的老路，也不走改旗易帜的邪路"的基因正存在于社会主义市场经济道路之中。

正像《资本论》没有把资本主义认识完成一样，后来还要靠列宁和毛泽东这些继承者来继续完成其事业。我们党至今也并没有把社会主义市场经济之路走完，而只是走了非常重要的开始一段，今后的路程还很长，也更艰巨，但是中国共产党人一定会带领人民把这一道路坚定不移地走下去，完成这一社会主义历史上最为壮丽的画卷。如果问中国共产党在40年的改革开放中取得的最大收获是什么，那就是找到了社会主义市场经济之路，这也是我们党对马克思和恩格斯开创的社会主义道路所做出的又一重大贡献。在中国共产党的领导下，坚持按社会主义市场经济之路走下去，我们一定会达到社会主义最终胜利的彼岸！

（本文写于 2018 年 11 月 1 日）

31. 谈人际关系的两个层次

人际关系是社会生活的重要领域，也是哲学认识的重要对象。人际关系有两个层次：一是个体之间的关系，二是群体之间的关系。因而对其哲学认识也应该分为两个层次。

作为群体关系主要内容的阶级关系有着自己特殊的规律性，同样作为个体之间关系的发展也有自己独特的规律性。这两个规律的适用范围是不同的，因而也不能随意将之扩大。改革开放之前，人们往往把个体之间的关系当作阶级关系来对待，甚至把夫妻之间父子之间的意见分歧也视为阶级斗争，这就把阶级关系的适用范围扩大化了，影响了个体之间关系的正常发展。当然，我们也不能把阶级关系视为个体关系，那样的话就无法解释社会革命的发生及其历史作用了。恩格斯在《在马克思墓前的讲话》中说过："他可能有过许多敌人，但未必有一个私敌。"〔1〕这说明，马克思的一生是代表无产阶级同资产阶级斗争的一生，而不是为了个人私利而斗争的一生。当然，阶级关系与个体关系也不是绝对隔离的，而是相互作用的。一方面，阶级关系的发展和解决决定、影响着个体关系的发展和解决，当个体关系与阶级关系发生矛盾的时候，个体关系的处理要服从阶级关系的处理；另一方面，个体关系有时又体现着阶级关系并影响阶级关系的解决，正如毛泽东所说，"在阶级社会中，每个人都在一定的阶级地位中生活，各种思想无不打上阶级的烙印。"〔2〕所以处理好个体关系也有利于处理阶级关系。

在生产力不发达的以往社会形态里，以经济为基础的阶级关系是显现不出来的，当时显现出来的仅是个体关系或等级关系，如在古罗马有贵族、骑士、平民、奴隶各自内部及相互之间的关系，在封建社会中则有地主、臣仆、行会师傅、帮工、农奴各自内部及相互之间的关系，在中国古代则有君、臣、士、民等内部或相互之间的关系，这种复杂的个体和等级之间的关系状况掩盖着阶级关系的事实，因而使人们难以发现阶级关系。只是到了资本主义社会，由于社会生产力的巨大发展和生产关系的巨大改变，社会才明显分化出了阶级，阶级关系也成为资本主义中主要的群体关系，而以阶级斗争为核心内容的唯物史观也正是在这个时候被马克思概括出来的，并成为人们认识社会和改造社会的重要方法论工具。由此可见，作为群体关系的阶级关系论是在对个体或阶层关系认识的基础上发展起来的，是对个体或阶层关系深入认识的结果，是对人际关系的宏观把握。

既然以往的历史观与马克思的历史观都反映了人际关系的不同层次，因而我们就应将其有机结合起来，形成一个人际关系认识的整体。既不要用阶级关系认识否定个体或阶层关系认识，也不能用个体或阶层关系认识否定阶级关系认识，否则就会犯错误。当然在处理这两种认识的关系时，也要注意阶级关系认识对个体或阶层关系认识的指导作用，将二者完全割裂开也是错误的。目前学界普遍关心马克思主义与中国传统文化相结合的问题，鉴于中

---

〔1〕《马克思恩格斯选集》（第3卷），人民出版社1995年版，第778页。
〔2〕《毛泽东选集》（第一卷），人民出版社1991年版，第283页。

国传统文化的核心内容是人际关系，因而将马克思主义的阶级关系论与中国的个体或阶层之间关系思想相结合可视为构建中国化马克思主义人际关系论的一个有效途径。

（本文写于 2018 年 11 月 6 日）

32. 共产党员之间应是人民勤务员关系

共产党员之间应该是什么关系？这是党的建设中必须加以确立的重要内容。

毛泽东曾说过："我们一切工作干部，不论职位高低，都是人们的勤务员，我们所做的一切都是为人民服务。"[1]这里说的虽然是干部，但同样适用于共产党员。

既然都是人民勤务员，相互之间就应平等相待，党内只有分工的不同，没有等级的差别。所有党员都应该奉行人民利益高于一切的原则，全心全意为人民服务，鞠躬尽瘁，死而后已。

既然都是人民勤务员，相互之间就应当真诚相待，相互支持，共同把为人民服务工作做好，而不应当以邻为壑，相互拆台。相互合作乃是作为人民勤务员的基本品德。

既然都是人民勤务员，相互之间就应当互相监督，充分开展批评和自我批评，并按照团结—批评—团结的公式对待自己和同志，这样才能使党内保持健康机制，不断推进工作顺利开展。

既然都是人民勤务员，相互之间就应当互相关心、爱护和帮助，一方有难，八方支援，相互为服务人民创造良好条件和环境，保证人民利益持续得到满足。

确立共产党员之间的人民勤务员关系，有利于我们党抵御各种不健康的人际关系之风的侵袭，诸如家长制关系的侵袭、商品交换关系的侵袭甚至尔虞我诈关系的侵袭，等等。有利于使每个党员都始终明了自己的使命、地位，

---

[1]　毛泽东：《一九四五年的任务》，载《解放日报》1944 年 12 月 15 日。

使我们党成为一个内部和谐、充满活力的有机整体，更好地为中国人民和世界人民服务。

（本文写于 2019 年 1 月 18 日）

33. 论习近平新时代开放思维的基本特征

开放思维是邓小平同志首先提出的推动中国社会发展的重要法宝之一，江泽民、胡锦涛同志在实践中坚持并丰富了开放思维的内容，习近平则立足于新时代中国特色社会主义建设实践开辟了这一思维的新境界。

首先，习近平同志提出了"全面开放"的思想。开放思维一开始是作为经济思维提出来的，起初主要是指引进外资和技术，同时输出原料和半成品，后来随着经济的发展，开放的内涵日益扩大：不仅各个经济领域实行全面开放，在上层建筑的各个领域也实行全面开放。十八大以后，更是利用经济全球化带来的机遇，进入了前所未有的"全方位对外开放阶段"[1]。在这一阶段，我国在世界经济和全球治理中的分量迅速上升，"引进来和走出去更加均衡"，并进入"大进大出新格局"，对外开放质量和水平更加提高。习近平提出的这种"全方位对外开放"思维，不仅指导我国经济建设进入经济全球化的大潮之中，极大促进社会主义事业的大发展，而且从根本上"实现了我国同世界关系的历史性变革"[2]，使我国成为世界上有重要影响力的大国之一。

其次，习近平同志把开放思维纳入了"新发展理念"。在习近平新时代中国特色社会主义思想体系中，新发展理念是极为重要的内容，而"开放发展"则是新发展理念的重要内容。习近平指出："开放发展注重的是解决发展内外联动问题。"[3]历史表明，社会主义事业的发展离不开内在市场和资源的支持，同时也离不开国际市场和资源的支持。只有把这两种市场和资源有机结

---

〔1〕《习近平谈治国理政》（第二卷），外文出版社 2017 年版，第 211 页。

〔2〕《习近平谈治国理政》（第二卷），外文出版社 2017 年版，第 211 页。

〔3〕《习近平谈治国理政》（第二卷），外文出版社 2017 年版，第 199 页。

合起来，实现联动，才能有力推动我国社会主义建设事业的发展。而要实现这二者的联动效应，就"必须坚持对外开放的基本国策，奉行互利共赢的开放战略，深化人文交流，完善对外开放区域布局、对外贸易布局、投资布局、形成对外开放新体制，发展更高层次的开放型经济，以扩大开放带动创新、推动改革、促进发展。"〔1〕习近平还认为，坚持开放发展与坚持创新发展、协调发展、绿色发展、共享发展等发展理念之间是相互贯通、相互促进的统一体，必须妥善处理好开放理念与其他发展理念之间的协调关系，才能充分实现其促进社会发展的功能。

再其次，习近平同志把构建人类命运共同体作为实行开放方针的宏观目标。我国一开始提出的开放方针主要是以促进国内经济发展为目标的，当时并未考虑到国际方面的义务。随着开放事业的不断深入和扩大，我国对国际方面的义务日益显现出来，首先是提出参与"全球治理"方面的要求，紧接着提出"一带一路"建设倡议，最终提出构建人类命运共同体的宏观目标，从而使我国的开放理念逐渐形成体系。要实现构建人类命运共同体的目标需要很多条件，而最为根本的条件就是各国必须采取开放方针。具体到我国而言，就是必须持续不断地扩大开放规模，增加开放的深度，以便与世界各国先后交流，实现开放共赢。习近平同志在谈到"打造人类命运共同体为核心的新型国际体系"必须做出的努力时说："要实现这一目标，就应该秉承开放精神，推进互帮互助、互惠互利。"〔2〕在《建立多边、民主、透明的全球互联网治理体系》的讲话中他也提出"促进开放合作"〔3〕的要求，在《共同构建人类命运共同体》的联合国日内瓦总部的演讲中，他更向各国发出"海纳百川，有容乃大"的"开放包容"呼吁。总之，自党的十八大以后，开放思维已不再仅仅是一个促进自身发展的思维，而是成了一个以构建人类命运共同体为目标的宏大思维体系。

最后，习近平同志把开放性思维与"四个自信"统一起来。实现开放性方针，尤其是实现"全方位"开放方针以后，必然会导致外部各种物质和精神因素的输入，并对国内物质生活和精神生活产生一定冲击，甚至会使一些

---

〔1〕《习近平谈治国理政》（第二卷），外文出版社 2017 年版，第 199 页。

〔2〕《习近平谈治国理政》（第二卷），外文出版社 2017 年版，第 524 页。

〔3〕《习近平谈治国理政》（第二卷），外文出版社 2017 年版，第 533 页。

人丧失自信，产生崇洋媚外心理倾向，所谓"全盘西化"的思潮就是这种影响的表现。为了预防并纠正这种错误倾向，习近平同志及时提出了坚持"中国特色社会主义道路自信、理论自信、制度自信、文化自信"[1]的要求。通过强调"四个自信"，广大人民群众坚定了中国特色社会主义的信念、增强了决心，使党的对外开放方针有了更加巩固的思想基础。

总之，习近平新开放思维是新时代中国特色社会主义思想体系的重要内容，我们应努力学习并认真贯彻，为中华民族伟大复兴做出贡献，也为构建人类命运共同体做出贡献。

（本文写于 2019 年 3 月 30 日）

34. 马克思主义中国化是中国共产党领导国家建设取得成功的根本思想法宝

在中国共产党的领导下，我们伟大的祖国——中华人民共和国已经成立70 周年了！在这 70 年中祖国所创造的物质和精神财富超越了中国以往各个历史时代的总和，成果伟大而光辉。这些成果取得的原因有很多，但笔者认为最主要的是领导国家的中国共产党成功应用马克思主义中国化这一思想法宝的结果。马克思主义中国化是科学的理论体系，其核心思想是把马克思主义普遍原理与中国具体实际相结合，主要有马克思主义哲学中国化、政治经济学理论中国化、科学社会主义理论中国化等内容，在发展历程中则经历了毛泽东思想、邓小平理论、江泽民"三个代表"重要思想、胡锦涛科学发展观和习近平新时代中国特色社会主义思想等阶段。中国共产党人正是依靠这一科学理论体系，才领导中国人民取得了新民主主义革命的胜利，建立了中华人民共和国，继而又通过改革开放等措施领导人民建成了综合国力占世界第二位的社会主义伟大国家，成功实现中华民族的全面复兴之梦，并不断向着共产主义伟大目标前进！

马克思主义中国化之所以能指导中国国家建设取得成功首先是因为其科

---

〔1〕《习近平谈治国理政》（第二卷），外文出版社 2017 年版，第 349 页。

学地揭示了人类社会特别是中国现代社会发展的规律性，从而为中国共产党制定出科学的革命和建设路线、方针、政策奠定了理论基础。历史表明，任何革命和建设事业要想取得成功，必须有正确的思想和政治路线做指导，而正确的思想和政治路线的制定则必须以反映客观规律的科学理论做基础。我国新民主主义革命总路线、社会主义革命和建设总路线、社会主义初级阶段基本路线都是中国共产党以不同时期的马克思主义中国化理论为指导制定出来的。正是在这些正确路线的指导下，中国新民主主义革命取得了胜利，建立了中华人民共和国；新中国成立以后，我们又取得了社会主义革命和社会主义建设的伟大胜利，中华人民共和国的国力不断增强，人民群众的物质和精神生活不断改善，我国的国际地位不断提高，我国对人类的贡献也不断加大。

马克思主义中国化之所以能指导中国国家建设取得成功还因为它集中反映了中国广大人民群众的根本利益和要求，因而能够为广大人民群众所接受和践行。马克思主义认为，人民群众是历史的创造者，因而一种理论和思想只有为人民群众所接受和掌握，成为人民群众手里的有力武器，才能发挥出改造世界的伟大力量。而马克思主义中国化理论是以全心全意为了人民、全心全意依靠人民为根本内容的理论，它代表并符合广大人民群众的根本利益要求，并在中国人民争取自身解放斗争经验基础上形成和发展，因而必然为中国人民所接受和实践，成为中国人民推动历史前进的根本思想指导。毛泽东把"全心全意为人民服务"作为我们党的根本宗旨，习近平在十九大报告中提出"以人民为中心"的理念，并"把人民对美好生活的向往作为奋斗目标"，这都是马克思主义中国化理论视人民利益高于一切的体现。我国广大人民群众通过长期实践深深地认识到马克思主义中国化理论的科学性和重要性，因而对其高度信任并努力实践，从而在根本上保证了国家发展事业的成功。

马克思主义中国化之所以能指导中国国家建设取得成功还因其为中国共产党自身建设提供了根本指南。中国近现代史表明，中国革命和建设是离不开中国共产党领导的，"党政军民学，东西南北中，党是领导一切的。"[1]但

---

〔1〕习近平：《决胜全面建成小康社会 夺取新时代中国特色社会主义伟大胜利——在中国共产党第十九次全国代表大会上的报告》，人民出版社、中国盲文出版社2017年版，第20页。

是我们党只有始终保持思想的先进性、组织的纯洁性、作风的高尚性、行为的模范性、纪律的严明性才能永远有效保障领导国家建设不断从胜利走向胜利，实现共产主义远大理想。而由于中国共产党是生活在复杂的社会之中的，它必然会受到各种剥削阶级思想和作风的侵袭，党内也总会有些意志不坚定的分子忘记党的初衷，背离党的使命，甚至走向叛党之路。因此，必须不断以马克思主义中国化理论为指导，抓好党的自身建设才行。历史上我们曾以整风形式抓党的建设并取得良好成果，今天则是要以习近平新时代中国特色社会主义思想为指导，全面搞好从严治党。党的十九大报告指出，要全面从严治党，必须把党的政治建设摆在首位，用新时代中国特色社会主义思想武装全党，建设高素质专业化干部队伍，加强基层组织建设，持之以恒正风肃纪，夺取反腐败斗争压倒性胜利，健全党和国家监督体系，全面增强执政本领。历史将表明，只要我们党按照这些要求把自身建设好、建设强，确保党始终同人民想在一起、干在一起，就一定能引领承载着中国人民伟大梦想的航船破浪前进，胜利驶向光辉的彼岸。

总之，中华人民共和国成立 70 周年是中国共产党不断以马克思主义中国化为指导建设国家并取得胜利的 70 年，这期间虽然也有失败和挫折，但这乃是中国共产党以马克思主义中国化指导建设过程中不可避免的探索代价，是必须加以重视的宝贵财富。我们今后要顺利实现全面建成小康社会的既定目标，进而实现 2035 年基本实现社会主义现代化，在 21 世纪中叶把我国建成富强民主文明和谐美丽的社会主义现代化强国，最终实现中华民族的伟大复兴，并进一步使其向着共产主义远大目标前进，就必须不断坚持并推进马克思主义中国化理论体系的发展和应用，特别是要学好和应用好这一理论体系的最新形式——习近平新时代中国特色社会主义思想，这是我们总结新中国成立 70 周年经验时所得出的根本结论。

（本文写于 2019 年 5 月 28 日）

35. 学会以中国马克思主义思想为指导思考和解决问题

中国马克思主义是马克思主义发展的重要形态和阶段。它是经过社会实践证明的科学思想体系。其中既有哲学方面的内容，也有经济学方面的内容，还有科学社会主义方面的内容，而中国特色社会主义则是其本质与核心。中国马克思主义反映着中国社会发展的普遍规律，代表着中国广大人民群众的根本利益，因而是指导我国社会主义建设取得胜利的根本法宝。

以中国马克思主义为指导思考和解决问题，有利于我们科学认知中国社会发展的规律性，有利于我们对客观事物做出全面评价，有利于我们对各项工作做出可行性的"顶层设计"，有利于我们对中国社会发展进行有效控制和改造。我国革命和建设事业的成功，改革开放成就的取得，无不是党中央以中国马克思主义为指导进行思考和解决问题的结果。这期间虽然也有失败和挫折，但这都是实践中不可避免要付出的代价，而不能说明中国马克思主义思想的根本错误和不适用。

中国马克思主义思想是不断发展的。毛泽东思想、邓小平理论、"三个代表"重要思想、科学发展观都是在不同时代诞生并适合不同时代要求的中国马克思主义思想。习近平新时代中国特色社会主义思想则是在我国改革开放新时代诞生并适合当前我国实际需要的中国马克思主义的最新内容。当前以中国马克思主义思想为指导思考和解决问题主要就是要以习近平新时代中国特色社会主义思想为指导思考和解决社会主义现代化建设中的各种问题，脱离了这一思想体系的指导，就谈不到用中国马克思主义思想为指导，也谈不到用马克思主义思想为指导，我们就会在社会主义现代化建设中走上歧途。

以中国马克思主义思想为指导并不否认和排斥各个领域具体科学思想的指导作用。以中国马克思主义为指导主要是以体现中国社会各个领域发展普遍规律的路线方针政策为指导，但各个领域的发展还有体现其特殊规律的具体路线方针政策的指引，对此也必须给以充分重视。例如，我们提出以"习近平依法治国论述"中的思想为指导，但并不否认各个法治建设领域遵循各自特有规律和规范；我们提出以"习近平关于科技创新论述"中的思想为指导，也并不否定和排斥其他具体创新理论的指导作用；我们提出以"习近平全面从严治党论述"中的思想为指导，更不否定和排斥无产阶级政党建设科学中的具体思想的指导作用。总之，我们应把以马克思主义思想为指导与遵循具体科学指导有机结合起来，以全面收到成效。

以中国马克思主义思想为指导思考和处理问题是我国革命和建设事业取得胜利的根本保证。这是因为，马克思主义思想不仅正确反映了中国社会发展的客观规律，而且代表了中国广大人民群众的根本利益，因而必然受到广大人民群众的支持和践行。毛泽东曾说："我国的革命和建设的胜利，都是马克思列宁主义的胜利。把马克思列宁主义的理论和中国革命的实践密切地联系起来，这是我们党的一贯的思想原则。"〔1〕邓小平指出："把马克思主义的普遍真理同我国的具体实际结合起来，走自己的道路，建设有中国特色的社会主义，这就是我们总结长期历史经验得出的基本结论。"〔2〕习近平总书记指出："指导思想是一个政党的精神旗帜。""背离或放弃马克思主义，我们党就会失去灵魂、迷失方向。"〔3〕这里说的都是用马克思主义思想指导思考和解决问题的必要性和重要性。而以新时代中国特色社会主义思想为指导思考和解决问题则是当今以中国马克思主义思想为指导的集中要求和表现。今天，我们要保证"两个一百年"建设目标的实现，完成复兴中华民族的伟大历史使命，最终实现共产主义的伟大理想，就必须一刻不停地学好并坚持以新时代中国特色社会主义思想体系为指导，这是我国社会主义现代化建设事业和民族复兴大业取得成功的根本条件。

（本文写于 2019 年 6 月 19 日）

36. 基层党组织的领导作用不能变得可有可无

建设新时代中国特色社会主义必须坚持党的领导，这既是现代中国社会发展的基本规律，也是现代中国革命和建设的基本经验。然而，党的领导有中央领导和基层领导两个基本层次，中央领导的决定作用已为历史和现实所证明，而党的基层领导对于中国社会发展的作用却有待加强。

这里所谓基层领导主要指：村级党组织的领导，工厂车间党组织的领导，科研部门党组织的领导，学校党组织的领导，文化部门党组织的领导，城市街道党组织的领导，等等。这些基层党组织是党的领导神经系统末端，直接与广大人民群众相连，因而是党群关系的基本结合点，基层党组织的领导作

---

〔1〕《毛泽东文集》（第七卷），人民出版社 1999 年版，第 116 页。

〔2〕《邓小平文选》（第三卷），人民出版社 1993 年版，第 2~3 页。

〔3〕《习近平谈治国理政》（第二卷），外文出版社 2017 年版，第 33 页。

用直接体现着党的领导作用。毛泽东在民主革命时期曾说："红军之所以艰难奋战而不溃散，'支部建在连上'是一个重要原因。"[1]党的十九大报告指出，"党的基层组织是确保党的路线方针政策和决策部署贯彻落实的基础"，这都是对基层党支部领导作用的充分肯定。

实际情况表明，我们党的绝大多数基层党组织都是能够发挥出直接领导群众建设社会主义的政治使命的，特别是改革开放以来，我国广大基层党支部的领导在全面建设小康社会取得的成绩中发挥了决定性作用，创造了诸多为人民服务的模式（诸如"街头吹哨，部门报道"等），受到了群众的拥戴，对此必须充分肯定。然而，我们也不能不承认，现在有一定数量的基层党组织并没有发挥出这种作用，"不作为"的情况仍然存在，甚至被一些群众认为是可有可无的摆设。如果这种情况任其发展下去，基层群众对党的领导必要性的感受必然日益淡化，而党与群众的关系也必然日益减弱，最终则会使党的领导失去基层群众基础，党的整体领导力和执政力受到削弱。而这对于我们党领导人民复兴中华民族和实现共产主义的伟大目标，无疑都是不利的。

为了保证党对人民群众的领导作用，充分发挥出执政功能，必须努力加强党的基层组织建设，强化党的基层组织的整体素质，主动发挥基层党组织对群众生活各个方面的引领和服务作用，使基层群众深切感受到接受党组织领导作用的必要性和可行性，从而自觉自愿地接受党的领导，维护党的领导，在党的领导下充分发挥自己的主观能动性，创造适合自己的美好生活。历史表明，只有广大基层群众从实际生活中深切感受到没有党的领导不行，才会主动接受党的领导，党的领导作用也才能充分展现出来！总之，中国社会和谐发展而不混乱，基层党支部的领导应该发挥出关键性作用。

（本文写于 2019 年 8 月 28 日）

---

〔1〕《毛泽东选集》（第一卷），人民出版社 1991 年版，第 65~66 页。

37. "从新时代实际出发"是习近平新时代中国特色社会主义思想的基础

习近平新时代中国特色社会主义思想是一个庞大体系，而从新时代实际出发思考和处理问题乃是其整个体系的基础。历史表明，毛泽东思想、邓小平理论、"三个代表"重要思想、科学发展观都是从其所处时代实际出发，实事求是思考和处理问题得出来的符合客观规律的科学结论，"从实际出发、实事求是"也是中国共产党人近百年来在认识世界和改造世界过程中所获得的基本历史经验。然而，客观实际是不断变化的，不同时代的客观实际内容不同，因而中国共产党人从中得出的科学结论也会不同，这是马克思主义中国化不断向前发展的客观基础。习近平总书记指出：我国当前仍处于社会主义初级阶段，"全党要牢牢把握社会主义初级阶段这个基本国情，牢牢立足社会主义初级阶段这个最大实际"。并将此作为我们认识当下、规划未来、制定政策、推进事业的客观基点。同时他又指出："中国特色社会主义进入了新时代，这是我国发展新的历史方位。"因而，当前要真正做到从实际出发，就必须从中国特色社会主义新时代的实际出发，一切认识和实践行动都应当以这个新时代实际为出发点和立足点。

从新时代实际出发要求我们全面认识新时代的中国特点，包括经济、政治、文化、社会、生态以及其他方面的特点，要求我们全面把握这五个方面的内在关系特征，特别要求我们牢牢把握新时代国内主要矛盾的变化，即"我国社会主要矛盾已经转化为人民日益增长的美好生活需要和不平衡不充分的发展之间的矛盾"，这一主要矛盾的变化"是关系全局的历史性变化，对党和国家工作提出了许多新要求"。只有从国内这些新时代的国情特征出发，才有可能制定出正确的路线方针和政策，指导中国特色社会主义事业不断前进。

从新时代实际出发要求我们从中国共产党实现自身历史使命的新境况出发。党的十九大报告指出：我们比历史上任何时期都更接近、更有信心和能力实现中华民族伟大复兴的目标。为此必须进行伟大斗争，建设伟大工程，推进伟大事业，实现伟大梦想。"其中起决定性作用的是党的建设新的伟大工程。"只有从党的新历史使命出发，"确保党在世界形势深刻变化的历史进程中始终走在时代前列，在应对国内外各种风险和考验的历史进程中始终成为全国人民的主心骨，在坚持和发展中国特色社会主义的历史进程中始终成为坚强领导核心"，中国特色社会主义现代化建设的目标才能顺利实现，中华民族的伟大复兴才能顺利实现。

从新时代实际出发还要求我们全面把握中国当下的国际环境特征。当前的国际环境总体特征仍然是和平与发展趋势占主导地位，经济全球化趋势也仍在发展；但战争因素与发展阻力也在增加，这主要表现为：局部地区（如中东）的国际关系趋于紧张，相关国家的国防开支持续增长，逆全球化势力（民粹主义、单边主义）抬头，美国退出多个国际组织并发动贸易战，等等。这些负面趋势目前虽尚非主流，但其影响却是不可小觑的。我们必须在大力推动和平与发展趋势的同时，对各种逆向趋势提高警惕，并做好应对准备，以防止在不测事件发生时陷入被动。

从新时代实际出发要求我们坚持全新的中国特色社会主义建设基本方略。即坚持党对一切工作的领导，坚持以人民为中心，坚持全面深化改革，坚持新发展理念，坚持人民当家作主，坚持全面依法治国，坚持社会主义核心价值体系，坚持在发展中保障和改善民生，坚持人与自然和谐共生，坚持总体国家安全观，坚持党对人民军队的绝对领导，坚持"一国两制"和推进祖国统一，坚持推动构建人类命运共同体，坚持全面从严治党。从新时代实际出发要求我们要有坚持真理、修正错误的"勇气和正气"，要注意"不断推进实践基础上的理论创新"，否则要真正做到"实事求是，从实际出发"也就不可能。

总之，从新时代国内外实际出发思考和处理问题是习近平新时代中国特色社会主义思想体系的基础，它渗透在这一思想体系的各个方面，是决定其成功指导社会主义现代化建设实践的根本依据，我们今天学习和贯彻习近平新时代中国特色社会主义思想体系，必须着重把握好这一基础思想。

（本文写于 2019 年 8 月 28 日）

38. 马克思主义与爱国主义

爱国主义是中华传统文化的核心内容，在历史上曾发挥过巨大的凝聚力作用，如岳飞的"精忠报国"壮烈行为、文天祥的"人生自古谁无死，留取丹心照汗青"的震撼诗句、近代人"国家兴亡，匹夫有责"（顾炎武语）的呐喊等都是典范，对此无疑是应该加以永远传扬的。但从历史实际上看，这些爱国主义的思想和行为却并没有能够挽救当时国家和民族的危亡，也未能促进当时国家和社会的发展。只是到了马克思列宁主义传入中国并与中国实际（包括爱国主义）相结合，从而产生马克思主义中国化理论以后，历史上形成的爱国主义之花也才真正结出保国利民的胜利之果（如取得多次反侵略战争的胜利），中国的命运也才有了真正改变。

历史上的爱国主义为什么不能救国，也未能发展中国呢？这是因为，历史上的爱国主义主要是作为一种情感体系而非科学思想体系存在的，它并没有反映出中国社会发展规律，也并没有反映出广大人民群众追求自身解放的根本利益需要。因而它也就不可能对人民群众的实践起引领正确方向的作用并调动起广大人民群众的奋斗积极性。它至多成了少数英雄人物的一种壮烈胸怀和行为，而成不了广大人民群众改天换地的精神追求和实践行动，因而也就不可能起到改变国家和人民命运的作用。为什么在马克思列宁主义传入中国并与中国实际相结合，从而形成马克思主义中国化理论以后，爱国主义才真正发挥出保国利民的作用呢？这主要是因为，马克思主义中国化理论揭示了中国社会发展的规律性，也揭示了中国广大人民群众根本利益之所在，因而能够为爱国主义提供科学的思想基础，为其指出正确的发展方向和实施途径，并使其成为中国特色社会主义思想体系的有机组成部分。离开这些条件，爱国主义就无法成为一种科学的思想体系，因而也无法发挥出其在中国新民主主义革命史和社会主义革命史中激励人心的作用，无法在中国特色社会主义现代化建设事业中发挥凝聚人心的作用。

因此，我们在总结历史经验时特别是在总结新中国成立70周年的历史经验时，一定要坚持辩证唯物主义和历史唯物主义观点，要把传统文化与革命文化、社会主义先进文化结合起来加以继承，而革命文化和社会主义先进文化的本质就是以马克思主义中国化理论为指导的文化，就是以中国特色社会主义思想体系为核心内容的文化。要对历史上的爱国主义加以现代改造，把"为中国人民谋幸福，为中华民族谋复兴"作为现代爱国主义的核心内容，并使广大人民群众都知道。孤立地强调以爱国主义为核心的传统文化作用，忽视其接受马克思主义中国化理论改造和指导的必要性，就无法为爱国主义充实新的现代内容，无法使其成为中国特色社会主义思想体系的有机组成部分，从而真正发挥出其对中华民族伟大复兴的积极作用，甚至会引发人们对当代爱国主义思想的片面理解。

（本文写于 2018 年 10 月 7 日）

第二部分

论改革的方法问题

1. 浅谈"四个全面"战略布局的内在整体性

十九大强调坚持把"协调推进'四个全面'的战略布局"作为新时期党的工作总方针之一。但这一战略布局的四个方面内容不是并列的，而是一个有着内在结构的有机整体；协调推进也不是齐头并进，而是将其作为一个有机整体来推进。这样才能实现这一战略布局的总功能。

首先，"全面建成小康社会"是目标。建设小康社会是党的十三大确立的发展目标，这一目标的实现经历了三个阶段：一是基本实现小康社会阶段，二是全面建设小康社会阶段，三是全面建成小康社会阶段。党的十八大开辟了全面建成小康社会的新局面，从党的十九大开始则进入了"决胜全面建成小康社会"的关键期。我们必须在党的领导下全力以赴为实现这一目标而奋斗。"小康不小康，关键看老乡"，在目前特别要注意集中精力搞好"脱贫"工作，以保证2020年实现"没有一人掉队"的全面建成小康社会的目标。

其次，"全面深化改革"是纲领。全面建成小康社会需要有一个纲领作指导，这个纲领只能是"全面深化改革"。事实说明，只有全面深化改革，才能不断清除全面建成小康社会之路上的各种阻力和障碍，才能逐渐调动起社会各个方面的积极性，才能充分激发广大人民群众的主动性，为全面建成小康社会而奋斗。当前全面深化改革的主要任务是彻底清除腐败，搞好供给侧结构性改革，为此必须建立一系列科学有效的体制机制，使人民群众全面建成小康社会的积极性充分迸发，为全面建成小康社会目标提供强大而持久的动力。

再次，"全面依法治国"是保障。社会的正常发展总是需要法作保障的：一是需要法理（理论）的保障，二是需要法律（体系）的保障，三是需要法制（制度）的保障，四是需要法治（实践）的保障。没有法作保障，人们的思想会生乱，行为会失序，社会稳定无法保持，发展也就谈不到了。因此，我们欲实现全面建成小康社会的目标，必须依靠法的保障，目前我们已经有了科学的法理论作指导，社会主义法律体系已经基本建成，社会主义法制体系正在调整和完善，社会主义法治体系和法治国家也正在接近完成，有了这一保障，我们一定能按时实现全面建成小康社会的目标。并在此基础上继续前进，在 21 世纪中叶建成社会主义现代化强国。

最后，"全面从严治党"是关键。邓小平指出：中国问题的关键在于党。实践证明，全面建成小康社会的关键也在党。一是要努力搞好思想治党，二是要努力搞好政治治党，三是要努力搞好组织治党，四是要努力搞好作风治党，五是要努力搞好制度治党，总之是要把我们党建成先进性和革命性相统一的全心全意为人民服务的政党。只有把党治理好，我们才能咬定全面小康社会的目标不动摇，才能抱定全面深化改革的纲领不放松，也才能坚持全面依法治国不中断。

总之，"四个全面"是一个由目标、纲领、保障、关键四个方面内容构成的有机整体。坚持"四个全面"的整体观是我们协调推进这一战略布局的重要条件，更是我们党领导人民在新时代不断取得中国特色社会主义建设胜利、实现中华民族伟大复兴的根本保证。

（本文公开发表于 2018 年 1 月 25 日《社会科学报》第 1593 期）

2. 市场经济思维的边界不能扩大

市场经济思维是指引中国特色社会主义建设的重要思维，是我国改革开放事业取得成功的重要依据，因而我们必须始终坚持这一思维方式，并用之解决当前遇到的各种问题。但笔者认为，市场经济思维只是一种经济学意义上的思维，只能用来解决经济发展中的问题，而不能用来解决政治、道德、文化、卫生、教育等建设方面的问题，否则必会造成混乱，违背广大人民群众的根本利益，并最终会影响中国特色社会主义建设的整个进程。

改革开放以来，市场经济思维侵蚀到社会各个领域，甚至党内关系、家庭关系、师生关系、医患关系都被市场经济原则所支配，其效果是非常负面的。出现贪污腐败现象，权钱交换、权权交换的情况也有发生，其重要原因乃是市场经济思维被乱用、被无限扩大的结果，以至于个别党员干部除了会掌握和运用市场经济思维以外，不知其他思维方式和行为原则为何物。这种状况导致了人们行为的混乱。其实，共产党内的上下级之间、同志之间的关系并不是商品所有者的竞争关系，而是互相帮助、互相合作、互相监督的关系；教育领域内的师生之间、生生之间、教师之间的关系也不是商品所有者的交换关系，并不遵循等价交换的市场原则，如果教师把知识当商品让学生购买，就完全曲解了社会主义教育的本质。医疗卫生也不适用于市场思维，因为医生和患者的关系也不是商品所有者的关系，更不适用于自由竞争的市场经济思维。现在一些医院把挣钱作为主要目标，按市场规则行医看病是对医疗本质的歪曲。

当然，经济是基础，它对上层建筑的各个领域是有着重要影响和作用的，市场经济思维对上层建筑各个领域的思维方式也会产生各种各样的作用和影响。但是，这种作用和影响是外在的，而不是内在的，市场规律不能代替上层建筑各个领域的内在规律而起作用，因而不能用市场经济思维来代替上层建筑领域的各种思维，否则上层建筑领域的独立性就会受到影响，其正常发展就会受到干扰。

人们对于市场经济思维模式的乱用不仅表明了一些人对支配社会领域发展思维方式的多样性缺少认识，而且表明其对中国特色社会主义市场经济思维缺乏全面了解。市场经济总是存在于不同社会形态之中的，有封建社会的市场经济，也有资本主义社会的市场经济，我国则实行的是中国特色社会主义市场经济。例如，国企在市场主体中占据主导地位，政府在经济运行中起着重要的调控和监管作用，整个国家处在中国共产党的统一领导之下，这些特征就决定我国的市场经济思维不能在经济领域之外自由泛滥。

总之，社会生活的各个领域都是应该有着自己独特的思维方式来指引的，这种思维方式反映着各个领域的特殊发展规律，支配着各个领域的正常发展。现在普遍存在的用市场经济思维代替上层建筑各领域思维的现象是各种社会乱象存在的根源之一，我们必须努力加以澄清和解决。

（本文发表于 2018 年 9 月 27 日《社会科学报》第 1626 期，2018 年 10 月 11 日被《文摘报》"学林漫步"版转载）

3. 贯彻"稳中求进"方针应有系统观点

最近，针对国际上新出现的变化因素，中央提出了"做好稳就业、稳金融、稳外贸、稳外资、稳投资、稳预期工作"的工作方针。这对于我们坚持"稳中求进"的总基调是非常及时和重要的。但笔者认为，国民经济的"稳中求进"是一个系统过程，必须坚持系统观点和方法的指导才能有效达到目的。

首先，我国整个国民经济是一个大系统，它的稳定运行取决于四大条件：一是要素稳定，这是基础。二是结构稳定，这是核心。三是环境关联性稳定，这是条件。四是社会环境稳定，这是保障。我国目前追求的"稳就业、稳金融、稳外贸、稳外资、稳投资、稳预期工作"都属于要素稳定的范畴，尽管这种稳定非常重要，失去了这些基本要素的稳定，整个国民经济就难以获得总体稳定，但这种要素的稳定只是保持国民经济稳定的基础要件，而不是全部要件，光靠这些要素的稳定并不能完全保证整个系统的稳定运行。

其次，实现国民经济结构的稳定是保证整个国民经济稳定的决定性要件，因而结构稳定是核心。这里所谓结构，就是指国民经济各个部门之间的关系形式，包括数量关系结构、空间关系结构、时序关系结构，逻辑关系结构等类型。目前，我国的国内经济结构还处于动态调整过程中，包括第一、第二、第三产业结构，生产—交换—分配—消费结构，地区经济结构，进出口结构等都是如此。但是这种调整是向着优化方向的调整，是向着协同运作方向的调整。只要我们继续保持这种良性的调整，使其尽快达到优化组合，协同运作，我国经济系统的功能就能最大程度发挥出来，并抵消来自国际环境的变化干扰。

再其次，保持稳定的开放状态乃是保证整个国民经济稳定前行的外在条件。在现代国际形势下，任何一个国家都是不可能孤立生存和发展的，而必须与国际市场环境保持一定的输入与输出关系才能不断进步。国际环境的变化无法控制，但对外开放活动却可以保持。虽然由于各种原因，对外开放之路并不总是畅通无阻，但开放之路也是不可能被完全堵死的，对某国的开放受阻，可以另辟向其他国家的开放之路。只要我们坚定不移地实行开放方针，并尽可能保持一定的开放速率，我们就一定能克服个别国家设置的阻力，保证我国在与国际环境的输入与输出交流中不断前行。

最后，保持国民经济的稳定运行还需要党的领导、人民群众的支持、完善的法治保障等社会环境条件。党的领导是保持国民经济"稳中求进"的前提条件，这也是中国特色社会主义经济发展的本质特征。人民群众的支持则是"稳中求进"的根本保障，社会主义事业是人民群众的事业，发展国民经济是为了满足人民群众的利益需求，因而一定会得到广大人民群众的坚定支持。法治则是国民经济"稳中求进"的有力保障，只有依法保障各种维稳政策的推行，打击各种破坏"稳中求进"方针的行为，才能有效达到既定目标。

（本文发表于 2019 年 3 月 14 日《社会科学报》第 1648 期）

4. 制定计划要考虑环境因素

根据系统理论，事物发展是受环境制约的。与环境适应，事物会顺利发展；与环境不适应，事物发展会遇到阻力。因而，人们制定工作计划时，必须充分考虑环境因素，对环境的认识和把握缺失，常会导致计划难以实现。例如，北京市 2015 年年初制订了一个好天气计划，不料在即将实现计划的岁末之时，却遭遇了因厄尔尼诺现象而导致的雾霾天，致使计划未能实现；又如 2015 年有关部门制定了一个股市发展规划，谁知实施不久便因经济环境恶劣而遭遇了剧烈震荡，至今难以恢复元气。可见环境因素对人类计划的实施有着多么大的影响。

环境对事物发展的影响是客观的，不以人们的意志为转移。人们只能科学地认识环境及其对事物发生作用的规律，并在制定计划时充分考虑到环境的作用，而不能无视环境，更不能违背环境作用的规律而制定计划，否则只能造成失败。因此，任何人无论制定何种计划都不能缺失环境意识，这是保证计划实施的重要条件。环境对事物发展的影响又是变动的，由于认识的滞后性，计划总是赶不上变化。为此就要求人们在制定计划时，一要给环境因素的未知作用留有余地，现在人们再制定各种合同计划时往往加上"在发生各种不可抗因素时除外"的条款，这里所谓"不可抗因素"多是指意外环境因素的内容。二要尽可能准备全面的环境应对策略。这样，在影响计划实施的环境因素出现时，就可以有效化解，或至少可以沉着应对，做到"猝然临之而不惊"。

环境因素虽然是客观的，变化的。但又是可以为人们所认识和改造的，在环境面前的不可知论和无所作为论都不符合历史事实。其实，认识和改造世界的本身也就包括对环境的认识和改造。例如，对自然环境的认识和改造，对社会环境的认识和改造等。因而，人们在制定各种工作计划时，应该包括改造环境的计划，在环境问题上不应抱着撞大运的心理。事实说明，只有包括改造环境内容的工作计划，才是全面的、具有可行性的工作计划，也只有这样的计划，才具有较大成功实现的可能。

从 2016 年开始，我国已进入全面建成小康社会决胜阶段。"十三五"规划正是这一冲刺阶段的发展规划。为了落实这一规划，全国各个部门还要进一步制定各种冲刺计划，而在制定这些计划时，环境因素同样是必须加以考虑的，自然环境因素应该加以考虑，国内外社会环境因素更应加以考虑。只要我们充分考虑各种环境因素的作用和影响，并拿出有效应对战略和策略，同时积极创造各种有利的自然和社会环境，则我们全面建成小康社会的总体规划和各个部门的冲刺计划就能够顺利实现。

（本文写于 2015 年 12 月 20 日）

5. 整体性工作法应该推广

最近，北京三元桥"换梁手术"只用 36 小时便宣告成功，使由于断路造成的交通损失降到极小，而如果用传统的分散施工法则至少要用几百个小时，并会给交通造成极大影响。这里面的法术是什么？就是专家所说的"整体置换"。

"整体置换"虽然是一种改造桥梁的技术，但它体现的却是一种新的思维方式，即整体思维方式的应用。人类思维的以往特征是从部分出发来思考问题，即把事物分解成要素加以认识和处理的方法，这种思维方法通常被称为"还原论"方法。"还原论"方法在思维发展的初期阶段无疑是必要的，在社会实践的开始阶段也是必不可少的，但在有了一定经验的基础上，应该再进一步，由还原性思维发展到整体性思维。整体性思维的特点就是把事物作为一个有机整体来对待，注意思考和处理事物的整体特性和功能。由于整体不同于部分，且整体功能大于部分功能之和，因而采用整体性思维，不仅可以发现事物的诸多新属性，而且可以收到大于分散处理事物效果之和的效果，就如同这次"整体置换"桥梁只用了 36 小时，而若分散置换则可能用几百个小时一样。

其实，这种整体性思维在我国古代就已经有萌芽了。例如，独特的古代中医理论就是建立在人体整体观基础之上的：无论诊断还是治疗，都强调从整体入手；中国古代的战争观也特别强调整体性思维，认为只有把握好战争全局才能取得胜利，毛泽东军事思想则很好地继承了这一传统。我国社会主义现代化建设实践也已经有很多这方面的成功例证：邓小平在领导我国思想界拨乱反正过程中就曾提出要从整体上把握毛泽东思想，而反对割裂毛泽东思想的整个体系，钱学森在主持我国国防建设事业时成立的"整体设计部"也是成功的典型，它加速了我国"两弹一星"事业的成功。我国近年搞的水利、环保、航天等大系统工程也都成功运用了这种整体性思维，甚至我国"南海一号"沉船的打捞也是用的"整体打捞"法，这对于保护沉船的整体容貌起了决定性作用。总之，整体性思维不仅可以使我们从整体上把握事物的全貌，而且有利于我们取得改造事物的最佳效果。

党的十八届五中全会指出：必须把创新摆在国家发展全局的核心位置，不断推进理论创新、制度创新、科技创新、文化创新等各方面创新。而思维方式创新则是渗透在各种创新之中的精华。我们应当在全面建成小康社会过程中，勇于采用包括"整体性思维"在内的多种创新思维方式，不断推动各项社会事业的阶段性质变和整体性质变，促进小康社会的顺利建成，实现伟大的"中国梦"。

（本文写于 2015 年 11 月 17 日）

6. 要善于处理战略与战术的关系

战略与战术是两个既相区别又相联系的概念。战略指的是全局和全过程之事，有关这方面的设计就是战略设计；战术则是指局部或阶段之事，有关这方面的设计就是战术设计；这是战略与战术的区别。

战略与战术又是相互联系的。这种联系表现在两个方面：

其一是顺向联系。即战术行为与战略具有表面一致性。如战略进攻，战术也进攻；战略退却，战术也退却；战略相持，战术也相持。总之，战术作为与战略作为表面上是一致的，这是顺向联系。

其二是逆向联系。即战术行为与战略行为具有表面的不一致性。如战略进攻，战术可以退却；战略退却，战术可以进攻。但这种不一致只是表面的不一致，实质上是一致的：如战术上退却是为了战略上的进攻，军事学上的以守为攻就是这样；战术上的进攻又是为了战略退却，同样如军事学上的以攻为守即如此。

这种战略与战术的对立统一关系是由客观事物内部整体与部分的对立统一关系决定的。唯物辩证法认为，任何事物都是整体与部分的统一，作为事物存在要素的部分在属性上可以与整体属性一致，也可以不一致：如作为整体的生命是生长的，但作为生命组成部分的要素却既有生长，又有死亡，只是由于生长的要素占据主要地位，所以整个生命系统也是生长的，如果部分的死亡趋势占据主要地位，那么整个生命也就趋于死亡了。又如伟人一生中往往存在局部失误、科学研究的成功也往往包含着诸多失败，都是如此。实践上的战略与战术关系正是客观事物自身整体与部分辩证关系的反映。

我们在实际生活中应当学会处理战略与战术的关系。首先应注意把握二者的区别，不要把战略措施与战术措施完全等同起来：在战略上可以采取守势，但在战术上也可以采取攻势，反之亦然。其次要注意处理好战略与战术的复杂关系，在需要战术与战略保持一致的时候就保持一致，在允许二者不一致的时候也可以采用矛盾的做法，当然最终是为了保持与战略的一致。总之，客观世界和社会实践都是复杂的，我们的思想和行为也要复杂一点才好。

（本文写于 2015 年 11 月 24 日）

7. 推进城镇化工程别忽视环境评估

城镇化是现代社会发展的大趋势，也是我国社会发展的重要目标。然而在城镇化的过程中，人与自然的平衡关系是必须要考虑的，切不可只注意了城镇化，而破坏了生态平衡。

应该指出，在非城镇化的农村结构中，人与自然的关系是基本平衡的，以农户为基础的人口生产的垃圾基本都能再回到自然环境中，形成一种取之于自然又回归自然的自发循环。然而，城镇化趋势发展起来以后，由于人口集中产生的垃圾量空前加大，速度也空前加快，这时的自然就很难一下子将其吸收并加以转化了，而吸收、转化不了，就会造成垃圾集聚，于是环境污染也就必然会发生。解决办法只能靠人工消化，如污水处理，空气净化，垃圾回收和再利用，等等。因而城镇化过程必须伴随人工消化垃圾过程，只有努力发展能够消除人类垃圾的环境工业，才能相应减少和降低环境自然处理人类垃圾的压力，保持生态平衡。

根据《环境保护法》，各地在新上经济项目之前都要进行环境评估，如果环境污染问题不能解决，则任何项目都不得上马，这就是所谓环境评估"一票否决制"，是保持生态平衡的重要法治措施。城镇化过程必然带来环境问题，因而也必须首先进行环境评估：要看其对环境的冲击有多大，以及采取什么样的措施消除这一冲击。只有完成这一工作，并向社会公布得到认可后，发展城镇化的计划才能开始实施。现在各大城市在制定和实施发展城镇化的计划时，依法完成这一项重要工作了吗？

（本文写于 2015 年 12 月 6 日）

8. 社会转型与小康社会建设

根据社会形态理论，中国当前社会主义现代化建设过程实质是由农业社会向工业社会转型的过程，这个转型分为三个阶段：第一阶段是转为重工业为基础的社会，第二阶段是转为轻工业为基础的社会，第三阶段是转为服务业为基础的社会。当工业化转型完成后，又将向信息化社会转型。伴随农业社会向工业社会转型，必然引发三大转化：一是农民阶级转为工人阶级，二是农村转为城市，三是农业生产方式转为工业生产方式。

由于中国近现代史发展的特殊性，在这一社会转型过程中必须做好几件事：

第一，必须坚持共产党的领导和人民政府的主导。中国的社会转型与西方社会转型不一样，西方近代社会转型是自发完成的，政党和政府的作用微乎其微；但中国现代社会转型却必须自觉来完成，即在共产党领导和政府主导下才能完成。否则，这种转型就会极其缓慢，且会使人民付出极高代价。

第二，必须充分发挥市场经济的桥梁作用。西方社会的转型是建立在市场经济基础上的，中国社会的转型也必须借助市场才行。通过市场经济的自发调节，使农民逐渐变为农民工，使农村逐渐城镇化，使农业生产方式逐渐变为工业生产方式。党的领导和政府主导作用必须在市场经济基础上才能充分发挥出来。

第三，必须建立全面矛盾化解机制。社会转型过程是各种社会矛盾爆发的过程，如果处理不好，就会引发社会内乱，从而迟滞社会转型的进程。最重要的矛盾化解机制有两方面内容：一是政策机制，二是法治机制。没有科学的宏观政策的制定，社会转型就会失去正确方向；没有法治机制，社会转型就会失去保证。

第四，必须有阶段性目标，使社会转型有步骤地进行。目前制定的全面建成小康社会目标乃是这一转型的关键环节，必须以权利保障其实现。而后小康社会则是这一转变的完成环节。

第五，必须自始至终搞好党的建设，保持党的纯洁性、先进性和战斗性。我国社会转型的目标是发展社会主义，保证全体人民在社会主义制度下幸福生活，这只有在共产党领导下才能实现。如果党变质，社会转型也能实现，但其结果只能是剥削阶级掌权，广大劳动群众重新沦为受剥削和压迫的对象，上百年革命和改革的成果将毁于一旦。政府建设则应永久坚持廉洁、服务、有为三原则，并应永远将其置于党的领导和群众监督之下。

（本文写于 2015 年 12 月 20 日）

9. 生态平衡—生态保护—生态和谐

生态失衡、生态污染、生态冲突一直是困扰着我国改革开放过程的三个生态问题。开始是由于生产性开发过度而导致生态失衡，从而引发土壤沙化、洪涝灾害、生产事故等问题频频发生；继而是由于片面追求 GDP 产值而造成空气、水体、土壤等生态污染，从而导致人类生存环境严重受损；最后是由于忽视环境治理而导致整个生态冲突（如可耕地减少、自然资源枯竭等），人类生存条件出现危机。应该指出，生态失衡、生态污染、生态冲突这三种生态恶果虽然出现的时间略有先后，但其本质上又是相互作用的，其中一个的发生或劣化，必然导致其他两项恶化趋势的加剧，因而解决生态问题必须将其三者作为一个整体或系统来考虑。

首先应该解决好生态平衡问题。发展是硬道理，但具体的发展又应该是适度的，这里所说的度就是指生态平衡的界限或临界点，超过生态平衡界限的发展是不好的，生产性过度开发是应该加以防止的。我们在贯彻发展方针时，应自始至终高扬生态平衡的旗帜。当然生态平衡是动态的，而不是静态的，一种水平的生态平衡破坏了，更高水平的生态平衡应该立即建立起来。

其次应该解决好生态污染问题。人类生存和发展既需要物质生活资料的支持，又需要一定生态环境的保障。如果生态环境遭到破坏，诸如大气、水体、土壤等被污染，人类生命活动就难以正常进行，其生存基础也就丧失了。因此，我们要解决好生态问题，应下大力气防止生态污染，保护好生态环境，使人类生命活动的基本条件永远得以维持，这也是社会可持续发展的直接保证。

最后应该解决好生态和谐问题。这里所谓生态和谐主要是指人的发展与生态环境发展之间的相互满足关系，其中既包括二者发展的同步性，也包括二者发展的相互适应性。而要做到这一点，就应该充分重视生态建设。例如，根据人类个体生命发展所需要的生态条件（如人均所需基本绿地、基本水源，以及大气清洁度等），制定相应的生态建设计划，并及时将其付诸实施。事实说明，只有通过生态建设，使人类发展与生态发展一致起来，达到和谐共进，生态问题才能最终得以解决。

十八大报告指出：建设生态文明，是关系人民福祉、关乎民族未来的长远大计。而生态平衡、生态保护、生态和谐乃是生态文明建设的基本内容。我们应该紧紧抓住这三个方面，为建设好生态文明而发力。

（本文写于 2015 年 12 月 26 日）

10. 实施"供给侧"改革应使企业获得好处

我国在实行计划经济时期，社会商品长期供给不足，被称为"短缺经济"。实行社会主义市场经济以后，大力发展生产力，商品供给不足的问题基本解决了，但现在又出现了商品质量供给不到位的问题，而以提质增效为目标的"供给侧"改革的顶层设计正是为了解决这一问题。但要使这一政策起到效果应该使供给的主体——企业得到充分的好处才行。

首先，要使企业在资金获得途径上得到好处。金融部门应在发放贷款上给予必要的优惠，同时政府应该放开民间借贷政策，使企业更容易获得资金实现产品更新换代，以适应市场需要。如果企业在获得贷款上遇到困难，是无法实现产品提质增效目标的。

其次，要使企业在技术上获得好处。企业要提升产品质量没有技术支持是不行的，政府应在技术政策上给予大力支持，使企业容易获得新技术，并愿意采取新技术实现产品更新换代。据说，我国专利技术实施的效率很低，很多专利由于得不到及时转化而失效，这是非常可惜的。政府应该通过降低专利转化门槛等措施解决这一问题，促进企业实施生产流程改革，以生产出质量更高且适销对路的产品。

再其次，政府应下大力指导企业特别是国企进行管理改革，提高管理效率。其中既包括人事管理改革，也包括财务管理改革，更包括生产管理改革。只有通过改革，使企业的人、财、物、信（息）组合优化了，企业的生产效率才能提高，实现提质增效的目标。

最后，政府应下大力为企业开辟新产品销售市场。"供给侧"改革的目的是生产出质量更高的产品，以满足不同层次市场需要，但这些产品是需要经过一定渠道才能到达市场的，为此，政府应该为新产品的行销创造各种便利条件，提供优惠政策，使市场尽快接受并消纳其产品，促使企业生产持续运行。

由此可见，政府既然制订了"供给侧"改革的政策，就应该为这一政策的推行和落实创造条件，使企业在落实这些政策的过程中得到好处，从而生出积极性来，而绝不是撒手不管。否则，"供给侧"改革方案就难以引发企业的兴趣，而最终也难以落实。

（本文写于 2016 年 5 月 18 日）

11. 只靠市场机制解决不了经济下行问题

经济下行是我国目前遇到的主要问题。这一问题的造成既有国际的原因，也有国内的原因。其共同原因是供求关系失调。一方面供给方产能超出需求，因而造成产品积压，生产难以为继；另一方面供给方又提供不了需求方所需要的产品，因而迫使需求方到国外市场去寻求满足。解决这一问题的方法有两点：一是去产能，即减少超过市场需求的产能部分，使供需达到基本平衡；二是增加产能，即增加需求方所需要的产品产能，使需求达到平衡。这就是目前供给侧结构性改革的实质。然而要做到这一点，必然会遇到下述问题：一是去产能会遭到生产方的抵制，因为它会带来失业和设备闲置；二是增产能又会造成新的人、财、物的需求，从而需要加大投入，而一般企业是不愿轻易这样做的。

那么如何才能化解上述矛盾呢？应该说，只靠市场机制也是能够解决问题的，但需要较长的时间，这不仅是由于企业认识的滞后性，而且是由于人才培养、设备更新、资金筹集的本身需要时间过程使然。目前的资本主义市场经济国家之所以经济普遍陷入低迷和增长乏力，正是这一缓慢调节过程的体现。再有就是以市场自身调控为基础，加强政府调控。首先要推出一系列政策，促进企业加速实现生产转型，即由生产市场不需要的产品向生产市场需要的产品转型。其次靠直接调控，如由政府发放企业转型贷款，兴办学校特别是职业学校，降低企业使用技术的门槛，提供开辟信息市场的经费，等等。我国之所以能在世界经济低迷大潮中一枝独秀，保持一定增速，根本原因就在于我们有政府的强力调控。如果放弃政府机制，肯定不会有今天这一成就的。

由此可以看出，我们要保持经济可持续中高速增长，除了充分利用市场机制以外，还必须大力强化政府调控机制，尤其是对大量国企而言，更需要政府采取一些强制措施促其改革，使其尽快调整结构以适应市场需要。这样做当然也会需要一定时间才能达到效果，但其时间过程肯定会比单纯依靠市场机制所需要的时间要短，效果也会更为突出。那种主张只靠市场调节来改变当前局面的做法只会使我国经济下行局面时间延长，甚至会引发不测事件的发生。

（本文写于 2016 年 6 月 1 日）

12. 经济发展需要要素驱动与创新驱动相结合

最近听到一种说法：当前改革方向是由要素驱动变为创新驱动。这种说法给人造成两种印象：其一是要素投入对经济发展已不起驱动作用，其二是要素与创新无关。笔者认为这种说法应予以澄清。

首先，要素投入对经济发展并非不起作用了，而只是不起主要作用而已。实际上，无论在任何情况下，经济发展都是离不开要素投入的：一是人力投入，二是资金投入，三是物资投入，四是能量投入，五是信息投入，等等。而所有这些投入又都包括质与量两个方面，必须加以兼顾，当然侧重点可以不同。没有要素投入的经济发展是不可思议的，这等于是只让马儿跑，又让马儿不吃草。当然，投入与产出的比例要注意，要避免多投入少产出和同等投入同等产出的局面出现，而要争取少投入多产出的结果成为现实。我们过去的主要问题在于投入多而产出少，资源浪费严重，这种情况应该加以克服。

其次，要素也是可以创新的，要素创新是经济发展的重要内容。按照现代观点，经济发展是一个系统不断创新的过程，而系统创新则包括如下几个方面：一是要素创新，这是创新的基本方面；二是结构创新，这是系统创新的核心内容；三是功能创新，这是创新所追求的目标；四是环境创新，这是创新的条件；五是整体创新，这是系统创新的集中表现；这几方面创新的综合就是系统创新。可见，通过系统创新驱动经济发展是离不开要素创新这一支点的。当然在某些情况下，要素保持不变，单纯通过调整结构，也可以收到系统创新并进而驱动经济发展的结果，但这同样离不开要素投入做基础。

总之，驱动经济发展的因素是多种多样的，要素投入乃是其中之一；创新驱动的内容也是多方面的，要素创新驱动同样不可忽视。只是在当前情况下，创新尤其是结构创新成为经济发展的主要驱动力罢了。我们应该注意把主要驱动力与次要驱动力有机结合起来，这样才能使我国的经济发展得到全面而持久的驱动力，顺利实现全面建成小康社会的目标。

（本文写于 2016 年 6 月 3 日）

13. 国企改革应围绕根本使命进行

目前世界上很多国家都有国企，但其使命不同，中国特色社会主义国企的使命有两个：一是社会主义市场的稳定器，二是社会主义市场发展的指向针。

任何市场包括社会主义市场都是有波动性的。由于受竞争规律的支配，这段时间内供会大于求，在另一段时间内，又会求大于供，这种供求关系的波动又会引起商品价格的波动，这是一切市场所具有的共同本质特征。作为社会主义市场经济主体之一的国企不可能违反这一规律，但是可以认识和把握这一规律，使供求关系保持在一个合理区间之内，不发生剧烈波动，从而成为市场经济的稳定器和压舱石。社会主义国企如何实现这一使命呢？首先要研究社会主义市场的供求关系情况，对其变化趋势做出预测，其次要建立灵活的应对市场波动的机制：当总体上供小于求时，要能有效扩大供应，满足需求；而当总体上供大于求时，又能及时减少或停止生产，适应需求。强化国企的这一使命应是目前国企改革的基本任务。

社会主义市场总是不断发展的。一方面，低端市场会不断向高端市场发展；另一方面，局部市场也会不断向全局市场扩展；此外市场的主阵地也会不断发生转移，如我国主市场由第一产业到第二产业再到第三产业的转移便是例证。而国企的根本使命或主要使命则应是始终立于市场运动的潮头，引导市场前进的方向。如何才能做到这一点呢？最主要的有两条：一是要能及时预测并把握对市场发展方向，不能科学预测市场发展方向的国企是无法引领市场发展的。二是国企应有强大的科技创新能力，现代市场的发展一般都受科技创新的驱动，谁能提供最先进的适销对路的商品，谁就能在新市场上立足，而要做到这一点，就必须有强大的科学技术研究和开发能力，并且能始终保持强势才行。我国国企今后应该高度重视科学技术的研究和开发能力，以为其完成引领市场发展的使命奠定坚实基础。

国企的使命还有很多，诸如为国家提供尽可能多的利润，保障国家各种经济政策的贯彻和实施，提供满足市场需要的商品，等等。但这些都不是社会主义市场经济条件下国企的本质使命。只有抓住社会主义市场的稳定器和发展指向针这两个本质使命并发力，才能走出一条社会主义市场经济下国企的发展之路，也才能根本改变社会主义国企的命运，我国国企的改革应紧紧围绕这两大使命的实现来进行。

（本文写于 2016 年 7 月 5 日）

14. 树立整体人才观

提起人才，人们一般都想到的是个人，但凡认识能力和实践能力超常的人都被称为人才。其实这只是传统意义上的人才观，现代人才观则主要是指整体人才观，即认知能力和实践能力超常的人才整体观。

整体人才并不是由个体人才简单拼凑而成的，而是有着质和量的根本差别。例如，科学家搞单干，谁也搞不出原子弹、人造卫星，但科学家整体就可以搞出这些东西。美国著名管理学家圣吉在《第五项修炼》中曾举过这样一个例子：有团体的个体智商人均为 120，整体智商却只有 62。这也说明，整体人才的功能并非是个体人才功能之和，而是大于或小于个体人才功能之和。二者差别的根源在于结构。如果一个人才整体的结构合理，利于相互配合，就能产生出大于单个人才功能之和的功能；反之，如果一个人才整体的内部结构不合理，甚至出现相互掣肘的情况，就会出现整体人才功能小于单个人才功能之和甚至小于单个人才功能的情况。

严格说来，任何社会的发展都是需要整体人才的，因为整体人才具有的功能多，可以应对各种不同的社会需要。例如，在刘邦建立政权的过程中就是靠了由张良、萧何、韩信组成的人才整体的。这一人才整体既有政治筹划功能，也有经济筹划功能，还有军事筹划功能。中国共产党之所以能领导人民群众取得革命和建设的胜利，也是靠了中央政治局这个人才整体的。现代科学技术研究所取得的重大成果也无不依赖于人才整体，诸如核武器开发、航天器的研制以及超级计算机的制造等都是靠人才整体而获得的。诺贝尔生前决定把诺贝尔奖授予杰出的人才个体，那是时代使然，如果他活到今天，一定会决定拿出奖项授予科学家整体，以做到与时俱进。

人才整体的构成有以下特点：第一，它是由异质的人才个体构成的，同质人才个体无法构成人才整体；第二，异质人才个体之间一定要建立起互补的运行结构，互相竞争的结构不能形成人才整体；第三，人才整体一定要有一个能协调各方的指挥中心，缺少中心的人才整体无法发挥出效能；第四，人才整体一定要有开放性，能够与环境进行有效的物质、能量、信息交换关系，否则整体难以持久。实际上，这样的人才整体就是一个系统，因而整体人才观也可以叫系统人才观。

我国目前正处于全面建成小康社会的伟大实践中，复兴中华民族更是我们的崇高使命。要完成上述任务和历史使命，只靠人才个体的力量是不够的，我们一定要以人才个体的发展为基础，大力培育和建立不同层次的人才整体，以有效解决单个人才无法解决的大问题，为社会主义现代化建设提供强有力的整体性人才支撑，而在毛泽东思想和中国特色社会主义理论指导下，我们也一定能建立起这样的人才整体。

（本文写于 2016 年 7 月 9 日）

15. 浅谈政府对市场的作用

市场与政府的关系是现代社会运行中所必须处理好的基本关系，对于这一关系的论述可谓汗牛充栋。笔者认为，市场与政府的关系反映着经济基础与上层建筑的关系，因而市场运行对政府运作无疑起着决定作用，但政府对市场也有一定的反作用，这种反作用主要表现在如下四点：

一、引导作用

市场经济的运行受自己内在矛盾运动——供求矛盾运动的支配，但其作为社会经济基础的一个部分也是不能不受作为上层建筑重要内容的政府制约的。而这种制约作用首先就表现为方向引导作用。特别是在社会主义市场经济下，这种作用就更加明显。社会主义政府对市场经济的引导作用主要有以下几点：一是引导发展方向。例如，我国政府提出的"大众创业、万众创新"战略以及"供给侧"改革战略就对我国市场经济的发展起着引导作用。现代市场主体只有充分重视创新并提高供给质量才能在激烈的市场竞争中立于不败之地。才能使自己不断从小到大、从弱到强地发展。二是引导服务方向。资本主义市场主体是以"赚钱"为目标的，至于服务社会只是其赚钱的手段而已。社会主义市场主体当然也要赚钱——价值增值，但也要受政府指导从而服务民生，否则就会失去正确方向。社会主义政府对市场经济的这种发展引导作用主要通过制定和发布宏观经济政策来实现，市场主体按照政策的要求去做，就会顺利运行，反之则会遇到阻力，甚至会受到制裁。

二、监管作用

市场经济是一种自由经济，由于市场主体天然受着"逐利"本能的支使，因而往往会冲破市场运行的规则，做出各种违法乱纪的事来。而市场主体的这种行为靠市场本身是无法解决的，只能靠政府依法依规来监管。例如，市场主体提供的商品质量不合格，政府质检局要进行监管；市场主体行为破坏了自然环境，环保部门要进行监管；市场主体违背了公平竞争原则，市场管理部门要监管；市场主体偷税漏税，税务部门要进行监管；市场主体的进入和推出，工商部门要备案，这也是监管。事实说明，政府对市场的监管作用依具体条件可强可弱，但没有监管是绝对不行的。缺少监管的市场必然是混乱的市场，而混乱的市场没有发展的可持续性。

三、服务作用

政府对市场的服务使命早就由资产阶级经济学家提出来了。亚当·斯密在《国富论》中就对这种服务作用做出了基本规范，并且形象地称之为"守夜人"，其内容无非是：开拓市场，规范市场秩序，为市场运行创造各种物质条件，保护市场，等等。我国社会主义政府为市场服务的广度和深度都更上了一层楼。我国社会主义市场发展的每一步都离不开政府的扶持，这种扶持既有加的方面（政策、物质和金融、法律支持），也有减的方面，如减少监管环节，降低税赋，等等。为了发展社会主义市场经济，我们还应进一步提高政府的服务效能。

四、参与作用

在社会主义条件下，政府不仅从外部对市场起着引导、监管和服务的作用，而且在一定程度上起着参与者的作用。这里所谓参与主要指政府作为国企的经营管理者，按照普遍的市场规则参与市场经济的运行。有人认为：政府既制定市场运行规则，又参与市场运行，这是既当裁判员，又当运动员。这是一种误解。因为政府并不是根据国企发展利益需求来制定市场运行规则的，而是根据市场运行规律制定规则的，国企违反了这些规则，同样会受到处罚。而且制定规则与执行规则并非由政府同一部门来完成，而是由相对独立的部门来完成的。因此，并不会也不允许出现政府在执法中偏向国企的情况。当前，我国的国企运行出现了一些困难，对此政府应当设法加以干预，并扭转国企经营状况。这种政府对国企的干预并不是对市场的干预，而是国企自身的内部调整，这同任何一个市场主体在运行中都要不断进行自我调整的道理一样。

总之，政府对市场的运行是起着一定作用的，否定这种作用既不符合唯物史观关于上层建筑的反作用原理，也不符合现代系统论关于社会大系统内部要素相互作用原理，更不符合社会实际。至于如何概括这种作用，则可以见仁见智，本文观点只是一家之言而已。我们应该科学地看待政府对市场的作用，并审慎地发挥这种作用，以保证和促使市场更加稳定地运行。

（本文写于 2016 年 8 月 20 日）

16. 中华崛起的本质是制度崛起

中华崛起包括政治崛起、经济崛起、文化崛起等多方面内容，但本质上是制度崛起。只有崭新的制度崛起作保证，各方面崛起才能保持持续性。

所谓制度崛起就是指各种适合社会长期发展需要的制度的诞生和不断完善过程。任何社会的可持续发展都是需要制度保障的。所谓制度就是指社会内部关系以及社会与自然关系的相对稳定的固化形式。制度合理，就能充分调动起人的各方面积极性，使社会财富充分涌流；制度不合理，就会压抑人们的积极性，从而阻碍财富涌流的通道。中华民族要实现崛起，即必须努力促进各种先进制度的建立，使社会财富充分涌流出来。

古今中外的各种社会形态都是以特定的制度为基石的。奴隶社会有奴隶社会的制度，封建社会有封建社会的制度，资本主义社会也有资本主义社会的制度。人类社会的发展本质上就是社会制度的质变。由于新制度总比旧制度优越，所以它一旦建立起来，就具有强大生命力，而使旧制度难以复辟。当然，历史上的新制度也不是完全凭空建立起来的，而是会吸收旧制度中尚合理的部分，使其成为新制度的有机要素。社会主义制度的建立也应充分吸收资本主义制度中的合理成分，这样才能使人类创造的一切积极成果都能为社会主义社会所利用，从而使旧的制度体系不可能复原。

中国近现代革命和改革的过程就是尝试各种新制度的建立和运行的过程。戊戌变法和辛亥革命是尝试建立资本主义新制度的过程，新民主主义革命和社会主义革命则是尝试建立社会主义新制度的过程，改革开放同样是尝试建立和完善新制度的过程，而中华民族的崛起过程也就在这种尝试中展开。目前，我们已经基本建成了适合现代中国国情的社会主义制度，这是我们取得已有成就的根本依托。但是，我国的社会主义社会制度仍不够完善，仍需要不断创新和发展，这是我们继续取得新成就的根本保障。

历史将表明，只有伴随我国社会生产力的发展，各项新的社会制度不断创新并完善起来，中华民族的全面崛起才有充分的保障。

（本文写于 2016 年 11 月 23 日）

17. 民族复兴与人的发展

民族复兴与人的发展是两个相关的概念。民族复兴是指在民族独立基础上，在政治、经济、文化上的继续进步，目标是恢复本民族在世界文明发展史上的地位，实现民族的持续繁荣，为世界文明发展做出新贡献。人的发展是指人在政治解放基础上，进一步在经济、文化、社会、生态等方面获得解放，目标是彻底消灭各种束缚因素，实现人的能力全面发展，为实现共产主义社会创造条件。民族复兴和人的发展是中国共产党人所肩负的两大历史使命。

民族复兴是人的发展的前提条件。没有民族复兴，人就不可能全面发展。因为人都是生活在民族整体之中并为民族命运所决定的，民族兴则人兴，民族亡则人亡，所以《中华人民共和国国歌》中说："中华民族到了最危险的时候，每个人被迫着发出最后的吼声。"现今中华民族早已独立，但民族复兴大业尚未完成，必须继续努力。人的发展则是民族复兴的动力和保障：民族复兴归根结底要靠全体人民的支持，只有处理好人民内部的各种关系，逐渐根除阻碍人全面发展的内外因素，人的能力才能得到全面发挥，社会财富的源泉才能充分涌流，从而为民族复兴奠定坚实基础。如果社会束缚繁多，人的潜能无法发挥，就会堵塞社会财富源泉的涌流通道，极大地削弱民族整体活力。故民族复兴和人的发展二者之间是相互依存、相互促进的关系，必须协调好。

目前，我国面临着民族复兴的伟大历史使命，这也是我国人民当前的中心任务。党和政府在各种场合都强调为中华民族伟大复兴而奋斗，这实是英明之举，既符合我国自身利益，也符合世界人民利益：因为世界是由各个民族构成的，各个民族发展了，世界才能更好发展。但我们在集中力量实现民族复兴的时候，也不应忘了实现人的全面发展这一基本历史使命。人的全面发展不仅是民族复兴的基础，而且是人类社会发展的终极目标。马克思主义认为，只有彻底消灭了各种社会差别，包括经济差别、政治差别、文化差别、社会差别、生态差别等，才能使人得到充分解放，成为全面、自由发展的人，共产主义也才能实现，当然这一过程是漫长的。我们应该通过全面深化改革，一方面集中为复兴中华民族发力，另一方面也采取措施逐渐扫清阻碍我国人的全面发展的障碍因素，并设法使二者相互协调和促进，这样才能真正实现中国共产党人的奋斗目标。

（本文写于 2017 年 7 月 11 日）

18. 改革是无底与有底的统一

最近，一部《将改革进行到底》的政论片很受欢迎，也很有教育意义。但对其片名，笔者却有点不同看法。

第一，改革的底是什么？该片似乎并未回答，不过此问题也确难回答：如果说"全面建成小康社会"是底，那么建成小康社会后就不需要再改革了吗？显然不行。如果说实现百年目标是底，那么问题同样存在，因为即便百年目标实现了，改革也还是不能停止的。实际上，改革就是调整生产力和生产关系以及经济基础和上层建筑的内在矛盾关系的过程，而这两对矛盾是永远存在的，因而改革也就无法停止，改革的底也就不可能存在。

第二，具体的改革任务又是有底的。例如，以建立社会主义市场经济体制为目标的改革就是有底的，这个底就是社会主义市场经济体制的建成；以建成中国特色社会主义法律体系为目标的法制改革也是有底的，这个底就是这一目标的实现，目前我们正在进行科技体制方面的改革，其"底"是建成世界一流科技水平国家，等等。毛泽东曾写过"将革命进行到底"的文章，它说的底是指"打倒蒋介石，解放全中国"。总之，凡是有具体目标的改革过程都是有底的，改革目标完成了，改革也就进行到底了。当然，此后新的改革任务又会提出，新的改革任务又会进行下去。

因此，改革其实是一个"有底"与"无底"的辩证过程。说它"无底"，是就整个改革而言，说它"有底"则是针对具体改革任务而言。如果不说具体情况，只是一般地提出将改革进行到底，会使人感到摸不着头脑，不知改革的底何在，也不知改革的对象是什么，从而使人陷入云里雾中。

笔者建议将片名改成《永远坚持改革方针》。

（本文写于 2017 年 8 月 25 日）

19. 经济体制改革不要忽视市场主体培养

现在讲经济体制改革大都以发展生产力为目的，其实培养合格市场主体也应是重要目标。

社会主义市场经济是以市场主体为基础的经济，只有市场主体自由了，市场才能活起来；只有市场主体积极性调动起来了，生产力才能获得发展；只有市场主体法制观念提高了，法制经济才能建立起来；只有市场主体社会责任感增强了，社会才能正常运行。总之，社会主义市场经济主体的素质提高了，数量发展起来了，社会主义市场经济的整体质量才能提高，社会主义市场经济的功能才能充分发挥出来。

社会主义市场主体的培养不是一蹴而就的，而要有一个过程。由素质不高到素质较高，由素质合格的人数较少到较多，都需要经历时间的延续，其中的失败和挫折都是在所难免的。股票市场的异常波动，商品价格的异常涨落，货币的异常升值和贬值，除了内在规律的作用以外，都与市场主体的素质不高和行为失序有关。因此我们要发展稳定有序的社会主义市场经济，应该把着力点放在市场主体的培养上，这也是以人为本方针的体现。

培养社会主义市场主体应该注意有中国特色。现在世界上绝大多数国家都实行市场经济，因而我们培养市场主体必须遵循一般规律。但是我们搞的是社会主义市场经济，市场主体的素质也应有自己的特殊要求，这一点无论对于国有经济主体还是对于民营经济主体都一样。首先其行为要按照社会主义法制要求办事，其次还要按照社会主义道德要求办事，社会主义核心价值观更是其必须遵守的基本准则。忽视这一特点，把社会主义市场主体与资本主义市场主体等量齐观，不加区别，就会违背社会主义社会发展的基本原则，从而违背全国人民的根本利益。

总之，社会主义市场主体的培养是应该贯穿于整个经济体制改革过程中的，经济体制改革的力度越大，市场主体的培养力度也应越大，经济体制改革越深入，市场主体的培养也就越深入。只有这样，才能充分发挥出经济体制改革的最大功能，而避免只用 GDP 的升降来评价经济体制改革功效的片面性。

（本文写于 2015 年 9 月 30 日）

20. 应用大数据决策需要注意几个原则

大数据是现代信息的一种新形式，也是现代决策的重要依据。大数据的主要特征是综合性强和功能强大。随着现代科技的发展，大数据产生的途径日益增多，社会应用也日益广泛。目前人们在获取和应用大数据方面取得的成就很多，但也不乏失败的教训。因此，规范大数据的获取和应用原则显得十分重要。本文认为，应用大数据进行决策时，以下五个原则需要遵守：

1. 真实性原则。数据也是一种信息，不过这种信息是以数字或图表形式呈现出来罢了。既然是信息，就有真假之分：真大数据是对数据源数量关系的真实反映，假大数据则是对数据源数量关系的虚假反映。假大数据产生的原因主要有以下几点：一是数据源存在假象，例如，有些人的生理指标正常，实际却有着严重疾病；二是人为制造假象，如现代战争中，甲方为了迷惑乙方，经常制造大量虚假信息，以影响其正确决策；三是数据收集工具质量不达标，或途径不畅，使数据出现误差。例如，我国改革开放之初，由于统计方法和途径存在问题，曾导致 GDP 出现误差；四是环境因素干扰，使数据收集出现失准，如在恶劣天气环境下，雷达数据会出现失真，在不当政策干扰下，社会统计数据也会失准；五是数据存储过程出现失误；六是数据在处理过程中被更改，等等。总之，数据真实性是大数据价值存在的基础。我们在应用大数据时，必须努力保证大数据的真实性。只有这样，才能保障决策的科学性和有效性。

2. 全面性原则。所谓全面系统原则是指作为大数据系统必须反映数据源的全面情况，非全面性大数据是不能用来指导决策的。大数据的全面性主要包括如下内容：一是组成系统的各个局部数据必须齐全，二是组成系统的各个层次（宏观、中观、微观）的数据必须齐全，三是组成系统的多种结构数据必须齐全，四是系统环境数据必须齐全，包括空间环境数据、时间环境数据、自然环境数据、社会环境数据，等等。缺乏全面性的大数据是不能用来决策的，否则必然会使决策出现片面性，从而造成行为失误。当然，这里所说的数据的全面性要求是相对的，实际上，由于主客观条件的限制，在任何情况下人们都难以做到根据100%的全面数据进行决策，这是信息不全决策理论的依据。但是，坚持大数据的全面性原则，可以使我们尽量避免决策的片面性。

3. 结构原则。大数据并不是各种孤立数据的堆积，而是各种数据按照一定结构关系结合而成的系统整体。大数据的结构不同，其揭示的系统整体属性也不同，功能也有别。因而，利用大数据进行决策时，应充分重视其内部结构状况。例如，国内生产总值就是一种大数据，但这种大数据是有着一定结构的，如第一、第二、第三产业部门的产值比例就是一种数量关系结构，搞清这一点有利于我们全面评价国民经济的质量和发展趋势，并制定相应发展战略。大数据的结构是多种多样的，可以按空间关系划分其结构，亦可按时间关系划分其结构，还可以按数量和地位关系划分其结构，等等。搞清大数据的内在结构，有利于我们做出科学合理决策，并取得实践成功。

4. 动态性原则。数据源是不断变化的，因而反映数据源的大数据也应是不断更新的。这种更新有两种情况：一是即时更新，即紧随数据源变化的更新，如导弹在飞行中要不断更新和处理数据，否则难以准确击中目标。控制论中所谓"随动控制"或"自动寻的控制"就是即时更新数据的控制过程。二是延时更新，由于数据源的变动有一个过程，在特定时间内不会发生根本的变化，因而人们在更新数据的过程中也应当注意这种阶段性，特别在社会决策领域是如此。例如，政府制定经济政策，就应根据市场一段时间内的走向来进行，而不必逐日逐月地进行调整。因为规律总是具有相对稳定性的，而反映规律的现象则具有活跃性。当然，这里所说的延时并非过时，不能待到数据源有了根本变化后再去获取数据，而要尽量使大数据随数据源的变化而变化，否则会使决策失据并造成实践的挫折。

5. 环境性原则。大数据的存在和获取离不开特定环境，系统大数据与环境大数据具有关联性。因而我们在获取和应用大数据时，必须与环境大数据同时考虑，孤立应用系统大数据进行决策是危险的。例如，获取和应用我国人口大数据进行决策就不能脱离这些数据产生的政策背景和社会经济发展背景，否则会使新的人口政策难以落实。事实说明，不同大数据与不同环境大数据相适应，就社会大数据而言，其环境大数据主要有政治、法律、道德、文艺、科学、宗教等方面的内容。我们获取和应用大数据进行决策时，应努力做到其与环境大数据的统一。

总而言之，大数据是一个系统，应用大数据决策是一个系统工程。我们在应用大数据方法认识和改造世界时，应以系统思维为指导，才能充分发挥大数据方法的功能。

（本文写于 2018 年 8 月 14 日）

21. 要全面总结改革开放 40 年经验

从十一届三中全会算起，我国改革事业已经走过 40 年的历程了。现在从中央到地方，从理论界到实务界都在总结经验，这对于我们今后继续沿着成功的经验之路前进无疑是非常重要的。然而，要正确总结经验，需要注意全面性，因为我国近 40 年的发展和进步是多种因素协同作用的结果，而不是单一因素孤立起作用的产物。虽然各种因素起作用的地位不同，但无论一种因素有多重要，它也不能取代其他因素起作用。

就拿我国的经济发展来说：它无疑是我国实行社会主义市场经济方针的产物，所以总结社会主义市场经济的运行经验就是抓住了主要的经验。但社会主义市场经济是由政府调控和市场竞争两个方面构成的，而不是由市场单一方面构成的。我国社会主义经济的发展既是市场机制主要起作用的结果，同时也是政府宏观调控的产物，二者缺一不可。因此，我们在总结经济发展经验时，就应既看到推行市场机制的主要作用，同时也不能忽视政府宏观调控的作用，并且要把二者有机结合起来。现在有人在总结改革40年国民经济成功发展经验时，完全将其归结为市场经济体制的作用，而对政府宏观调控的贡献只字不提，这是不客观的和片面的。按这样的思路走下去，必然导致完全否定政府宏观调控的作用，而走上市场教旨主义的错误道路。

笔者在此不想从理论上阐述政府宏观调控对于社会主义经济发展的必要性，因为这样的理论研究已经很多。这里只想指出：我国改革开放事业的每一步都是没有离开过政府调控作用的，从党的十一届三中全会到2017年胜利召开的十九大，每一次党的会议都为国民经济的发展制订了路线方针和政策，全国人民代表大会的历次会议也都为国民经济的发展确定了方针和规划，而人民政府则忠实地贯彻了这些路线方针和政策，在发展国民经济方面做了大量的调控、监督和服务工作，有力保障了我国经济顺利渡过各种危机并实现稳定发展，目前我国政府则正在党中央的领导下，有理有力有节地通过调控机制应对由美国挑起的关税危机，并且将必然取得胜利。事实充分说明，政府有效的宏观调控是贯彻党中央一系列方针政策的关键保证，失去政府调控，我们的经济发展就无法取得今天的成就，我国广大人民群众就不可能享受到人均8000美元以上的生活水平，我国2035年基本实现现代化、本世纪中叶建成社会主义现代化强国、最终实现中华民族伟大复兴的目标就不可能实现。

市场机制在我国经济发展中起着重要作用，在资源配置方面则起着决定作用。市场机制正是在政府的各方面保障下起作用的，而不是孤立发挥功能的，在市场机制由于自身的无政府性而造成混乱之时也要靠政府出手才能控制住局面，至于市场根本无力配置的土地等资源就更不能离开政府的把控。此外，我国是社会主义国家，而市场机制根本无法保证我国这一发展方向，只有靠政府忠实地贯彻党的路线方针政策才能牢牢把握这一社会发展的大方向，否则，我国社会就会走上歪路！人民群众的幸福生活就失去根本保证！这是我们在总结改革开放40年经验时不能不着力加以考虑的。

总之，我们总结社会主义市场经济的经验，不能只看到市场的作用，还应看到政府的调控作用，更要看到这两者作用的有机配合，这样才能保证我国今后的社会主义建设沿着正确方向不断前进。总结改革开放 40 年的经验，不能丧失中国特色社会主义道路、理论、制度和文化方面的自信，而应当进一步坚持"五位一体"总体布局和"四个全面"战略布局，认真贯彻十九大制定的路线方针和政策，在党中央的领导下，向着社会主义现代化强国和中华民族伟大复兴的目标更好地前进！

（本文写于 2018 年 10 月 2 日）

22. 哲学社会科学理论研究中的非政治化倾向应当注意

目前，我国哲学社会科学研究领域存在诸多倾向，而其中的非政治化倾向比较突出，主要表现在：无视中国化马克思主义的理论指导，脱离当前的社会主义现代化建设现实，一味追求文本研究、历史研究、纯学术研究、个人兴趣和爱好研究等。

这种非政治化倾向对中国特色社会主义现代化的发展是不利的。社会主义社会是一个政治性很强的社会，它强调无产阶级政党领导的重要性，强调以人民为中心的社会主义制度的重要性，强调走社会主义道路的重要性。在经济上则强调消灭剥削、消除两极分化，实现共同富裕。在文艺理论上则强调用社会主义先进文化取代各种腐朽落后的文化，等等。社会主义的哲学社会科学当然不排斥对人类社会共性问题研究，更不反对研究各代思想家的著作文本，也不否定个人兴趣和爱好对科学发展的积极作用，不反对人们追求休闲和娱乐的必要性。但是对这些方面的研究和思考不应成为主流，更不能使这种研究淹没对现实政治问题的思考，淹没对社会发展前进方向的探索，淹没对广大人民群众根本利益的关心，特别不能淹没对无产阶级政党领导的必要性和规律的坚持和探索。

造成这种哲学社会科学研究的非政治化倾向的原因有很多。其一是与改革开放以来的政治纠偏过度有关。改革开放之前，由于"阶级斗争为纲"路线的影响，这一定程度上在人们思想中形成了政治恐惧。改革开放后，党中央纠正了这一错误路线，"以经济建设为中心"取代了以政治革命为中心，这对于中国社会的正常发展是完全必要的。但是时间一长，难免发生矫枉过正的情况，使人们渐渐放弃了对政治的关注，心中只有经济和日常生活活动了，于是也就在哲学和社会科学研究方面造成了某些非政治化的倾向。其二是与人才培养模式有关。改革开放以来，我国采取了借助国外高校培养高级人才的路子，这种借助国外高校培养高级人才的路径对于自然科学和技术学科而言是非常必要的，舍此难以完成我国科学技术的现代化，也难以完成社会生产力的发展飞跃。然而就哲学社会科学领域的人才培养而言，其必要性却远没有这么高。因为社会科学主要是以社会发展规律为研究对象的科学，具体到一个国家的社会科学研究而言，应主要以本国的社会发展规律为对象。而我国一些从国外留学归来的社会科学研究人员对马克思主义特别是中国马克思主义理论和现实了解不多，因而也就很难得出符合中国政治发展现实的科学结论。其三是与国内学术界多年来缺少正常的理论争论氛围有关。除此之外，还有哲学社会科学研究成果的评价体系方面的问题，等等。这些因素共同作用就使这种非政治化研究倾向得以存在和发展。

应该指出，政治并不就是阶级斗争和革命，政治是关于社会和国家发展全局及方向的大事，是关系全国人民根本利益的大事，党中央提出的"五个统筹"的总体布局、"四个全面"的战略布局，以及"四个自信"和"新发展理念"等都是政治意识的内容，"四个意识"中就包括"政治意识"，此外"大局意识""核心意识""看齐意识"也都是政治意识。历史表明，无论是社科理论研究还是社会实践研究，如果不善于立足于政治观察问题和处理问题，那是没有希望得出科学结论的，这是马克思主义经典作家的观点。笔者认为，在我国社会主义现代化建设的关键时期，纠正一下这种哲学社会科学研究中的非政治化倾向十分必要，它有利于我们坚持中国共产党的核心领导地位，有利于我们从政治上把握社会主义前进的大方向，有利于调动全国人民特别是工人和农民阶级建设社会主义的积极性，有利于实现十九大提出的建设社会主义现代化强国的目标，有利于实现中华民族的伟大复兴。

（本文写于 2018 年 10 月 14 日）

23. 中国改革开放的"稳"中前进路径

中国的改革开放是在"稳"中前行的。但不同时期对"稳"的要求不一样。

从思想上的"不争论"到政治上的"不折腾"再到经济上的"稳中求进",乃是我国在"稳"中前进的三个阶段。

在改革开放初期,主要是强调思想上的"稳"。所谓"不争论"就是思想上求稳的突出表现形式。"不争论"就是对于"姓社姓资"的问题上不争论,就是对于已经确定下来的改革开放方针不争论。因为"一争论就复杂了,把时间都争掉了,什么也干不成。"[1]所以,"不争论,是为了争取时间干。"[2]即在坚持四项基本原则的基础上,在坚持党的社会主义初级阶段基本路线的基础上,"大胆地试,大胆地闯"[3]。由于在思想领域采取了防止无谓争论的战略,在 40 年的改革开放实践中,避免了来自思想领域的大的干扰,保证了社会主义现代化建设的顺利进行。

进入 21 世纪以后,我国改革开放进入了新的时期,这时针对政治上出现的"乱"的苗头,胡锦涛同志又及时提出了"不折腾"的要求(2008 年 12 月 18 日在纪念党的十一届三中全会召开 30 周年大会上讲话),这实际上是把政治上的"稳"提到了首要位置。所谓"不折腾",从总的方面来说,就是不再搞阶级斗争,不再搞群众运动,而要"聚精会神搞建设,一心一意谋发展";就是要搞科学民主决策,坚持"问政于民,问需于民,问计于民";就是要以大局为重,保持高度稳定,"不走封闭僵化的老路,不走改旗易帜的邪路",而要坚定不移地沿着中国特色社会主义道路前进。由于采取了"不折腾"战略和策略,我国团结稳定的政治局面得以保持,为社会主义现代化建设提供了坚实保障。

党的十九大以来,中国特色社会主义进入新时代,针对国内外经济形势的变化,习近平同志又提出保持"稳中求进"的总基调[4],这实际上是一

---

[1] 《邓小平文选》(第三卷),人民出版社 1993 年版,第 374 页。

[2] 《邓小平文选》(第三卷),人民出版社 1993 年版,第 374 页。

[3] 《邓小平文选》(第三卷),人民出版社 1993 年版,第 374 页。

[4] 习近平:《决胜全面建成小康社会 夺取新时代中国特色社会主义伟大胜利——在中国共产党第十九次全国代表大会上的报告》,人民出版社、中国盲文出版社 2017 年版,第 20 页。

种对经济领域"稳"的要求。这里所谓的"稳"并不是否定变化和差别，而是指追求一种发展的平衡性，所谓稳中求进，就是指在平衡中求进。例如，在生产与消费的平衡中进，在供给与分配的平衡中进，在各生产部门之间的平衡中进，在实体经济与虚拟经济、内贸与外贸、收入与支出、不同地区的发展平衡中进，等等。这些平衡也不是绝对的，而是有主有次的平衡，有轻有重的平衡，有急有缓的平衡，有先有后的平衡，即辩证的平衡。例如，我们搞的供给侧结构性改革，就是一种有重点的平衡，因为我们搞"供给侧"改革并不是就一点儿都不顾需求方了，而是重点在"供给侧"改革上发力，但也要兼顾需求侧改革。在目前国内外形势发生较大变化的情况下，经济上的"稳"显得更加重要。我们一定要在党中央领导下，努力做好"稳就业、稳金融、稳外贸、稳外资、稳投资、稳预期"工作，这是我国在当前与美国发生贸易战的情况下保持不败的重要条件，也是我们整个国家保持稳定的经济基础。

唯物辩证法认为，客观事物的发展有"显著变化"和"相对静止"两种状态，而体现相对静止的稳定态对于事物存在和发展是非常重要的。恩格斯说："物体相对静止的可能性，暂时的平衡状态的可能性，是物质分化的本质条件，因而也是生命的本质条件。"〔1〕历史表明，没有近 40 年的稳定局面，我国在经济、政治、文化、生态等一系列方面都不可能取得像今天这样的成就，人民群众也不可能有像今天这样的幸福获得感。我们要进一步实现全面建成小康社会、实现 2035 年的社会主义现代化、实现 21 世纪末建成富强民主文明和谐美丽的社会主义现代化强国的奋斗目标，更离不开国内稳定局面的保持。当然，在保持社会稳定的状态下，一些腐朽没落的东西也会滋生出来，沉渣也会随时泛起，但只要我们始终保持清醒头脑，并采取正确的战略和策略，就一定能够战胜和克服这些消极之物及其影响，保证中国特色社会主义始终沿着正确的道路前行，直至实现中华民族的伟大复兴，并为最终实现共产主义社会理想做出大贡献。

（本文写于 2018 年 10 月 26 日）

---

〔1〕《马克思恩格斯选集》（第 4 卷），人民出版社 1995 年版，第 363 页。

24. 全面深化改革应该在"实现全体人民共同富裕"方面有更大作为

迄今为止，我国的经济体制改革都主要是围绕着"解放生产力和发展生产力"这个目标进行的，取得的成就也有目共睹。然而，经济体制改革不应仅仅在解放和发展生产力上做文章，在"消除两极分化，实现共同富裕"方面亦应有大的作为。

社会主义社会是存在着经济差别的社会。例如，在占有生产资料上的差别，在获取收入方式和数量上的差别，等等。这种差别会导致两种可能的结果：一是导致协同互补，二是导致矛盾和冲突。无论哪种结果的出现都是有条件的。如果政策引导得好，协同互补的局面就会出现。例如，我国采取的"西部大开发"、"东北振兴"以及"扶贫政策"和"乡村城镇化"等就是有利于消灭差别的政策，这一政策的推行就会减轻社会矛盾，促进社会和谐发展。而如果这些政策执行不好，则会引发矛盾或冲突。缓解社会差别的措施有两个根本方面：一是改善低收入者的经济地位和收入状况，二是通过法律手段适当限制高收入群体的利益过度膨胀。目前我国在前一方面做得较好，成效也比较突出；但在后一方面尚有差距。

是实现少数人富裕还是实现全体人民"共同富裕"，这是马克思主义政党和非马克思主义政党在发展经济路线上的根本区别，也是区分社会主义制度与资本主义制度的根本标志。马克思主义经典作家们在其著作中反复提出的"发展生产力""消灭私有制""消灭剥削""消灭三大差别"的主张都是以实现人民共同富裕为最终目标的，因而也是科学社会主义者的初心和历史使命。只有紧紧围绕这一目标而奋斗，才能体现马克思主义政党的先进性和社会主义制度的优越性，脱离这一奋斗目标，共产党人就会失去全体人民特别是广大工农基本群众的支持，社会主义制度建设也就会失去根本意义。

在改革开放以来党的历次代表大会政治报告中都是包含着消除两极分化、实现全体人民共同富裕方面内容的。十八大报告就把"收入分配差距缩小，中等收入群体持续扩大，扶贫对象大幅减少"作为奋斗目标，十九大报告则在充分肯定以往实现全体人民共同富裕目标取得成就的基础上，进一步指出从 2020 年到 2035 年，要做到"中等收入群体比例明显提高""全体人民共同富裕迈出坚实步伐"的目标。可见，实现全体人民"共同富裕"乃是中国共产党在社会主义初级阶段所应完成的一项重要使命，也是中国共产党人作为中国人民先锋队的重要表现。

改革开放以来，我们党在带领人民群众实现共同富裕方面取得了伟大成绩，从人均生活水平的提高，到扶贫对象的逐年减少再到 2020 年全面实现小康，充分显示了我们党对消除两极分化问题的重视，也显示了我国社会主义制度的优越性。然而，正如十九大报告中所说，"我们的工作还存在许多不足，也面临不少困难和挑战"。其中"脱贫攻坚任务艰巨，城乡区域发展和收入分配差距依然较大"乃是重要内容之一，而"逐步实现全体人民共同富裕"则是中国特色社会主义进入新时代的重要特征。我们一定要以十九大精神为指导，在党中央的正确领导下，争取在消除两极分化，实现全体人民共同富裕方面做出更大成绩。

当然，实现共同富裕，特别是实现"消灭剥削"意义上的共同富裕是一个十分漫长的过程，绝不是经过几个十年就可以一蹴而就的，而可能要经过几个世纪、十几个世纪甚至几十个世纪才能实现。但是，作为社会主义社会的一个终极目标，我们却永远不能忽视，而要始终争取在发展生产力的基础上逐步在向这一目标的接近上有所作为，有所进步。只有这样，才能永远保持住中国共产党人的初心，记住自己实现人类解放事业的历史使命，从而在实践上永葆革命的青春。

(本文写于 2018 年 12 月 3 日)

25. 浅谈"稳中求进"

"稳中求进"是十八大以来我国发展国民经济的总基调。关于"稳中求进"的内涵，有关主管部门和理论界已给出了诸多解释。这里认为，"稳中求进"的本质是有控制地进，离开控制无法做到"稳中求进"。

首先，稳中求进的目标是进。没有进的目标，稳就失去意义。但这里"进"的目标并非是"点"，而是一个范围或区间。例如，我国 2018 年的 GDP 增长目标是 6.5%左右，这里所谓"左右"就是一个范围：增长 6.4%可以，增长 6.6%更好。当然这种规定也有一个缺陷，即缺少上限与下限的限制，例如仅增长 6.0%，显然就太低了。为了克服这个缺陷，2019 年政府工作报告中提出 GDP 增长 6.0%~6.5% 的目标，即给出一个增长区间。这一规定无疑比"左右"的提法科学多了，可控性也更强，它反映了中央政府对发展趋势的准确把握，也反映了一种内在的信心。其实，制定任何规划或计划都应该是留有充分余地的，这不仅因为客观事物的发展具有不确定性的一面，也因为人的认识受到客观条件限制而不可能达到 100% 的准确，制定规划或计划留有余地是这种实事求是态度的表现。

其次，"稳中求进"的基础是"稳"。这里的"稳"有多重含义：其一是指要把"进"建立在保障质的基础上。脱离质的保障的单纯数量上进没有意义，正如虚胖子再多也不会使战斗力提高一样，所以社会主义经济发展应该把重点放在质的保障上。其二是指要把"进"建立在综合平衡的基础上。平衡的情况有很多，具体到国民经济而言，有生产与消费的平衡、供给与分配的平衡、生产部门之间的平衡、实体经济与虚拟经济的平衡、内贸与外贸的平衡、收入与支出的平衡，等等。脱离综合平衡的"进"是孤军冒进，没有持续性。其三是指要把"进"建立在风险防控上。如果冒着没有任何防控措施的风险前进，很可能遭遇挫折，给人民事业带来损失。所以稳是进的前提，首先要保证稳，才能有效保障进。

最后，"稳中求进"的核心是结构优化。国民经济系统的"进"是由其内在结构决定的。经济结构趋优，其外在表现必然是进。经济结构的状况既体现经济系统的质，也体现经济系统的平衡性，亦体现经济系统的抗风险能力。因而，我们欲做到"稳中求进"，就必须把工作重心放在经济结构的调整和优化上。要着力搞清对应"进"的目标的结构特征，并据此对结构进行优化调控，而结构优化调控的每一步必然带来量上的进。

综上所述，"稳中求进"的过程并非一个纯自发过程，而是一个人为控制过程，其中包括目标控制、过程控制和结构控制三大内容。稳中求进也并非一个临时措施，而应是国民经济长期发展的总基调。因为国民经济的发展总是在平衡中实现的，一种平衡破坏了，新的平衡又会建立起来，于是国民经济也就上了一个新台阶。

（本文写于 2017 年 3 月 10 日）

26. 人的行为系统受四个规律制约

人的行为要想取得成功必须遵循规律。人的行为过程是在特定环境中主体通过一定方式作用于客体的过程，这一过程受四个规律制约：一是客体规律，二是主体规律，三是主客体相互作用规律，四是环境规律。这四个规律综合作用，决定人类行为系统过程的成败。

客体规律指人类行为对象的运动规律。如供热系统的热传导规律、化工生产中的化学反应规律、农业生产中的农作物生长规律、社会建设中的文化发展规律等。人们在实践中首先应该遵循客体规律，否则无法取得行为的成功。如违反农作物生长规律农业生产不可能获得丰收，违反社会文化发展规律无法推动文化繁荣和进步，等等。

主体规律指行为主体的运动规律如主体的生物学规律、社会学规律、思维规律等。人们在行为中亦应遵循主体规律，如果主体状况不好同样会影响主体行为的结果。如单个主体身心出现病态状况影响行为能力，群体主体组织涣散、作风腐败、智商低下则会影响其整体行为能力，这都会阻碍人的行为系统取得成功。

主客体相互作用规律主要是实践规律如革命规律、改革规律、生产建设规律等。由于人们的行为过程本质上是主客体相互作用的过程，因而人们在行为中亦应遵循好其规律。这一规律的核心内容是主客体之间、主客观之间相互符合或一致。如果缺乏一致性，则必然导致行为失败。毛泽东说："人们要想得到工作的胜利即得到预想的结果，一定要使自己的思想合于客观外界的规律性，如果不合，就会在实践中失败。"[1]马克思曾经把共产主义者称为"实践的唯物主义者"[2]，也表明了他对实践规律的重视。总结历史情况，革命和建设的失败大都直接与人们的行为违反了实践规律有关。

环境规律是指与人的行为有关的环境因素的变化规律。任何人类行为都是在特定环境中发生的，这些环境主要有社会环境和自然环境两大类型。如果环境的变化有利于行为系统与其进行充分的物质、能量与信息交换，则能

---

[1]《毛泽东选集》（第一卷），人民出版社1991年版，第284页。

[2]《马克思恩格斯选集》（第1卷），人民出版社1995年版，第75页。

促进行为系统的成功，反之则会招致其失败。例如，灾害的自然环境会造成农业生产的歉收，动乱的社会环境则会阻碍社会的进步。因而，人们应该充分认识并把握好环境规律。

新时代中国特色社会主义建设是中国共产党领导中国人民进行的伟大行为过程，这一行为过程的成功，也取决于是否遵循上述四个规律。其一要遵循中国特色社会主义社会发展规律，包括社会主义初级阶段规律、中国特色社会主义进入新时代规律；其二要遵循中国共产党自身的建设规律，包括全面从严治党规律、"不忘初心、牢记使命"规律等；其三要遵循新时代中国特色社会主义建设实践规律，包括依法治国规律和以德治国规律等，要始终注意保持中国共产党的理论和实践与中国特色社会主义社会发展要求相一致；其四是遵循自然和社会环境规律，注意生态平衡和经济全球化趋势的作用和影响。习近平总书记在十九大报告中对上述四个方面规律的内容做出了详细说明。目前，党中央正在领导全国人民按照十九大报告所揭示的规律去实践，我们必定能顺利完成新时代中国特色社会主义现代化建设的历史使命，实现中华民族的伟大复兴，并最终为实现共产主义创造条件。

（本文写于 2019 年 7 月 3 日）

27. 论"两手策略"

"两手策略"是决策者必须善于采取的制胜法宝。所谓"两手策略"包括两方面的内容：其一是指决策者要准备好两套根本不同的实施目标的方案。如实施农业发展战略既要有制度方面的实施方案，也要有科学技术方面的实施方案；在国际政治斗争中，既要准备好硬（物质）的一手，也要准备好软（精神）的一手。其二是指决策者要准备好两套应对不同实践结果的方案：一是应对成功结果的方案，二是应对失败结果的方案。例如，在发射卫星过程中，既要努力争取成功，也要准备好应对失败；打仗时既要筹划好顺利进攻的路线，也要准备好不利时的撤退路线；等等。两手策略的目的是始终保持决策者在斗争实践中的主动性，以便立于不败之地。

"两手策略"的哲学基础是世界的矛盾性。唯物辩证法认为，世界上任何事物都是由矛盾构成的，无矛盾则无世界。矛盾不仅表现在实践手段上，而且表现在实践结果上；不仅表现在实践内部条件上，而且表现在实践外部条件上。如系统工程既有硬件建设，也有软件建设；社会治理手段既有"看得见的手"（政府），也有"看不见的手"（市场）；社会实践过程既有可能顺利，也有可能遭受挫折；社会实践结果既有可能成功，也有可能失败；等等。因此，我们无论做任何一件事时，都应该准备好物质和精神、硬件和软件等两手，准备好应对顺利与挫折、成功和失败两种局面。如果只准备一手，就难以有效推动事物的生成和发展，在事物发展出现意外结局时就会束手无策。唯物辩证法还认为，事物矛盾双方是相互渗透和相互转化的，积极因素中包含着消极因素，并可以转化为消极因素；成功中也包含着失败的因素，并可以转化为失败；反之亦然。当然，这种渗透和转化都是需要一定条件的。因而，我们在从事革命和建设事业时一定要看到这种相互渗透和转化性，做好准备，制定好应对矛盾渗透和转化的策略。

"两手策略"是中国共产党在长期革命和建设实践中积累的宝贵经验教训。如在民主革命中，我们党既注意搞好与国民党的团结，同时又注意防止和应对其搞分裂；既注意开展对中外敌人的武装斗争，又注意开展对敌思想斗争。在社会主义建设中，则既注意搞好硬实力建设，又注意搞好软实力建设；既注意搞社会主义法治建设，又注意搞好社会主义德治建设。在对待我国台湾地区问题上，既争取"和平统一"，也不放弃武力统一；等等。正是这一系列两手策略的采取，保障了我国革命和建设事业的成功和发展。

中国特色社会主义建设进入新时代以来，"两手策略"的重要性进一步显现。如就国际形势而言，一方面经济全球化趋势滚滚向前，不可阻挡；另一方面，霸权主义、民粹主义、单边主义也顽强表现自己。一方面，和平与发展趋势日益发展；另一方面，局部战争的危险也从未消失。对此我们必须充分做好两手准备，而不能只做一手准备。再就国内形势而言，一方面，社会主义建设稳中有进，发展态势良好；另一方面，经济结构不合理问题以及干部腐败问题等又尚未从根本上得到解决，对此也必须从经济和政治两方面加以应对。特别是中美贸易战以来，由于美国政府的霸凌政策变本加厉，给我国发展造成了一定压力，我们更需要一手抓"经济全球化"，一手抓"反对霸权"，以保证我国顺利实现既定发展目标。

　　总之，"两手策略"既是辩证法理论的要求，也是社会主义改革和开放实践的经验总结，它反映了中国特色社会主义建设的规律性要求，我们必须努力加以坚持，并争取获得成效。

（本文写于 2019 年 8 月 30 日）

第三部分

论文化问题

1. 中华传统文化的精髓是自强不息的奋斗精神

关于中华传统文化的核心内容问题，很多人都认为是和谐共生。其实，和谐共生只是中华传统文化的基本特征，而自强不息的奋斗精神才是中华传统文化的精髓。

"自强不息"一语源于中国古书《周易》，内容是指奋发图强，百折不挠之意，后发展成为一种文化精神。历史表明，任何一个民族要生存、要发展，都必须依赖其自强不息的奋斗精神才行，否则它就必然会被内忧外患所击倒，甚至灭亡，世界史上的诸多民族正是由于缺少这种精神而逐渐消失的。中华民族则不然，它虽历经无数次天灾人祸的苦难，有时几近灭亡的边缘，但作为一个民族始终没有被消灭，而是顽强生存至今，其根本原因则靠的是这种自强不息的奋斗精神。毛泽东说："我们中华民族有同自己敌人血战到底的气概，有在自力更生基础上光复旧物的决心，有自立于世界民族之林的能力。"[1]这正是在当时情境下自强不息精神的写照。新中国成立以后在面临一穷二白的处境和外敌入侵的威胁下，中华民族奋起抗争，仅用三年就取得了国民经济恢复和抗美援朝的胜利！紧接着又建立了相对完整的国民经济体系！改革开放以后，我们又在中国共产党领导下经过几十年的艰苦奋斗建成了经济总量占世界第二的社会主义国家。今天，我们又在党中央领导下，举全民族之力，奋勇奔向全面建成小康社会的近期目标和 21 世纪中期建成中等发达国家的目标，并进而向着民族复兴的伟大中国梦前进，这都是自强不息奋斗精神的体现。历史证明，这种自强不息的奋斗精神贯穿于中华民族的历史长河之中，是中华民族长盛不衰的动力之源，也是我们今天实现中华民族复兴中国梦的精神保证。

自强不息的传统文化表现在多个方面：当民族或个体处在贫穷贱弱的时候，奋发图强的决心不能变（贫贱不能移）；当民族或个体面对强敌打压的时

---

〔1〕《毛泽东选集》（第一卷），人民出版社 1991 年版，第 161 页。

候，要坚贞不屈（威武不能屈）；当民族或个体富强起来之后，要保持本色而不能骄奢淫逸（富贵不能淫）；当民族或个体遇到巨大困难的时候要树雄心立壮志，敢教日月换新天。总之，无论民族或个体处在任何时刻，都要始终相信自己，相信未来，要下定决心，不怕牺牲，排除万难，去争取胜利。

自强不息的根本是奋斗。不奋斗，什么困难也克服不了；不奋斗，什么成果也得不到；不奋斗，人的一切价值追求都归于无。中国古代的先民是靠同自然的奋斗求生存的，中国古代的国家也是靠奋斗来战胜各路来犯之敌的，对于民族自身的种种缺陷和弊病也是靠奋斗来克服的，"卧薪尝胆""愚公移山"都是这种自强不息的典型！正是由于奋斗，中华民族才有了今天。所以青年毛泽东曾说："与天奋斗，其乐无穷；与地奋斗，其乐无穷；与人奋斗（包括自己），其乐无穷。"这是中华民族自强不息奋斗精神在他个人性格中的体现。他还曾说："要奋斗就会有牺牲。"中华民族在几千年自强不息的奋斗中，为克服内忧外患所付出的代价是无比巨大的，但正是这些代价换来了中华民族的生存和发展，也换来了中华民族的美好今天！和谐共生是中华民族追求的理想社会目标，但这一目标也是不会自然到来的，它要靠全民族自强不息的奋斗精神才能实现，缺少这种精神，我们就无法克服前进中的各种困难和阻力而达到目标。

总之，中华民族的发展过程是民族自强不息的奋斗过程，中华民族传统文化的精髓是这种自强不息的奋斗精神，我们应当努力传承这种民族精神，在中国共产党领导下，为实现中国梦的伟大目标发力！

（本文写于 2015 年 12 月 23 日）

2. 从《沁园春·雪》看毛泽东诗词的美学追求

任何诗词中都是渗透着对美的追求的。毛泽东诗词中对美的追求有着明显特征：他追求的是高度动感之美，这种特征集中表现在其《沁园春·雪》中。

本词从一开始就给人们展示了一幅"千里冰封，万里雪飘"的动态画面，冰在封，雪在飘，令人寒意凛然。紧接着，又描画了"山舞银蛇，原驰蜡象，欲与天公试比高"的动态场景，使人满眼充满激烈运动之感。然后又笔锋一转，推出一帧"红装素裹，分外妖娆"的晨阳远景，令人心仪。

在下阕中，他又一下子从自然界的动态之美跨入了人类社会的变化之美中，用如橼巨笔展现了"从秦皇汉武到唐宗宋祖再至成吉思汗"的历史变动画面，然后又戛然顿住，用"俱往矣"三个字直接引出今日"风流人物"之美，令人无限遐想，也更加热爱今天。

当然毛泽东这首词不仅写了动态之美，也有着对静态美的追求。请看"千里冰封""顿失滔滔"这些词不就是写静么！"红装素裹"不也是静态装束么！但是这种静并不是生来如此的，而是由巨大变化转来的，而且这种静给人以联想：一旦气候变化，又会由"顿失滔滔"变成奔腾而下的黄河水了！而"红装素裹"的太阳也会冉冉升起，光照大地，那又会造成何等生机盎然的景象啊！

毛泽东对动态美的追求不仅表现在《沁园春·雪》一首词中，在其多首其他诗词中也是鲜明地体现着这一特征的。如"鹰击长空，鱼翔浅底，万类霜天竞自由"。（《沁园春·长沙》）就展示出一片生机盎然的动态之美，"大雨落幽燕，白浪滔天，秦皇岛外打鱼船"。（《浪淘沙·北戴河》）则写出了大雨、白浪中打鱼船的动态美景。此外如"五岭逶迤腾细浪，乌蒙磅礴走泥丸"（《七律·长征》）以及"风雨送春归，飞雪迎春到"。（《卜算子·咏梅》）等句也都展示的是动态美景。总之，毛泽东诗词是一幅幅描写自然和社会动态变化的精美画卷，读了毛泽东的诗词，使人心绪激动澎湃，催人投入到发展变化的大潮中，使人不断获得新生。

毛泽东对动态美的追求不是偶然的：他是个辩证法大家，而辩证法是关于发展的学说，这决定他对诗词的追求也一定是动态美，他说"人间正道是沧桑"，因而诗词应该表现这种沧桑美。这一点甚至通过其日常对艺术品的喜好也可以看出来，如他喜欢李白写动景的诗作，喜欢徐悲鸿的"奔马图"，而对表现静态花草的诗和画则大不以为然，就是明证。

（本文写于 2016 年 6 月 1 日）

3. 浅谈文化自信的内涵

　　文化自信是一个民族保持独立发展的基本条件，缺少文化自信的民族是无法自立于世界民族之林的。中国人民的文化自信主要包括如下内容：

　　一是自信中华文化是世界上最先进的文化之一，是推动中国和世界发展不可或缺的重要因素。世界文化历来是多样性的，作为中华民族共同创造的中华文化是世界文化中重要的组成部分，并为世界人民做出过光辉的贡献。这里所谓文化的先进性主要是指其符合社会发展要求的性质。例如，中华文化除了众所周知的四大发明内容之外，还有农业种植和灌溉技术、养蚕和缫丝技术、中医药和针灸技术、钢铁冶炼技术、军事战略和策略艺术以及近百种其他方面的内容，这些科学发现与创造、技术发明、工程成就为世界人民的生产和生活提供了极大的方便，也极大地增强了其认识世界和改造世界的能力，从而推动人类社会的发展，受到了世界人民的认可和赞美。今天，中国人民正在以马克思主义中国化为核心的中华文化体系的指引下，在经济建设、政治建设、社会建设、文化建设、生态建设等各方面做着开天辟地的大事业，并取得了一系列举世瞩目的成就，成为世界发展的重要动力源，从而再一次彰显了中华文化的先进性。

　　二是自信中华文化在开放环境中通过吸收其他文化形态的营养而实现自我完善和发展的能力。中华文化深深扎根于中国社会的沃土之中，具有无限生机和活力。但是，任何民族的文化又都不是孤立存在的，而是处于世界文化环境之中的，只有与世界其他文化形态不断碰撞和交流，才能取长补短，更好地向前发展。中华文化从一开始就是在这种碰撞和交流之中建立起来的：炎、黄文化的交流奠定了中华文化的基础，以后又在与他族文化的不断碰撞和交流中逐渐发展壮大起来，直至近代吸收了以马克思列宁主义为核心的近代西方文化而发展到今天，成为朝气蓬勃的世界最先进文化形态之一。今后，中华文化还必将在与世界先进文化的碰撞和交流中继续丰富和完善自己，进一步走向新的辉煌！中华文化也将为世界文化百花园再添新色。

　　三是自信中华文化能够引领中国人民全面建成小康社会，并实现中华民族伟大复兴的中国梦。文化的生命力之一在于能够引领社会的发展和进步，如果这一功能丧失，文化形态也就会走向灭亡。中华文化之所以能生生不息，一个重要原因亦在于其始终能引领中国社会前进，并为中华民族提供源源不断的精神食粮。作为现代中华文化核心内容的中国特色社会主义理论和社会主义核心价值观则是我们全面建成小康社会和实现中华民族伟大复兴中国梦的理论指导和精神食粮。只要我们继续坚持中华文化体系的指导，我们就一定能实现社会主义现代化建设的既定目标，并为世界人民的发展做出更多贡献！

（本文写于 2016 年 7 月 17 日）

4. 论文明的共性与个性

谈起西方近代文明和中国古代文明，一般都认为是资产阶级和地主阶级文明，这些认识就其所反映的文明特殊性而言是对的，但历史上的文明除了有着作为特殊性的民族性、阶级性和历史性以外，还有共性或普遍性的内容，对此也应该给予承认。

唯物辩证法认为，任何事物都是普遍性和特殊性的对立统一，人类文明也不例外。西方近代文明固然是西方资产阶级创立的，并且服务于西方资产阶级，但是其中也有作为人类共性的内容，例如自由、民主、平等、公正、法治、科学这些东西就是如此，因为不仅西方资产阶级需要自由、民主、平等、公正、法治、科学，各国无产阶级也需要这些东西，只是其内容与西方资产阶级不同罢了。中国古代文明也是这样："以人为本""和谐"这些观念虽然是由地主阶级的思想家提出来的，并且是为维护其统治服务的，但其就一般形式而言却也是为人类所共同需要的，正因为如此，所以我们把"以人为本"作为科学发展观的核心，把"和谐"作为社会主义核心价值观的重要内容。当然，我们这里所说的"以人为本"和"和谐"与古人所说的内容并不一样。

长期以来，一些人头脑中有这样一种观念：凡是其他民族和其他阶级创立的文明形态，我们都不能用。例如，对于自由、平等、博爱、公正、法治、市场等这些东西，都认为是西方资产阶级的东西，因而应该加以拒斥。其实这是只看到了这些观念的特殊性——阶级性和历史性的一面，而没有看到其所包含的人类共性或永恒性的一面，因而是一种片面性的表现。须知，人类文明是由历史上各个民族和先进阶级共同创造的，每一个民族和先进阶级在为自身生存和发展而创造某种文明形态的时候，也为人类共同文明做着贡献，虽然他们自己也许并未认识到这一点。因此我们在梳理人类文明发展史的时候，一方面，当然要看到文明的特殊性即民族性、阶级性、历史性；但另一方面，我们亦应注意其包含的人类共性和永恒性的东西，并加以吸收，以为自身的文明发展服务。

马克思主义是十分注重对各种不同文明形态采取辩证分析态度的。马克思主义的三个组成部分——马克思主义哲学、马克思主义政治经济学、科学社会主义的原初形式都是资产阶级的意识形态，但马克思、恩格斯并没有将其全盘抛弃，而只是抛弃了其非科学的内容，却吸纳了其中合理性的因素，从而使其具备了科学形态，并成为指导无产阶级革命斗争的有力武器。列宁说："马克思主义同'宗派主义'毫无相似之处，它绝不是离开世界文明发展大道而产生的一种故步自封、僵化不变的学说。恰恰相反，马克思的全部天才正是在于他回答了人类先进思想已经提出的种种问题。他的学说的产生正是哲学、政治经济学和社会主义极伟大的代表人物的学说的直接继续。"[1]我们应该遵循列宁的这一思想，辩证地对待历史和现实中各种文明形态。

总而言之，社会文明是普遍性与特殊性的辩证统一。我们在对待历史上的文明形态时，首先应注意其特殊性——民族性、阶级性、历史性，以避免全盘照搬，从而避免使我们目前的文明建设步入歧途，但同时我们也应充分看到其文明共性的部分，关注反映文明共同发展规律的内容，并大胆加以吸收和继承。中国特色社会主义是我国文明建设的一种特殊形式，但其无疑也是包含着人类共同文明要素的，是遵循着人类文明发展的共同规律的。我们在强调和发展其特殊性的同时，也应该关注其与他种文明发展的共性，并力争在人类文明发展的共同大道上前进，并为人类做出较大贡献。

（本文写于 2016 年 10 月 21 日）

---

〔1〕《列宁选集》（第 2 卷），人民出版社 1995 年版，第 309 页。

5. 孔孟之道的两层意义

　　孔孟之道有两层意义：其一是作为春秋时期形成的一个学术流派意义上的孔孟之道，这是目前国内学术界作为研究对象的内容；其二是作为中华传统文化代表符号意义上的孔孟之道，目前遍布世界各地的孔子学院所宣扬的思想正应是这后一种意义上的内容。

　　作为学说流派的孔孟之道主要是关于社会秩序的思想体系，它反映着封建统治者的政治、经济、文化的基本诉求，因而长期受到推崇，并成为封建社会中占统治地位的意识形态。对于这一形态的孔孟之道无疑是应该成为客观对象加以研究的，研究时既应肯定其合理之处和对中华文化发展的历史贡献，同时亦应指出其不足，特别是要批判其对近代中国发展所起的消极阻碍作用，从而做到"取其精华，去其糟粕"，发挥好其为现实服务的功能。在这方面，一味颂扬和全盘否定的做法都是不可取的，政府应该允许学术界对作为学派的孔孟之道的争论，以推动相关学术研究的不断深入。

　　而作为中华传统文化代表符号意义上的孔孟之道则主要是一种以人际关系为内容的思想体系，它反映着中华民族个休和群体共同的义化诉求。其内容并不限于孔子、孟子及其继承者的思想和学说，而是包含着中国古代诸子百家思想精华的综合体。对于这种意义上的孔孟之道当然亦应成为学术界的研究对象，但这种研究应该立足于诸子百家思想精华内容的发掘和民族特征的揭示，立足于其对世界文化的丰富和补充，以及立足于其与世界其他民族文化的相互作用、相互促进、共同发展的机制。对于这种意义上的孔孟之道研究，既要反对孤芳自赏的态度，也要否定自惭形秽的精神状态，目前主要是否定后者，以努力提高文化自信力。

　　把孔孟之道作为中华传统文化代表符号来对待的做法并非起源于今天，自从汉代"独尊儒术"政策的制定和推行就已经开始如此，后来随着其影响的不断扩大，其作为文化代表符号的意义也日益明显。改革开放以来，我国为了增强文化软实力，开始在世界各地建设孔子学院，在国内也特别强调孔孟之道的弘扬，于是其作为中国传统文化代表符号的地位也日益巩固。因此我们更不应该只将其内容理解为孔孟个人的思想和学说，而应将其理解为中华传统文化所有积极内容的综合。这样不仅对弘扬整个中华传统文化有利，而且对提高我国民族自信心有利，还对中华民族在文化上对世界做出大贡献有利。

（本文写于 2016 年 12 月 31 日）

6. 浅谈文明自信

文明是相对野蛮而言的。文明就是指人们用合乎道德的方式来处理相互关系，而野蛮则是用不道德的方式来处理相互关系。由于不同国度和社会形态的道德体系不同，因而文明的标准也有别：在某个国度中是文明的行为，到另一国度中往往就是野蛮了；在某一社会形态中是文明的制度，到另一社会形态中则往往成为野蛮的表现。如在中东一些国家，多妻制是文明的制度，而对欧洲一些国家而言则是野蛮制度。又如在奴隶社会中，奴隶被当作"会说话的工具"来使用是文明的（相对原始社会而言），而在封建社会再这样就是野蛮了。因此，文明没有共同标准，只能根据不同国度和不同时代的道德要求，对人的行为做出文明或野蛮的评价。

由此可见，我们在评价一种社会行为或社会制度的文明状况时，应该坚持两个一般性标准：其一是国情标准，即根据具体国家的国情来对相应文明形式做评价，而不能用他国标准来做评价，否则不仅缺少科学性，且难以处理好与其之间的关系。其二是时代标准，即根据世界发展的时代性对某种行为或制度的文明问题做出评价，这样容易把握文明发展的大方向，确立对受评文明形式的科学态度。

我国是一个有着特殊国情的社会，地域广大，人口众多，历史悠久，文化灿烂；我国目前又是社会主义社会，虽然还处于该社会发展的初级阶段，但就时代而言，无疑是走在世界前列的。建立在这两者之上的现代中华文明，无疑是有着内在合理性和先进性的，我们必须对此有充分的自信，并积极向外展示其风貌，而不应该盲目地用西方文明标准来评价自己，以致自惭形秽，丧失对自己文明的信心。当然，我们的文明也应该继续向前进步：既要根据国情的发展而进步，也要随时代的发展而进步，故步自封和骄傲自满都不好。

对于其他文明形式，我们无疑应该予以充分尊重，因为那是他国人民根据自身国情或时代要求建立和发展起来的文明，是有着内在合理性的文明，而且由于任何文明形式中都总有某些可供其他文明借鉴的优点，我们还应虚心学习其中适合中华文明发展需要的内容。当然，世界上十全十美且普遍适用的文明形式并不存在，因此我们也不应全盘吸收和照搬他国文明！即便是他国文明中先进的内容（如马克思主义）也要结合中国实际加以吸收和改造才能获到好的效果。

总之，无论对于中华文明还是他种文明都应坚持辩证态度：一方面应看到其合理性或先进性，另一方面亦应看到其特殊性与发展的必然性。在文明问题上搞绝对的自信或他信都不好，国际上有些人企图借助"文化软实力"用一种文明否定或取代另一种文明的做法更是霸权主义的表现，这种做法也不可能取得成功。

（本文写于 2017 年 6 月 23 日）

7. 谈我国政府对外文化交流的目的

国与国之间文化交流的目的是什么？有人总认为是输出本国的价值观，是显示本国的文化软实力，这其实是美国霸权主义国家政府的看法，我国政府的对外文化交流目的并非如此。我国政府对外文化交流的唯一目的应该是学习他国文化优点，以丰富和发展自身文化，提高本国全面发展的能力，最终实现与他国合作共赢的目标。

首先，各个民族的文化都是在各自特殊的历史环境中形成的，也都是适应本民族的特殊环境和价值追求的，因而必然都有自身的特点。在经济全球化和世界一体化的时代，各个国家和民族要想突破自身局限，与其他国家进行政治经济交流，就必须充分了解他国和他民族的文化情况，否则在与他国或他民族进行交流时就会处处碰壁，难以达到预想效果。现在很多企业到国外开辟市场时都十分重视了解当地文化，尊重当地风俗习惯，即实施本土化战略，这是企业成功走向世界的必要条件，而这也正体现了文化交流的目的。

其次，各个民族的文化不仅有着自身特点，而且是有着各自优点的。通过相互交流，可以取长补短，互为借鉴，丰富和提高自己的文化内容和素质。

117

例如西方文化在处理人与自然关系方面有优势，科学技术较发达，而中华文化则在处理人与人关系上有长处，人文知识较丰富；又如西方医学比较注重解剖分析，而中国医学则强调整体综合。因此，中国与西方进行文化交流时，就可以学习其优点，以弥补本国文化之不足。现在所谓中西医结合的医疗方法正是这种趋势发展的结果。

最后，文化的民族性是历史地形成的，是生产方式分散存在和发展的产物。随着政治经济交流规模的扩大和人员往来的增多，必然会逐渐生长出一种忽视各民族差别的共同的文化形态，并最终形成一种为世界各国人民所接受的世界文化。这种世界性文化有利于世界各国的共同发展，因而理应受到各国政府的重视。当然，这种世界文化的形成是一个漫长的自然历史过程，绝不是可以一蹴而就并人为造成的。

应该指出，各国文化交流的途径是多种多样的，文化团体的互访和考察，留学生的相互派遣，学者思想的相互交流，公民的相互入籍，相互到对方设置文化、教育机构等，都是文化交流形式。我国在世界各地设置的孔子学院则是对外文化交流的重要形式，目前已取得诸多成果，我们应该围绕上述三个目标进行总结，以使其沿着正确方向进一步发展。

对于那种认为文化交流的目的是输出价值观、显示文化软实力的文化霸权观点，我们应该坚决予以摒弃。一方面，这样搞的结果必然遭到对象国的反对而难以成功；另一方面，我国的社会主义本质也不允许这样做。总之，我们搞对外文化交流的唯一目的就是实现中华民族伟大复兴，并以此为基础，促进中国和他国共同繁荣。

（本文写于 2017 年 7 月 24 日）

8. 文化全球化是一种客观趋势

最近看到一篇文章说，文化全球化是个伪命题。该文主旨在于反对西方文化扩张，坚持民族文化的主体意识，对此应予肯定。但该文否定文化全球化趋势的存在，未免根据不足。

首先，什么是文化？广义而言，文化指人类活动结果的总和，包括物质文化和精神文化两种形态。狭义所说的文化则主要是指精神文化。文化是传统与现实的统一。该文并没有对文化的内涵做出界定，但实际上其所说的文化是指狭义上的文化，即精神文化，其中又特别是指包含在其中的主体意识，这种对文化的理解是夸大了文化中意识形态内容的结果。文化当然是包含着意识形态内容的，但这并不是文化的全部，甚至不是文化的主要部分。因此，文化全球化也不应认为是文化意识形态的全球化，而是非意识形态文化（主要指文化形式）的全球化。

其次，什么是文化全球化？这里认为应当是指具体民族文化不断走向世界，为世界各个民族所接受和共享的过程。例如，诺贝尔文学奖以及被联合国列为非物质文化遗产名录的人文景观和艺术形式等就是这种文化全球化的典型。而该文则认为，文化全球化是以发达国家"为准"和"楷模"的"趋同"过程，因而否定了文化的民族性，这种理解也显片面。诚然，在文化全球化过程中，这种"以趋同来消磨其他文化物种"的趋势是存在的，我们应该保持清醒并加以抵制。但是不能以此为借口拒绝民族文化走向世界，成为全人类共享的文化财富。人类总是要相互交往的，古代人由于生产规模的狭小和科技不发达，其相互交流的时空范围小一些。近代以来随着生产规模的扩大和科技的发达，人们的交流范围日益扩大，以致今天已经到了经济全球化和世界一体化时代了，而文化因素乃是这种交往的重要内容之一。如果拒绝文化交往，人类就无法在精神上相互学习、相互借鉴，以求得共同进步。人类发展到今天，不仅需要全球性交往，而且需要有全球性的机构来经营这种交往。目前最为权威的经营机构就是联合国，此外还有各种层次的国家组织如欧盟、东盟、非盟等。在这种全球性的组织机构中，文化交往是其重要的工作职能。

最后，任何优秀的文化最终都会由特殊走向普遍，为世界各个民族的人民所接受和共享。因为所谓优秀就是代表人类文化发展趋势的性质。优秀的文化形态不仅反映特定民族的精神需求，而且反映全人类的精神要求，因而必然会逐渐得到世界人民的认可和喜爱，从而由个别走向一般。例如，科学、民主、自由、共赢等文化观念就是这样走向世界的。我们在实现文化开放方针时，一方面要积极学习和接受世界上优秀的文化要素，另一方面也应向世界介绍和宣扬中华民族的优秀文化要素，努力推进中华传统文化的全球化。实际上，这种否定文化全球化的观点反映了中华传统文化在走向世界的过程中的弱势地位以及对这种弱势地位造成对我们不利结果的担忧。我们应该有信心借助政治、经济的力量和正确的方针政策来强化中华传统文化走向世界的过程，使中华文化之花在世界文化百花园中竞相开放。

总之，在文化问题上，我们还是应该开放和包容一点为好。这里所说的开放和包容，不仅是指对异质文化的开放和包容，还包括对全球性文化的开放和包容，不要一提全球化的东西就高度紧张并采取拒斥态度。须知，当今的世界是相互交往频率极高的世界，而文化则是这种交往的重要内容。在这种全球性的交往中，原来为某一民族所独有的文化形态会逐渐为其他民族所理解和接受，成为世界所共享的文化形态，这也就是文化全球化的趋势。永远为某一民族所独享的文化形态是没有的，除非该文化形态过于有时空局限性，无法为其他民族所接受，而优秀的文化形态最终总会由特殊走向普遍。承认这一点，既有利于我们保持文化的独立性，同时也有利于我们明确前进方向，实现中华民族的伟大复兴，为人类文化发展做出大贡献。

（本文写于 2017 年 8 月 9 日）

9. 不要片面解读中华传统文化

关于中华传统文化的主旨是什么的问题，有不少学者解读为"和""合"二字。这种解读有真理性的一面，但也有不完全之处。

说"和""合"是中华传统文化的核心价值目标，笔者是赞同的。秦始皇统一中国就是"合"，各朝各代都追求国家的统一也是"合"；孔子说"和而不同"是"和"，汉匈和亲、汉藏和亲也是"和"。没有"和""合"的价值追求就没有五千年文明中国，也没有现代中国，中华民族伟大复兴也不可能。

但说"和""合"是中华传统文化的全部内容，笔者不同意。这是因为："和""合"只是中华民族追求的文化价值目标，但要实现这一目标，还要有手段的保障，没有手段保障，目标只是个空洞的意愿而已。而这里的手段是什么呢？就是"争"。不争就没有"和"，更不会有"合"。所以深得中华传统文化精髓的毛泽东在谈到维护抗日民族统一战线时提出"以斗争求团结则团结存，以退让求团结则团结亡"的方针。中国古代学者讲"争"的人不多，但民间讲"争"的内容却不少，诸如"后羿射日""精卫填海""大禹治水""愚公移山"等传说都是讲"争"的精神，秦始皇统一中国，历代统治者的和亲之举，也都是靠"争"得来的。没有这种"争"的精神，就不会有人日之和、人水之和、人山之和、人人之和，也不会有中国的统一，民族的和睦。所以，"和"与"争"乃是中华传统文化之两翼，没有"和"，"争"就失去目标；没有"争"，"和"就失去动力。中华传统文化乃是"和"或"合"文化与"争"文化的统一。

中国传统文化的这一特征与唯物辩证法亦有一致性。列宁曾说："辩证法是一种学说，它研究对立面怎样才能够同一，是怎样（怎样成为）同一的——在什么条件下它们是同一的、是相互转化的——为什么人的头脑不应该把这些对立面当作僵死的、凝固的东西，而应当看作活生生的、有条件的、活动的、互相转化的东西。"〔1〕这里所谓"同一"就是指"和"或"合"。列宁还说："对立面的统一（一致、同一、均势）是有条件的、暂时的、易逝的、相对的。相互排斥的对立面的斗争是绝对的，正如发展、运动是绝对的一样。"〔2〕这里所谓"对立面的斗争"则是"争"。没有"对立面的斗争"就不可能有"对立面的统一"，"对立面的斗争"是实现同一的根本条件，这同"和"与"争"的关系是一致的。

总之，中华传统文化是"和"或"合"与"争"的统一，我们在解读中华传统文化时，应注意把这两方面结合起来，这样才能全面展示中华传统文化的内容。

（本文写于 2017 年 10 月 9 日）

10. 文学是心学

文学界曾有一种说法叫"文学是人学"（据考证此语来源于高尔基）。这

---

〔1〕《列宁全集》（第 55 卷），人民出版社 1990 年版，第 327 页。
〔2〕《列宁选集》（第 2 卷），人民出版社 1995 年版，第 557 页。

话说得不错，因为没有人的活动当然就不会有文学。然而这话又没有说到底，其实文学的本质是心学。由于人的行为都是受内心所支配的，因而只有走进人心，才能揭示人的行为秘密；只有了解人心，才能理解人的行为动力。不接触人心，不反映人心，无法写出好的文学作品和艺术作品。

然而，如何才能进入人心？那就只有一条路，即用"心"去进入人心。因为心外的东西是无法进入人心的。王阳明说"心外无物"，其实"心"外是有物如海的，只是进不到心中而已，只有心才能进入心，所以人们常说"以心交心"。现代很多作家（或想成为作家的人）虽然也知道深入群众，但他们只能做到外在的深入，而并没有以心去深入百姓之心，自然也就无法写出群众之心的活动来，因而也就无法揭示和理解我们这个伟大时代的人的活动。最近看到朋友通过微信发来的一段牢骚话，他说"现在有的文艺节目严重脱离人民生活，无聊至极"。笔者很有同感。但根源何在？恐怕就在于文艺工作者们虽然也响应中央号召下到基层群众中去了，然而"心"却并没有下去，"心"还停留在城市家中。因而人民群众的内心活动还是无法接触到并发掘出来，故至多只能写出群众的外在生活百态，其作品也就难以打动人心。

革命时期的作家和文艺工作者要创作一部作品是要长期深入生活实际的，要同群众一起战天斗地，经历磨难，完全成为群众中的一员，还有的作家甚至成为群众实践的直接领导者。在这种与群众的同甘共苦实践中，作家和文艺工作者的心自然就同群众的心贴在一块儿了，共同跳动了。在这一基础上创作出来的作品要想不打动人心也难！我们现在处于伟大的建设时代，要写出反映这一伟大时代的作品，同样需要文学艺术家们去深入人民群众的生活，走进他们的内心世界，与他们的心一起跳动，这样，反映时代脉搏的伟大文艺作品才能不断产生出来。

（本文写于 2018 年 2 月 20 日）

11. 当前文化自信的核心是对"新时代中国特色社会主义思想体系"的自信

文化自信包括诸多内容，就我国当前而言，文化自信的核心内容应是对

"新时代中国特色社会主义思想体系"的自信。

首先，文化的核心内容是反映社会发展实际的思想体系。中华文化之所以历经五千年发展而未衰败，最根本的原因是儒释道三大思想体系指引的结果。缺少思想体系的指引，文化就成为一具空壳，就无法发挥其社会功能。现代中国文化的核心是毛泽东思想、邓小平理论、"三个代表"重要思想、科学发展观，新时代中国文化的核心则是"新时代中国特色社会主义思想体系"。以这一思想体系为指导，我国社会主义新文化就能不断发展壮大，并充分发挥出指引中国社会前进的功能，"不断铸就中华文化新辉煌"。

其次，文化自信的核心依据是其能够为社会进步指引方向并提供强大动力。中华民族之所以历经五千年发展而未衰败，国家虽历经强敌侵犯却能始终保持统一，人民虽历经苦难而至今保持精神独立，以爱国主义为核心的传统文化的指引和动力激发起了决定性作用。而近百年以来，中华民族之所以先站立起来，继而又富起来，将来还会强起来，其根本原因也是马克思主义与中华传统文化相结合的新文化的指引和推动。坚持"新时代中国特色社会主义思想体系"为核心的社会主义新文化，就能不断为中国社会发展提供正确指引，并激发出亿万人民的创造力，最终实现中华民族的伟大复兴。

最后，文化自信是对社会发展"顶层设计"的自信。社会发展需要顶层设计，顶层设计的科学性和可行性情况决定着实践的成败。"新时代中国特色社会主义思想"正是对我国未来发展的"顶层设计"，并且是具有充分科学性和可行性的顶层设计。按照这一顶层设计的要求去做，我们就能顺利实现两个一百年的奋斗目标，就能持久地自立于世界民族之林，并能走在世界发展的前列。

总之，对"新时代中国特色社会主义思想体系"的自信是我国当前阶段文化自信的核心内容。我们应当充分认识这一思想体系的科学性和可行性，认识其对我国文化发展和社会进步的重要指导意义，加大对其宣传和普及力度，要把"新时代中国特色社会主义思想体系"融入全党和全国人民的思想中，并落实到中国特色社会主义文化建设实践中，使其成为实现中华民族伟大复兴的方向指引和巨大动力。

（本文写于 2018 年 5 月 5 日）

12. 文化软实力的基础是文化自信力

"文化自信力"和"文化软实力"是近年提出的两个重要概念,但这两个概念的关系如何?学界至今尚未形成共识。这里认为,文化自信力是文化软实力的基础,只有不断强化文化自信力,才能有效发挥文化软实力的功能。

首先,文化自信力决定文化软实力的生存。所谓文化软实力归根结底是指文化对主体(民族、阶级等)思想的凝聚力、行为的规范力、前进的指导力。由于文化的这种功能是通过主体的习惯、自觉发挥出来,而不是通过外力强迫发挥出来,所以被称为"软实力"。一种文化要具有软实力,就必须使自己保持稳定的生存力,否则是谈不到软实力的。而文化的生存力来自何处?只能来自文化主体的自信力。因为文化本来是人类活动的产物和结晶,一种文化形态只有成为主体相对稳定的行为方式,才能成为文化。而要成为主体相对稳定的行为方式,主体就必须信任这种文化形态,相信其能给自己生存和发展带来好处。如果主体对自己的行为方式缺少自信,就不会习惯地、自觉地按照这种文化方式去思考和行动,因而文化功能也就难以发挥出来。例如,"自强不息"之所以成为中华传统文化的重要内容,并发挥作用,就是因为中华民族在长期发展中相信其对保持自己独立发展的高度重要性。

其次,文化自信力决定文化软实力的发展。文化软实力是不断发展的,而这种发展的基础是文化自信力的持续增强。实践表明,相信一种文化形态的主体越多,主体相信该文化的程度越高,则此种文化对主体的作用力也就越强,反之则差。道理很简单:一种文化规则如果得不到越来越多主体的持续信任,它又怎能发挥作用呢?毛泽东说:"我们中华民族有同自己的敌人血战到底的气概,有在自力更生的基础上光复旧物的决心,有自立于世界民族之林的能力。"[1]这是何等高度的民族文化自信!正是因为有了这种高度的文化自信,中华文化才得以发扬光大,并鼓舞中华民族战胜强敌,取得民族独立的最终胜利。

总之,文化软实力是以文化自信力为基础的。我们要充分发挥中华文化的软实力功能,就必须首先确保人民群众对中华文化的高度自信力,特别是

---

〔1〕《毛泽东选集》(第一卷),人民出版社 1991 年版,第 161 页。

对新时代中国特色社会主义思想体系的自信力，因为新时代中国特色社会主义思想体系乃是当今中华文化的核心内容。要使全国人民都知道，当前只有新时代中国特色社会主义思想体系能够指导中国和发展中国，能够确保中华民族的伟大复兴。也只有坚信这一点，才能发挥出其改天换地的巨大力量。

（本文写于 2019 年 6 月 17 日）

13. 文化自信的核心是文明自信

文化与文明是两个既有联系又有区别的概念。文化是人类行为方式及其结果的总和，其内容表现在各个方面，诸如做人文化、做事文化、做物的文化、做文的文化、做思的文化等。文化既然是人类行为方式的总和，那么它就可以分为两个部分：一种是合理的文化，一种是不合理的文化；或者说，一种文化形态中既有合理因素，也有不合理因素。例如，拿吃饭这种文化方式而言，中国人喜欢围桌而坐，其实这里面就是可以一分为二的：一方面这种行为方式有利于人际关系交流，实现社会和谐；另一方面这种行为方式却有利于传播疾病，不利于保持健康。又如中华文化有所谓"己所不欲，勿施于人"一说，其实这也是可以两说的：一方面它强调要关照别人，不要做害人之事，对此无疑应予肯定；另一方面它却以自己喜恶为标准，大有以己度人之嫌。因为实际上己所不欲者，未必也是他人所不欲，而己所欲者，也未必是他人所欲。正如"萝卜青菜各有所爱"，所以倒不如根据他人的合理需要做事更好。

但文明可以避掉上述缺点。文明是什么？文明是文化中的积极部分之和。例如，在上述所说的围桌而坐的饮食文化中，人际关系交流则是文明的内涵，而"己所不欲，勿施于人"的文明核心乃是关爱他人。所以，文明是文化的合理内核，文化则是文明的基础，文明主导着文化的发展。没有文化显然是谈不到文明的，因为文明需要以文化为载体；但缺少文明，文化的意义也会大打折扣：因为没有积极因素的文化行为是不值得肯定的，而应该加以抛弃。例如，损人利己、尔虞我诈、贪污腐败等文化行为即属此例。

由此可见，对于人类文化显然是不应全面肯定的，更不可盲目自信本民族文化。我们只能肯定其中积极的内容，相信其中有价值的内核。例如，对于中华传统文化中的"和谐共生""艰苦奋斗"思想就应该充分自信，因为这些内容有利于中华民族的繁荣发展，也有利于世界人民的繁荣发展，而这些积极内容正是中华文明的内容。此外，历史表明，不同文化之间有时是会发生冲突的，而不同文明却终究可以通过交流互鉴而包容。总之，文化自信的核心是文明自信，我们应该对此有清醒认识，以避免盲目性。

（本文写于 2019 年 7 月 14 日）

第四部分

论人生问题

1. 未来并非不可触及

有一种观念认为，未来是可望而不可即的东西，人们只能生活在当下或现实中，而不可能触及未来。这种观念实际上是把未来与现实完全对立起来了，而没有看到二者之间的联系。

其实，现实与未来是紧密相连的，其间并没有一条不可逾越的鸿沟。一方面，现在就是过去的未来，我们现在看到、接触到的人和事，大都是过去所没有的东西，对于过去而言就是未来。比如笔者年轻的时候就没有见过今天的人和事，所以，对于笔者来说，今天见到的人和事都是过去的未来，这使笔者感到变化巨大，也很幸福。另一方面，现在是未来的根，未来正是从现在走出去的。所以，笔者现在看到和接触到的也就是未来的初始部分。当然，至于个体死亡后的人或事的发展那确实不可能触及，但不能据此否定人可以触及未来。所以不能说人只生活在现实中，人也是生活在未来之中的。

既然现实是过去的未来，同时又是未来的根基，因而我们在现实中是可以支配未来的。例如，教育好子女就是支配未来，锻炼好身体也是支配自己的未来，努力参加社会主义建设则是支持国家的未来，等等。当然，并不是今天的一切都会发展到未来，那些违反规律的胡乱行动是没有未来的，或只有失败的未来；有些未来的事物是适应当时的情况新生出来的，与今天的现实并没有直接关系。但就总体而言，未来是以现实为基础的，所以我们珍惜现在也就是珍惜未来，创造现在也就是在创造未来。

总之，我们应该对未来抱着辩证唯物主义态度，要积极面对未来，把握未来，创造未来，反对把未来虚化和凝固化的唯心主义和形而上学态度。

（本文写于 2016 年 1 月 18 日）

2. 死亡不可知吗

最近听了一位年轻教师关于死亡问题的演讲，他认为死亡是不可知的，因为死亡就是认知活动的停止，既然停止了，人又怎么可能知道死亡是怎么回事呢？对此，笔者不以为然。

诚然，对于个体来说，人死了，就什么也不知道了，甚至个体不可能知道自己什么时候死。但是，死亡并不只是个体的事，它也是人类群体的事，是人类群体生生不息的一个必要环节，没有死也就没有生，所以，人类是一定要研究死亡的，也是完全可以搞清死亡的本质的。个体虽然不知道自己的死，但别人可以知道，至少陪伴的家人和医生可以知道，并且可以采取措施加以应对。如果死亡不可知，那还要大夫干什么呢？大夫不就是要尽可能采取措施避免死亡的吗？医学研究的重要内容之一，不就是发现死亡机理的吗？如果死亡不可知，那还要法医干什么呢？法医的重要任务之一，不就是要揭示涉法死亡原因和过程的吗？否则死亡案件也就无法破解了。

可见坚持死亡不可知论者，之所以得出他们的结论，是把死亡完全当成个人的事，认为个人死了，一切人也就都死了。如果真是这样，那当然他们的论点也就成立了。可惜事实并非如此：个人死了，他人还活着；老一代人死了，新一代人还活着；人类的时代更替是无尽的。所以不要说死亡是不可知的，整个世间也没有什么不可知，只是这个知有一个过程罢了。

其实对于死亡，不仅对于整个人类是可知的，就是对于死者本人也是可以知其一二的。因为他可以从别人的死亡中获得经验，得知死亡是怎么一回事。例如，一个人得了重度癌症，他应该知道是会导致死亡结果的，并要事先做好准备，尽可能安排好后事。甚至对于健康的人，也应该知道自己将来必有一死，因而应该积极面对生活，努力为社会做出自己的一份贡献，以求"死而无憾"。如果不知死为何物，那么人类生存的目的也就会大打折扣了。

总之，死亡是可知的，因为它是一个有着必然性的因果关系过程。当然死亡对于个体确有不可知因素，比如一个人什么时候死？因什么而死？死在什么地方？死的价值如何？死的途径怎样？等等。但对于这些东西，他人和群体可以知道，个人的有限性可以用人类的无限性来弥补。

（本文写于 2016 年 1 月 19 日）

3. 论人生的阶段

人生有两个阶段：一是来的阶段，二是去的阶段。只是来或去的时间长短不同而已。

有人来得快，去得也快。那些"生如闪电之迅，死如彗星之忽"的英雄即如此。

有的人来得慢，去得也慢。那些碌碌无为而又长寿之人，即属于此类。

有的人则来得快，去得慢。那些很快达到人生高峰，但从此就碌碌无为而又长寿之人即如此。

也有人来得慢，去得却快。那些大器晚成，但生命却在某一时刻戛然而止的人，则属于此类。

人生的这些阶段性是客观的，是由自然或社会条件决定的，基本上不可以由自己来选择。当然，有人觉悟得早，可以使自己更快走上人生之巅，但如果觉悟得晚，那就只能是来得慢，而去得或快或慢了。

人生的阶段性虽然不可选择，但可以希冀。笔者是那种来得很慢的人，都快退休了，才做成了点有利于社会的小小事。但愿笔者去得慢一点，尽量延续一下为社会做小小事的时间。

（本文写于 2017 年 6 月 7 日）

4. 自由需要指导

上周日笔者和老伴一起去电影院看了一场《流浪地球》的影片，在服务台买票时，售票员说座位自选。笔者一想，真够自由的！连座位都让观众自选啦！便说："要前区中间的吧！"因为近一点看得更清楚。于是取票进场了。结果一看，发现整个前区座位都是空的，根本没人坐。开始有点纳闷，后来一开演，立刻明白了：原来屏幕超大，声音巨响，不一会儿便感到头晕目眩，老伴不久就睡着了，笔者也哈欠连天。勉强坚持了一个多小时，赶快离场打车回家了。

对于影片的好坏我无力做出评论，但由此想到了与自由有关的事。影院让我们自由选座位，我们是自由了！但没有得到好处，反而使自己受了罪，真是何苦呢！过去常听人们说自由好，其实未必！如果在自己处于无知的情况下进行自由选择，很可能遭遇自己不利的结局，而如果售票员多说两句话，指出选择中后排座位比较好，并说明理由，那笔者是绝不会选前区座位的，也就不会受此视听之苦了。因而，还是在别人给予正确指导下的自由选择好！缺乏指导的自由选择，很容易使自己陷于不利境地。也许有人说，你要是经常看电影，有了经验，无需别人指导也就不会选错座位了。诚然如此，但是人生一世，不可能事事都有经验，而一旦遇到新的事需要选择又该怎么办？不还是需要有人指点一下为好吗！

由此笔者又想到那些一向鼓吹自由选择的人们，他们的愿望无疑是好的，但自由选择的结果却未必对自己有利。例如，小孩子若失去家长指导，行为太自由容易发生危险；青年学生若失去教师的指导，想入非非也会陷入认识误区；中国革命若失去毛泽东思想的指导，则难免走向失败；改革开放事业若失去中国共产党的领导，也难免走上资本主义邪路；等等。总之，科学思想的指导，先进政党的领导，对于人民群众是十分必要的，是人民群众获得解放的必要条件。那种拒斥马克思主义的指导和否定党的领导的意见，并不符合人民群众的根本利益，我们切不可接受其蛊惑，使自己做出错误选择。

（本文写于 2019 年 2 月 21 日）

5. 应该时时检验自己的做人程度

世间一切事物都有自己的度，度的不同级别称为程度。做人也应经常检测自己的做人程度。如做共产党员的程度，做公民的程度，做领导者的程度，做各种职业人的程度，甚至包括做男人的程度，做女人的程度，等等。

做人并不是可以一步到位的，而是一个程度不断提高的过程：从做一成人到做二成人，直至做到十成人。当然能够做到十成人的人基本没有，因为自古就是"人无完人"的。历史上的王明曾说自己是"百分之百的马克思主义者"，这完全是忘乎所以的自吹自擂。但是，做人总得要不断有所提高才行，不能总是停留在低层次上不动。现在提倡"终生学习"的概念，做人也要终生学习才好。

现在有不少人按做人标准来说是不合格的。例如，有共产党员不能按党章标准严格要求自己，这就不是合格的共产党员；有的公民不尽自己的公民义务，这也不是合格的公民；有的领导者观念落后，甚至搞以权谋私，这是根本不称职的领导者；还有些职业人不按自己的职业要求行事，这也是不合格的职业人；等等。由于社会是由人构成的，因而我们搞社会发展建设的根本任务就应该是督促每个人按做人的标准来不断提高和完善自己，社会主义现代化建设的本质就是人的建设。

由于现实的人都是具体的、无限多样化的，因而做人的标准也多种多样。但是，既然大家都是人，特别都是生活在某一社会和某一时代的人，因而做人也就有着共性的标准。例如，每个民族就有着每个民族做人的共性标准，每个阶级也都有着自己做人的共性尺度，每个时代的人也都有着自己做人的时代要求。如孔子时代的做人标准是"礼"，他曾要求当时的人做到"非礼勿视，非礼勿听，非礼勿言，非礼勿动"。我国目前处于社会主义初级阶段，也有着自己的共性做人标准，这就是社会主义核心价值观。我们应该按照这一核心价值观的要求来安排自己的视、听、言、行，不要"任意"，否则就不是完全的社会主义初级阶段的"人"了。

（本文写于 2015 年 12 月 27 日）

6. 法治人和德治人

做人有两种境界：一是做法治人，二是做德治人。

所谓做法治人就是指按法的规范要求做人，无论说话还是做事，都要依法而为，不能逾越法的底线。做法治人首先要学好法，尤其是学好宪法，只有这样，才能做到遵法和守法。做法治人也有自由，但这种自由是在法治限制下的自由，一旦违法，就会受到法律制裁。做法治人也不是只限于遵守法的限制，如果对法的规定和执行过程有意见，完全可以通过合法途径提出建议和异议，并有权得到尊重和解答。做法治人有一个过程，很多人开始并不懂学法和守法，后来有了自己或他人的经验，才开始学法和守法，成为法治人。做法治人是进入社会的基本条件，否则就会在社会生活中处处碰壁，得不到幸福。在现实生活中，有些人总是做不好法治人，这是违法犯罪现象存在的重要原因。做法治人也不只是要求人们按法律标准来做，还包括按各行各业普遍存在的一切强制性规范（校规、厂纪等）来做，这些强制性规范也属于法的范畴。除了个体应做好法治人外，群体也应该做好法治人，这尤其是各级政府的责任和义务。依法治国是我国的重大战略方针，这一方针最终落实到个体就是要求做好法治人。做好法治人是关系到我国长治久安和繁荣发展的大事，是国家赋予每一个公民的重大义务和责任，每一个公民都应当做好。

所谓做德治人就是指按照道德的规范要求做人。无论说话还是办事，都要符合道德要求，不要违德和缺德。道德有公德和私德之分，规范个体之间关系的道德是私德，规范个体与群体之间关系的道德是公德，这两方面道德规范都应该遵守，我国历史上缺少公德体系和相关传统，因而在做德治人的时候要特别注意。德治人也有一个成长过程，这种成长过程既要靠教育引导，也要靠舆论约束，但主要是靠自己内心修炼，我国古代有丰富的道德修养学说，诸如孔子说的"慎独"、曾子说的"吾日三省吾身"等便是道德修养法。古代把有道德修养之人称为"君子"，而道德修养极高的人则为"圣人"，这说明我国古代是重视做好德治人的。我国近年已确立社会主义核心价值观，其本质是社会主义核心道德观，这是成就德治人的基本标准，每个人都应当努力践行之。做德治人不仅是个体的事，群体也应该以德治人的标准要求自己，其中做好德治政府最为重要。孔子曾说："为政以德，譬如北辰，居其所而众星共之。"这就是说，德治政府做好了，全体国民就会大力支持政府工作，并会以政府为榜样，使做德治人在全社会蔚然成风。

德治人与法治人都要做，然而二者的关系孰先孰后？笔者认为，做好法治人为先。法治是任何社会做人的基本准则，不懂法、不守法则无以为人，也无以为社会，所以每个人在进入社会后都应当学会知法、守法。但只做好法治人又是很不够的，因为社会不仅要靠法治来运行，也要靠德治来引导，否则只能是警察社会了。所以我们不仅要构建法治天下，更要构建德治天下，每个社会成员都不仅应该做好法治人，还应该做好德治人，这样的社会才能成为生机勃勃而又有序的社会。

（本文写于 2015 年 12 月 20 日）

7. 浅谈做人与做事的辩证法

做人与做事是人生的两大使命。正确处理好这二者的关系对人的一生至关重要。

"欲学做事先学做人"是师长们经常用来教导学生的话。然而究竟为何要先学做人？做人对做事有什么好处？怎样做人？恐怕师长们是不多讲的。本文对此发表点看法，恳请指正。

首先说说什么是做人和做事。这里所说的人包括两种意义上的人。其一是与动物相区别的一般人，其二是有特定身份的现实的群体或个人。这里所说的人是指第二种意义上的人如公民、党员、教师、学生等。所谓做人就是使自己的言行符合特定社会规范的要求。例如，作为公民要符合公民的规范要求，作为共产党员要符合共产党员的规范要求，作为教师要符合教师的规范要求，作为学生要符合学生的规范要求。以此类推，作为丈夫、妻子、父母、子女、医生、司机、售货员等也都应当按照特定规范要求去做。所谓做事就是指处理人和客观世界的关系，主要包括处理人和自然的关系、处理人与社会的关系两方面内容。做事也要符合规范，从大的方面来说，改造自然界的生产活动要遵守生产规范，改造社会的社会活动要遵守社会规范。从小的方面而言，工人做工要符合做工规范，农民种地要符合种地规范，医生看病要符合看病的规范，司机开车要符合开车的规范，等等。

做人和做事的逻辑关系如何呢？

如果从人与事的关系来看，无疑是做人先于做事。这是因为，任何事都是人做的，人是主体，事是客体，没有人，何来事？所谓"事在人为"说的就是这一情况，所以事做错了，要归于人。实际情况也是如此：只有先学会做好某一领域的人，才能进一步做好该领域的事，如先学会做遵法守德的合格教员，才能进而教好书；先学会当品德高尚的医生，才能进而给患者看好病。一个不守公德的人是难以做成事的，因为他必然受到公众的反对，得不到公众的支持，因而也就失去了做成事的条件，如果言行违法，还会受到法律制裁。在日常生活中，常见一些人技术高超，善于做事，然而为人却品德极差，或人际关系紧张，这样的人是难以在事业上有所成就的。所以，从做人与做事的逻辑关系道理来讲，无疑是做人先于做事，用到学生身上，就是欲学做事，应先学做人。

当然，做人与做事的关系是辩证的：做事也有益于做人，不做事则难以做人。例如，一个共产党员为人民做的事越多，其也就越符合共产党员的要求，一个教师教学越认真，为学生做的事越多，就越能成为合格教师。反过来，一个不能认真给患者看病的人是无法当好医生的，一个拒绝做任何事的人也无法成为共产党员，等等。所以一个人要想成为某一领域合格的人，就必须努力学会做好该领域的事，具备做好该领域工作的本领。可见做人与做事的关系不是僵死的，而是变化的。就总的情况而言，是做人先于做事，欲学做事，应先学做人；但做事也有益于做人，不做事也难于做人。二者的关系是在做人先于做事基础上的相互促进关系。

搞清做人与做事的关系是我们过好人生的重要保证：既然总的来说是做人先于做事，因而我们在进入特定社会领域时，就应当先学会做人，然后再学做事。否则，你的做事能力再强也无法施展出来，这一点尤其对刚刚步入社会的青年学生至关重要。既然做事对做人也有促进作用，不做好事就做不成人，因而我们也不应忽视做事的重要性，无论在什么岗位上，都应该拿出全部本领去做事，争取把每一件事都做好，这样才能得到群众满意，成为该领域合格的人。

总之，做人与做事是人生两大密切相关的基本使命，我们应该既学会做人，也应该学会做事。光做人不做事，会造成普遍贫穷，使人难以发展；光做事不做人则会引发人际关系混乱，使人无法正常生活。在我国今天，做人就是要使自己的言行符合社会主义核心价值观的要求，做事就是要使自己的行为严格遵守各门科学规范，符合这两项要求的人生才是完美和有价值的人生。

（本文写于 2016 年 5 月 4 日）

8. 孔子学说的核心是做人

孔子学说的核心是做人，即按照周礼的要求做人，他终生提倡的"克己复礼"就是要求人们实现这一点。由于现实人都是具体而特殊的，因而这种做人的要求对不同的人内容也不一样。如对国王做人的要求就是"为政以德"和"敬事而信，节用而爱人，使民以时"；对臣子做人的要求是"事君尽礼"；对教师做人的要求是"温故而知新"和"有教无类"以及"诲人不倦"等；对子女做人的要求是"父母在，不远游，游必有方"和"三年无改于父之道"；对君子做人的要求是"主忠信"和"食无求饱，居无求安，敏于事而慎于言"等；对一般人（生物人）的要求是"己所不欲，勿施于人"和"己欲立而立人，己欲达而达人"等。孔子还把按周礼做人的行为标准概括为"仁"，他说"克己复礼为仁。一曰克己复礼，天下归仁焉"。除了做人的内容以外，孔子学说中还有做事的内容如"工欲善其事，必先利其器"等，但这些都并非孔子学说的核心，只是附属内容罢了。

孔子之所以如此强调做人，主要是因为人是社会的根本，只要每一个人的言行都符合社会规范了，则该社会也就可以稳定地存在下去。反之，若每种人都不按照社会规范去做，而是率性而为，则社会制度的稳定就无法保证。加之孔子正好生活在这种礼崩乐坏的社会大转折时代，人心不古和行为失序的情况十分严重，孔子作为一个在周礼下生活惯了的知识分子，自然就要大声疾呼做合乎"仁"的要求的人了。

社会主义社会也要求人们学做人，不过是按照社会主义制度的要求去做人。具体而言，主要有按社会主义政治要求做人，如拥护社会主义制度，拥护中国共产党的领导等；按社会主义法治要求做人，如拥护《中华人民共和国宪法》，尊法守法等；按社会主义德治要求做人，如主动践行社会主义核心价值观，做社会主义道德模范等；按社会主义经济活动要求做人，如拥护社会主义市场经济制度，在经济交往中努力做到平等竞争，互利双赢等；按社会主义文化要求做人，如拥护党的"百花齐放、百家争鸣"的方针，努力推出新作品"为人民服务，为社会主义服务"等；按社会主义思想要求做人，如拥护马克思列宁主义和马克思主义中国化思想体系，坚持中国特色社会主义理论等。社会主义做人要求的核心是全心全意为人民服务。事实说明，只有每个人都能按社会主义各方面的要求来做人，社会主义制度才能真正获得巩固和发展，共产主义社会才能最终实现。

由于奉行礼制的周朝社会与社会主义社会有质的不同，因而对做人的要求也有根本区别。用孔子的做人标准来要求社会主义人的言行并不合适，也不会成功。我们应该提倡社会主义社会的做人标准，宣扬社会主义社会的做人典型。但在形式上，却可以借鉴孔子的做人标准，即对孔子的做人学说，采取扬弃的态度。例如，孔子要求做人要守信，我们今天做社会主义的人也要守信；孔子要求作为教师对学生要做到"有教无类"和"诲人不倦"，我们今天的人民教师也要努力做到这一点。

由于做人是中国传统文化的核心内容，因而我们在继承这一传统文化时，亦应该抓住做人这一核心来进行。共产党员要按照《中国共产党章程》的要求做人，干部要按照"八项规定"和"三严三实"的要求做人，政府公务员要按照《中华人民共和国公务员法》和公务员守则的要求做人，公民要按照《中华人民共和国宪法》和公民守则的要求做人，等等。只有社会主义的人做好了，并以此带动社会主义事业的全面发展，则中华民族的伟大复兴目标就指日可待，共产主义社会的伟大目标也定能实现。

（本文写于 2017 年 8 月 12 日）

9. 再论做人与做事

"欲求做事，先求做人。"人们经常这样说，为师者也经常这样教育学生。然而，这样做的道理何在？人们往往讲得不多，因而也就难以令人信服，时间一长就成为空洞的说教而被鄙弃。其实，"欲求做事，先求做人"是有着深刻的哲学道理和实践道理的。

首先说说什么是做人和做事。

所谓做人就是指主体人按照调整人际关系的社会规范（法律、道德、守则等）来支配自己的言行。如公民要按照法与道德的要求来支配自己的言行，共产党员要按照《中国共产党章程》的要求支配自己的言行，公务员要按照《中华人民共和国公务员法》的要求来支配自己的言行，此外如医生、教师、乘务员等各行各业的人包括家庭成员也都要按照相应的法与道德规范要求来支配自己的言行，这就是做人。调整人际关系的规范有两类：一是调整个体之间关系的规范，二是调整个体与群体关系的规范。主体在做人的时候，这两种规范都要加以遵循。由此可见，做人是一个人际关系范畴，只有在人际关系中才能做人。应该指出，人际关系规范是具体的，也是不断发展变化的，因而做人也要不断改变才行。我们不能用西方社会人际关系规范来指导我国人的言行，也不能用封建社会的人际关系规范来指导今天人的言行。总之做人也得有辩证思想。

所谓做事就是指主体按照一定规则处理好与周围世界关系的过程，做事的内容也很多，主要有认识世界、评价世界、设计世界、控制世界、改变世界等。如科学家搞科学研究，就是做事；政治家设计方针政策，也是做事；工人农民改造自然界从事生产活动也是做事；医生看病、司机驾驶交通工具、学生学习知识等也是做事。做事要符合规则才能成功，否则就做不好事。由此可见，做事是一个人物关系范畴。由于客观世界是发展变化的，因而做事也要注意变化，例如现代农民种田的方式就同过去不一样了，政治家也要根据国内外形势不断更新方针政策。如果不做改变，就会陷于失败。

其次，做人与做事的关系如何呢？

第一，做人是做事的前提和条件。世界上的事都是由人来做的，没有合格的人就不可能有合格的事，例如，没有合格的公民就不可能做出合格的事，没有合格的共产党员就不可能做出全心全意为人民服务的事，没有合格的教师也不可能有合格的教学。所以欲搞好"依法治国"，就必须培育好合格公民；欲完成党的使命必须培养出合格党员；欲提高教学水平，必须培养出合格教师。所谓"事在人为"就是指此道理。做人之所以先于做事还因为人是社会的人，一个人做任何事都离不开他人的支持和参与。例如，司机要顺利开车，就离不开修车工人给他做好保养，离不开筑路工人给他筑好路，甚至离不开交通警察的合理指挥。因而只有遵循各种规范做人，处理好与修车工人、筑路工人、交通警察的关系，才能得到支持，顺利开好车。教师也是这样：必须按规范处理好与学生和管理者的关系，即先做好人，才能得到支持，做好教学工作。现在的诸多贪腐干部违背为官之道，没有做好"官"，所以他们也不可能做好社会主义建设的本职工作。总之，要做事，应先做人；要做好事，应先做好人。

第二，做事是做人的基础和平台。做人只是做事的前提和条件，主体除了做人以外，还要做事，脱离做事的单纯做人没有意义。例如，一个教师做人很好，但教学工作一塌糊涂，这样的好教师有何用？一个士兵与上下左右关系都搞得很不错，但打不好枪，战术也不行，这样的士兵有何用？所以，做事对于主体也是非常重要的，是其基本使命之一。不仅如此，做事还是做人的基础。对于整个人类而言，不从事改造自然的生产活动，就失去衣食之源，不从事改造社会的革命活动，人类社会结构就无法改善，人也无法进步。对于个体而言也是这样，不做事就不能创造价值，就没有工资收入，因而也无法维持生计，做人也就谈不到了，在这个意义上，做事又是做人的基础和平台，做人的过程是在做事的基础上实现的。不仅如此，做事还为做人提供动力，人们做事需要做人来保证，所以才要学做人，人们做的事越大越重要，对做人的要求越高，也就越会推动主体去做人。

第三，做人与做事是在实践基础上的统一。做人和做事是人一生的两大基本使命，他们是相互区别的，又是不可分割和相互作用的。做人是做事的前提和条件，不做好人难以做好事，所以做人先于做事；做事又是做人的基础和保证，不做事也难以做人，甚至使做人失去意义；做人和做事有时合二为一，如一个教师讲好一堂课，既体现了做人，也体现了做事。无论做人还是做事，都不能停留在口头上，而必须付诸实践，只有通过实践才能做好人，也只有通过实践才能做好事。所以，做人与做事是在实践基础上的统一。

（本文写于 2017 年 9 月 26 日）

10. 论良心的层次

讲良心是中华传统文化的重要内容，是社会道德的重要构成要素，更是社会和谐运行的必要条件，昧着良心办事历来为人所不齿。良心是什么？是人所具有的驱动自身做合理、合法、合德之事的心理状态。良心是有层次的：有对个人（如对父母、朋友、兄弟、帮助过自己的人等）的良心，也有对社会（党、政府、群体、民众等）的良心。当然有时也会产生对自身的良心。

每个层次的良心都不可或缺。

我们都是从社会中来并且生活在社会之中，社会为我们每个人提供了吃、喝、穿、住等物质生活资料，还提供了政治、法律、道德、文艺、科学等精神生活资料，没有这些生活资料，我们就不能生存，更谈不到发展和完善。因而，每一个人都应回报社会，多为社会做事，或为社会创造物质生活资料，或为社会创造精神生活资料；遵守社会法律，践行社会公德；总之要为社会不断前进和发展贡献力量，这就是践行社会良心。

践行社会良心与个人良心总体上是一致的，但凡做有利于社会的事，也会有利于个人：如法官依法办事就是尽社会良心，这既有利于社会稳定，也有利于保护个人权益，所以在这个意义上，对社会尽了良心，也就包括对个人尽了良心。但有时二者也会发生冲突：践行个人良心会违背社会良心，践行社会良心又会违背个人良心，所谓的"忠孝不能两全"说的就是这种情况。怎么办？我们提倡把践行社会良心放在第一位，而把践行个人良心放在第二位。如果二者根本冲突，没有统一起来的机会，那就只能是全然践行对社会的良心，而牺牲践行对个人的良心了，所谓"大义灭亲"正是如此。中国历史上无数英雄人物都是这样做的，以后的英雄人物也必将继续这样做下去。

良心是一种社会历史范畴，不同阶级有不同的良心，不同社会也有不同的良心，永恒不变的人类良心是不存在的，因而对于良心应该做社会历史分析。当然，在特定范围内，良心也有共性，对此不应否认。

践行社会良心的最终目的是保证整个社会的生存和发展，而只要社会正常生存和发展了，良心的个人对象也会得到好处。社会是不会忘记个人贡献的，是会给为社会做出贡献的个体以公正评价和报偿的。每个人都应处理好践行个人良心和践行社会良心的关系！把践行社会良心放在第一位，并尽量做到二者的统一。

（本文写于 2018 年 7 月 2 日）

11. 谈共产党员身份的多重属性

共产党员作为一种社会个体是处于多种多样的社会关系系统之中的，因而其身份也必然具有多样性。例如，处在社会主义市场经济系统中，共产党员以市场主体的一员而存在；处在社会主义社会系统中，共产党员又必然具有公民身份；在农业生产系统中，共产党员又会具有农民的身份；在企业生产系统中，共产党员或为工人或为管理者；在商业系统中，共产党员或为售货员或为顾客；在医院系统中，共产党员或为医护人员或为患者；在交通工具系统中，共产党员或为乘客或为乘务员；在学校教育系统中，共产党员或为教师或为学生；即便在家庭系统中也是这样：共产党员或为丈夫、妻子，或为父母、子女，或为兄弟姐妹；等等。总之，共产党员的身份是复杂而多元的，并且是会随着所处系统的变化而变化的。当然，只要不脱离共产党组织这一系统，其共产党员的身份则不会变化。

共产党员既然在多种多样的系统中具有相应的身份，因而其也就必然应遵循不同系统中的运行规则，尽到推动各个系统领域进步和发展的义务。例如，作为市场主体应该遵循等价交换原则，作为公民则应遵守公民守则，作为农民应该遵守农业生产规则，作为企业一员应遵守企业规章制度，作为商场中的一员应该遵守买卖规则，在医院系统中则应遵守医、患规则，等等。总之，任何系统都有其内部规则，处于其系统中的一员都应加以遵守，否则其就无法作为该系统合格的一员而存在。

共产党员的身份虽然是多样化的，但这多样化的身份又不是并列的，也不是胡乱堆积在一起的，而是有着一定结构的大系统整体，其中共产党员的身份处于核心地位，并且对其他身份起着统帅和制约作用。共产党员无论处于什么样的社会系统关系中，具有何等身份，都不应忘记自己是共产党员，是中国工人阶级的有共产主义觉悟的先锋战士，都应时时处处以共产党员的标准要求自己，遵纪守法，坚持党和人民利益高于一切，带头践行社会主义核心价值观，发扬社会主义新风尚。只要做到这样，就一定能模范地处理好各种系统中的人际关系，就一定能使自己的各种身份发挥出引领作用，从而为社会主义和谐社会的发展做出应有贡献。

总之，在现实生活中，共产党员的身份是一个系统整体。其中，共产党员的身份处于核心地位，对其他身份起着支配作用。共产党员只有充分认识自己的特殊身份，努力发挥共产党员在处理其他人际关系时的模范带头作用，时刻"不忘初心、牢记使命"，才能真正对得起自己的光荣称号，成为引领社会系统发展的先进力量。

（本文写于 2019 年 7 月 5 日）

第五部分

论社会问题

1. 共享单车是检验市民道德水平的标尺

近年来，北京道路上出现了大量共享单车，颜色有红、黄、蓝三种。这些单车的出现给市民出行带来极大方便，因而极受欢迎，特别是受广大青少年的欢迎。然而据笔者细心观察，一些在用车方面的不道德之处也大量出现，令人对其发展前景不敢乐观。诸如，有人把单车放在秘密之处以方便自己随时骑用，从而把共享单车变成了独享单车；有人不用手机就能解锁把车骑走，从而把共享单车变成了免费单车；还有人悄悄把共享单车的零部件卸下来安在自己的旧车上，从而把共享单车变成了自己更换旧车的免费零件来源；更有人骑车去荒郊野外办事，发现车损坏后随意弃之；等等。其结果是，共享单车投放市场不到两个月，但损失惨重，以致有的投放公司已经宣布破产。

上述情况充分说明，部分市民的道德水平是有待提升的，法治水平也需进一步提升。因为共享单车大多是私企物品，居民用车属于租用性质，损坏应予赔偿，丢弃应予处罚，私自解锁属于盗用。这些常识性的东西市民应该知道，而明知故犯就是道德问题！

尽管如此，但共享单车的出现还是一件大好事，也是一件社会创新的事，应该大力予以支持。广大市民当然是支持主体，但政府也不应缺位。政府应该指令公安交管部门负起保护责任，该执法时要严格执法，该进行道德宣传时要大力进行宣传，要把共享单车作为一张城市名片来对待，千万不要让其自生自灭下去，千万不要让创新投资者寒了心，积极性受到打击。

（本文写于 2017 年 6 月 22 日）

2. 共享单车企业的接连倒闭是对城市管理水平的考验

近日从新浪网上看到，距第一个共享单车平台"悟空"倒闭不到 8 天，又一个共享单车北京华尧迪科技有限公司也黄了，原因据说是"单车大量被盗"，看后不禁令人唏嘘。

共享单车应该算是个新事物，它为市民特别是青年人出行带来很大方便，对减少环境污染也有积极意义。当然，这一新生事物能否成长下去也面临各种考验：一是缺少相关法律的支持，二是更缺少管理体系的保障。正因为如此，它一开始就不顺利：不到 2 个月便已有两家投资者破产了，以后还会不会有第三家、第四家破产？甚至彻底消失？这都很难说。不过笔者倒衷心希望它能够生存下去。投资者要积极通过与法律部门和政府部门的沟通，再加上技术的完善，克服面临的困难，减少成长的阻力，使自己坚持下去，把好事做到底，而不要虎头蛇尾、遇难而退。在这里，笔者想特别提醒一下政府部门：凡是有利于人民福利的事，应该在充分调查情况并权衡利弊的基础上，尽量予以支持，至少应该有个明确的态度。

（本文写于 2017 年 7 月 3 日）

3. 论社会主义社会的包容性

以往人们对社会主义社会的认识总是陷入纯粹性认识的误区，认为社会主义社会是一种纯而又纯的社会：所有制只能是公有制，经济运行只能靠计划，思想上只能是大公无私，人际关系上只能是舍己为人，等等。而谈到资本主义社会，则认为那只能是私有制、市场化、个人至上、损人利己，等等。其实这都是形而上学思维的表现，是对社会主义社会的误解，与马克思主义也是格格不入的。社会主义社会是一个包容性非常强的社会。它绝不是只有公有制，还包括私有制；也不是只有计划，也要有市场；更不是只许大公无私，也允许公私兼顾；也不只是要求人们舍己为人，还要求我他共赢。而正是由于社会主义社会的这种包容性才使得社会主义社会充满了勃勃的生气。

马克思主义经典作家从来都是这样看待社会主义的。如马克思在《哥达纲领批判》中指出："我们这里所说的是这样的共产主义社会，它不是在它自身基础上已经发展了的，恰好相反，是刚刚从资本主义社会中产生出来的，因此它在各方面，在经济、道德和精神方面都还带着它脱胎出来的那个旧社会的痕迹。"〔1〕列宁也曾经指出："在资本主义和共产主义之间有一个过渡时期，这在理论上是毫无疑义的。这个过渡时期不能不兼有这两种社会经济结构的特点或特性。"〔2〕毛泽东在世时更是多次强调这一点，并在此基础上提出了"正确处理人民内部矛盾"的学说和"百花齐放、百家争鸣"的文艺方针，他还用"水至清则无鱼，人至察则无徒"的古训来教育人们放弃对社会主义社会纯粹性的理解。邓小平同志则更加直接和明确地指出："社会主义也有市场经济，资本主义也有计划控制。"〔3〕改革开放以来，我国正是在充分认识社会主义社会包容性的基础上，采取了一系列包容性措施和方针，才保证和促进了社会主义事业的不断繁荣和发展。

当然，社会主义社会的包容性并不是各种因素的无序混合，而是一种有秩序的包容。其中党的领导、公有制、计划性、公有观念、先人后己等始终占据主体、主流、主导的位置，而多党合作、私有制、市场性、私有观念、个人第一等则是处于从属地位的东西。忽视这种结构秩序，把私有制、市场化、私有观念、个人主义捧上天，甚至代替前者，就会动摇社会主义的根基，到了一定程度就会改变社会主义社会的性质。所以，社会主义社会的包容并不是一种"大杂烩式"的包容，而是一种有着清晰的主体和次体、主流和支流、主导和服从结构关系的包容，并且正是这一结构保证了我国的社会主义性质，也保证了中国共产党在社会主义事业中的核心领导地位和马克思主义思想体系的指导地位。

社会主义社会的包容性，要求执政党共产党人必须树立包容性思维，培养包容性胸怀和品格，在理论上坚持包容性原则，在实践上采取包容性方针。只有这样才能团结一切可以团结的力量，调动一切可以调动的因素，在中国共产党的领导下，全面建成小康社会和社会主义现代化强国，实现

---

〔1〕《马克思恩格斯选集》（第3卷），人民出版社1995年版，第304页。

〔2〕《列宁选集》（第4卷），人民出版社1995年版，第59页。

〔3〕《邓小平文选》（第三卷），人民出版社1993年版，第364页。

中华民族伟大复兴的中国梦，也为人类命运共同体的发展做出中华民族的伟大贡献。

（本文写于 2018 年 1 月 2 日）

4. 橄榄型社会不是社会主义社会

近几年来，经济学界一些人经常鼓吹橄榄型社会模型，甚至把建立橄榄型社会作为我国社会发展的目标。但笔者认为，橄榄型社会不应是我们追求的社会目标，因为它不符合社会主义本质的要求。

社会主义社会的本质特征是什么？按照邓小平的观点，应该是"共同富裕"的社会。虽然"共同富裕"不是同步富裕，在过程中会有先富与后富之分，但这只是过程，而不是目标，社会主义追求的目标应该是共同富裕。而所谓橄榄型社会则只是中等富裕人群占大多数，极富和极贫的人占少数而已，这与"共同富裕"的社会目标是根本不同的，实际上，这只是某些经济学家幻想的资本主义社会而已。

所谓的橄榄型社会也是根本建立不起来的。因为在存在私有制的情况下，必然导致两极分化，而两极分化的结果又必然是极少数人富裕，大多数人贫穷，人类社会就是在这种分化过程中走过来的。历史上从来没有过橄榄型社会，今天的西方也不存在这样的社会！虽然西方有些国家为了防止动乱发生，多采用高税率的办法限制富人，以求实现某种平衡，但这种办法根本无法解决多数人贫穷的问题。既然在逻辑上和现实中都无法实现的东西，又怎能拿来忽悠社会主义中国的建设方针呢？

我国党和政府追求的社会目标是国民共同富裕，绝不允许有少数贫困阶层存在。小康社会就是共同富裕的社会，全面建成小康社会就是使每一个国民都达到小康水平，习近平主席说"小康路上一个都不能掉队"，这充分表明了小康社会的本质，也表明我们党所追求的社会价值目标。

橄榄型社会不是我国社会发展的模式，那么我国的社会发展模式应该是什么呢？笔者觉得如果硬要给出一个模式的话，那么梯形应该是这样的模式。梯形社会是以共同富裕为基础的社会，只是富裕程度有别而已，但没有极富阶层。这样的社会将是十分稳定的社会，也符合"共同富裕"这一社会主义社会的本质要求。

顺便指出，改革开放以来，总有一些学者喜欢贩卖西方人的观点，并用这种观点来衡量和要求中国社会，甚至企图用西方学者的观点来干扰党的发展路线，这是非常危险的。须知中国共产党领导人民走的是中国特色社会主义道路，不是资本主义道路！对于一切不符合这一中国国情的观点，我们都应坚决予以摒弃。

（本文修改于 2018 年 1 月 22 日）

第六部分

论法治问题

1. 依法治国的两个维度

依法治国有两个维度：其一是普遍性维度，其二是整体性维度。

所谓普遍性维度就是指依法治国原则具有普遍适用性，即无论是社会政治建设，还是经济建设、文化建设、社会建设、生态建设都应依法进行，而不能违反法律。任何社会主体都必须遵守法律而为，而不能破坏法律。执法机关则要严格执法，做到违法必究，没有例外。目前人们对依法治国的理解多限于这种普遍性维度上的理解，如依法治政、依法治经、依法治文、依法治社、依法治理生态，强调有法必依、执法必严、违法必究，坚持无罪推定、法律面前人人平等。坚持依法治国的普遍性维度，有利于提高公民的法律意识，增强公民行为的有序性，保持社会稳定与和谐。

所谓整体性维度则是指把国家作为一个由各种主体、各种事务构成的系统整体加以对待，重在治理这一整休的结构，以最人限度发挥其整体效能。例如，在国家政治建设、经济建设、文化建设、社会建设、生态建设的相互关系中，要依法保障以经济建设为中心，其他建设都要围绕这一中心进行；又如在中国共产党与其他社会群体的关系中，要依法保障中国共产党的核心领导地位，其他任何群体都不能取代和破坏这一领导地位；又如在中国特色社会主义思想体系与其他思想体系的关系中，要依法保障中国特色社会主义思想体系的指导地位，在这一前提下允许其他学术思想体系合法存在与发展。这样一来，就可以有力保证我国整个国体的社会主义性质，保证我国整个社会主义现代化建设事业的稳定进行，保障整个中华民族的伟大复兴事业的顺利完成。

依法治国的这两个维度是不能割裂的。其普遍性维度的实施是基础，是保证，没有普遍性维度上的依法治国，就不能调动起广大群众的遵法守法积极性，激发起其依法治国的热情，整体性维度上的依法治国就不能维持。而整体性维度上的依法治国则是依法治国的核心功能，因为依法治国的根本目的就是要保证国家政权始终掌握在中国共产党领导的广大人民群众手中，保证国家始终沿着中国特色社会主义道路前进，保证中华民族的伟大复兴。失去了这一点，依法治国就失去了主要意义。

总之，依法治国乃是这两个维度的有机统一。

（本文写于 2015 年 10 月 28 日）

2. 浅谈法文化建设的层次性

法文化是人类法活动及其结果的综合。人类法文化包括法实践文化、法制度文化、法精神文化三个层次，法文化建设也要在这三个层次上下功夫。

法实践文化包括立法实践文化（立法动议的提出、讨论、成文等）、司法实践文化（侦查、鉴定、论辩、审判、执行、监管等）、修法实践文化（修法动议的提出、讨论、成文等）、法检查实践文化、法监督实践文化等五方面内容。法实践文化的现实性最强，与社会的关系最直接，公民感受也最真切。我们欲搞好社会主义法文化建设，首先应该关注法实践文化活动，并及时总结法的实践文化活动经验，以形成法实践文化传统。

法制度文化包括法基本制度、法体制、法机制三个方面的内容。法制度是法文化的核心和主干，一个社会的法文化主要是由法的制度、体制、机制来支撑和运作的。法制度文化也是衡量法文化是否完善的根本标准：一个社的法制度、法体制、法机制不全，就不可能是完善的法治社会。所以我们抓社会主义法文化建设，应把着力点放在法的制度文化建设方面，即努力完善法的制度、体制、机制，并充分发挥其对法实践活动的约束作用。

我国目前的法精神文化则包括法的信仰、法的意志、法的观念、法的评价、法的情感、法的心理等内容。法精神是法文化的最高内容，一个社会的法精神越是活跃，越是深入人心，则该社会的法治也就越巩固和越发达。因此，我们欲加强社会主义法文化建设，必须努力强化对法的信仰、意志、观念、情感和心理等方面的研究、宣传和教育，使全体公民都能具有较强的法的精神，这也是建设社会主义法文明的根本保证。

在上述法文化的三个层次中，法实践文化是基础，法制度文化和法精神文化都随着法实践文化的产生而产生，并随着法实践文化的发展而发展。法制度文化和法精神文化也都要受法实践文化的检验并且最终要为法实践文化服务。法制度文化起着承上启下的作用：它既是法实践文化经验的凝结，又是法精神文化的固化；它既可以约束法实践文化，同时又体现着法精神文化；法精神文化只有通过法制度文化才能作用于法实践文化。因此，我们在建设社会主义法文化过程中，既要三者兼顾，又要注意其中的相互关系，这样才能收到使其为现代化建设服务的整体最大效能。

（本文写于 2015 年 10 月 9 日）

3. 浅谈政治对法治的作用

政治和法治的关系是上层建筑中最为重要的一种关系。改革开放以后，人们多关注法治对政治的作用，强调依法执政和依法治政，这对于法治长期被弱化的我国无疑是必要的，非此不能维持社会稳定，不能有效进行社会主义现代化建设，不能实现中华民族的伟大复兴。但从客观上来说，法治对政治的作用毕竟只是法政关系的　个方面，除此之外，也还有政治对法治的作用一面。忽视这方面的认识和研究，并不利于正确处理法治与政治的全面关系，也不利于社会主义法治建设的完善和发展。政治对法治的作用主要表现在以下诸点：

第一，政治是法治产生的前提。历史表明，任何特定的法治体系都是在特定的政治基础上建立和发展起来的。例如，封建的法治体系是在地主阶级掌握政权的基础上建立和发展起来的，资本主义法治体系是在资产阶级掌握政权以后才建立和发展起来的，社会主义法治体系也是在无产阶级掌握政权后才建立和发展起来的，而政权乃是政治的核心内容。所以没有一定的政治做前提，特定的法治就无法建立。

第二，政治是法治实施和功能发挥的根本保障。任何法治靠自身都无法实施，而必须依赖于政治的支持才行：首先需要由掌权的政治集团来指示方向，其次要靠国家政权来提供人力和物力保障。法治的主要功能是规范人际关系，其中既包括规范群体之间的关系，也包括规范个体之间的关系，以维持社会在特定状态下的稳定运行。而这种规范的效能也只有靠军队、警察和监狱这些国家机器的支持才能实现，国家机器则是国家政权的主要部分，因而是政治的主要支柱，缺少政治保障，法的约束功能就无法实施。

第三，政治需求变化会导致法的修正和改变。法治并不是永远不变的，而是不断变化的。而法的修正和变化的直接动力则是政治需求的发展。中国古代的多次变法都是由政治集团的需求推动并支持的，如果该政治集团的需求强烈，实力强大，则变法就会成功，否则便会失败。我国改革开放后，《中华人民共和国宪法》几经修正和完善，都是在以党的领导为核心的社会主义政治的推动和保障下完成的，今后社会主义法治体系的完善也离不开社会主义政治发展的推动。

总之，就总体而言，法治的命运是由政治决定的，政治可以决定法治的存与废和兴与衰，可以决定法治的良、恶属性，法治的实施和功能的发挥要靠政治来保障。忽视这些内容，把法治的作用绝对化，不仅对我国法治建设不利，甚至会使其走上歧途，近年来所谓"党与法孰大"的伪命题的提出以及否定党领导的所谓"宪政"思潮的兴起，正是否定政治对法治决定性作用的产物和表现。因此，我们在强调法治对政治约束作用的同时，千万不能否定政治对法的决定性作用，更不能企求通过法的手段来改变政治的根本属性。在今天的我国，党的领导就是核心政治，人民民主专政则是政治的基础。只有在党的领导下，充分依靠广大人民群众，社会主义法治才能不断得到完善和发展，社会主义法治国家才能最终建立起来。

（本文写于 2016 年 3 月 10 日）

4. 论我国司法体制改革的五个环节

司法体制改革的过程是司法系统优化的过程，这一过程有两大目标：一是更有效地打击违法犯罪，二是使人民群众更深切地感受到司法的公平和公正。要实现这一目标，需要从五个环节的体制改革入手：一是改革传统司法认知体制，提升司法主体认识案件水平；二是改革传统司法评价体制，提升司法主体评价案件能力；三是改革传统司法审判和检察体制，提升法官审判案件能力和检察官检察案件能力；四是改革传统司法控制体制，增强司法控制违法犯罪的效果；五是改革传统犯罪改造体制，增强违法犯罪改造功能。

只有搞好这五个环节改革并处理好其相互关系，我国司法体制改革才能真正收到成效，更好实现激发社会活力和维护社会稳定的宏观目标。

第一，改革传统司法认知体制，提升司法主体认识案件水平。

司法认识对象是违法犯罪现象，我国传统司法认知体制主要由接报、侦查、鉴定、调查、研究、判断等环节构成，其存在的问题主要是：接报的门槛过严，侦查、鉴定手段滞后，调查欠全面和及时，逻辑思维不严密、缺少案件研讨机制、司法主体缺少独立判断环境等。这些问题造成的结果是：有些犯罪现象进入不了司法主体的视野，犯罪事实不能被司法主体及时全面掌握，对犯罪事实认定易发生错误，司法判断证据欠充分，最终导致冤假错案的发生。因此，改革的方向应是降低接报门槛（如由立案审查制改为立案登记制）、提高侦查、鉴定的科技水平，确保调查全面性，提高司法主体逻辑思维能力，充分发挥主体认识能动性，加强案件研讨和准确判断等。事实说明，司法认识体制的改革应有助于司法主体认识水平的提高，为司法实践的精准进行提供认识基础。

第二，改革传统司法评价体制，提升司法主体评价案件能力。

司法评价有两种含义：一是指社会主体对司法过程的评价，包括公民对司法公正性的评价，对司法效率的评价等，二是指司法主体对所办案件的评价，本文所说的司法评价是指第二方面内容。司法主体对自己所办案件的评价是司法审判的重要前提，它往往决定司法主体对审判资源投入的规模、速度和效率，但这一环节在传统司法过程中往往不大受重视，甚至缺少独立程序保证。案件评价主要是指主体对案件性质的评价，例如某案件是一般案件还是重大案件？是影响恶劣案件还是影响一般案件？是民愤极大案件还是民愤不大的案件？等等。在进入司法审判环节前，司法主体（机关或个体）应对此有一个比较清晰的认识，以便据此分配好司法资源。在司法体制改革中，我们应把司法评价作为司法过程的重要程序来对待，并且争取做好。

第三，改革传统司法审判和检查体制，提升法官审判案件能力和检察官检察案件能力。

司法审判是现代司法过程的重心，它决定着整个司法过程的质与量。我国传统司法审判和检察体制的问题主要有：法官和检察官工作缺少独立性和公开性，人民陪审员作用弱化，律师在审判中的作用难以彰显，司法责任制缺失，犯罪嫌疑人申诉机制不健全，司法公正性难以体现。由此造成的结果是：司法公信力低，审判质量和数量不高，司法检察功能发挥不到位。建立现代审判和检察体制应确保发挥法官和检察官独立行使审判权和检察权，规范人民陪审员制度，赋予律师更大权利，完善审判和检察责任制，以使审判和检察质量数量不断提高，司法公正性不断彰显。

第四，改革传统司法控制体制，增强司法控制违法犯罪效果。

这里所说司法控制是指司法机关依法对违法犯罪过程和主体的控制，目的是阻止违法犯罪主体继续危害社会。主要包括两个阶段的内容：一是司法审判前对犯罪嫌疑人实施行为干预，包括实施逮捕、拘押及取保候审等，以有效终止其违法犯罪行为；二是司法审判后对犯罪人员实施收监管理、监视居住、保外就医、假释等措施，以保证对其改造效果。我国传统司法控制过程主要有手段（特别是技术手段）不足、宽严过度、失控现象多发等缺陷。改革的方向：一是多利用现代科技手段对犯罪行为进行监控；二是多依靠群众对违法犯罪人员进行管控；三是使对违法犯罪控制过程尽可能人性化；四是努力防止失控现象发生，提高司法控制违法犯罪效能。

第五，改革传统犯罪改造体制，增强对违法犯罪改造效果。

对于犯罪主体是需要采用一定方式进行改造的，以使他们成为守法公民。我国以往主要是采取强制劳动加政治教育的办法对犯罪服刑人员进行改造，其效果是好的，但方式显得单一。为进一步增强改造犯罪主体的效果，今后应注意采取综合手段：一是要强化思想改造，使犯罪主体逐渐树立科学的人生观和价值观；二是要注意情感改造，采取多种人文方式培养犯罪主体的健康情感，抑制负面情感发生；三是对其进行意志改造，通过奖惩措施激励其追求健康的人生目标，摒弃错误人生目标；等等。总之，司法过程的最高目的是把违法犯罪主体改造成守法公民，使其走上正常人生之路，因而改革传统犯罪改造体制乃是司法体制改革的最高内容。

上述五个环节的改革构成了司法体制改革的整个过程，它们相互之间的关系是：改革司法认识体制和评价体制是基础内容，改革司法审判体制和检察体制是核心内容，改革司法控制体制和改造体制是最高内容。只有把这三者有机结合，并使其相互关照，才能顺利完成本轮司法体制整体改革的任务，促进实现依法治国的既定目标。

（本文写于 2016 年 4 月 15 日）

5. 法治建设应围绕"五位一体"战略布局进行

关于社会主义法治建设目标，人们多从法治本身去考虑，这虽然重要，但还是不够的，法治建设的功能目标也非常重要。所谓功能目标主要指法治建设对社会各个领域发展的作用，具体表现在五个方面：

经济目标：维护市场经济运行，保证政府宏观调控。政府与市场的关系问题是社会主义经济建设的核心问题，这一问题处理得好，社会主义建设就能健康发展，否则就会造成失控或失活的问题。而社会主义法治则是处理这一关系问题的重要手段。一方面，法治应充分维护市场经济的顺利运行，禁止一切影响市场活力的行为；另一方面，法治则应充分保护好政府宏观调控行为，防止市场走向失控。总之，社会主义市场经济是法治经济，依法保证市场和政府的正常关系乃是社会主义法治的重要功能。

政治目标：保证党的领导地位，强化人民民主制度。社会主义制度是党领导下的人民当家作主的制度，其中共产党的领导是人民当家作主的根本保证，而人民当家作主乃是党的领导的根本目标。社会主义法律必须自始至终维护好党在整个国家生活中的领导地位和人民群众当家作主的地位，这是社会主义法治的最根本职能，失去了这一职能，社会主义法治就失去了意义，其自身也难以存在下去。

文化目标：保证贯彻"双百"方针和"两为"方针，促进文化繁荣。文化建设是社会主义建设的重要内容，是保证广大人民群众日益增长的物质文化需求的重要手段。我国文化建设有两个基本方针：其一是"两为"方针，即"为社会主义服务，为人民服务"的方针；其二是"双百"方针，即"百花齐放、百家争鸣"的方针。这两个方针既反映了社会主义文化建设的方向，也反映了发展社会主义文化的路径。社会主义法治建设必须对此加以保证。

社会目标：保证社会关系和谐，促进公民共同进步。社会和谐是中国特色社会主义社会的本质属性，也是推动社会发展的重要动力。社会和谐遭到破坏，社会发展都会受到牵制，每个人的全面自由发展也会成为不可能。因而社会主义法治必须在保护社会差别的基础上，努力维护社会和谐，确保社会安定有序，防止社会冲突的发生。

生态目标：保证生态平衡，推进建设生态文明。生态平衡是社会主义社会发展的必要条件，建设生态文明，是关系人民福祉、关乎民族未来的长远大计，生态文明是社会主义文明的最高形式。社会主义法治必须努力保护好生态平衡，为生态文明建设提供可靠保障。

总之，"五位一体"是我国社会主义现代化建设的总体布局，社会主义法治建设应紧密围绕之进行，并且应以"五位一体"总体布局的实施情况作为衡量社会主义法治建设效果的根本标尺。

（本文写于 2016 年 5 月 17 日）

6. 中国法治不是一般意义上的法治

法治作为社会治理的一种普遍模式，在任何现代社会中都是适用的，也是必须坚持的，舍此不能有效保障社会的稳定和国家的发展。然而，由于国情差异，不同社会形态的法治模式又是不同的，甚至同一社会形态的不同国度内法治形式也是有别的。忽视法治模式特征，把某一国家的法治模式一般化并用来要求他国，不仅行不通，而且会引导他国法治建设走上邪路，危害他国人民的利益。中国法治则是有中国特色的社会主义法治，其特色主要有三方面：

一是中国共产党的领导。中国的法治与古今中外法治的核心区别即它是中国共产党领导下的法治，而不是由其他政党领导下的法治，更不是由统治阶级中个人（如皇帝）支持和实施的法治。中国共产党领导人民立法，保证和支持执法和司法，并且带头守法，在全社会树立宪法权威，弘扬宪法精神，拒绝任何组织和个人有超越宪法法律的特权。这是中国特色社会主义法治的核心内容，也是中国特色社会主义法治的根本保障。没有中国共产党的领导就没有中国特色社会主义法治。

二是人民当家作主。中国的法治与古今中外法治的本质不同还在于它是人民当家作主的法治，而不是由少数利益集团当家作主的法治。"广大人民群众在党的领导下，依照宪法和法律的规定，通过各种途径和形式参与管理国家、管理经济文化事业、管理社会事务，保证国家各项工作都依法进行，就是逐步实现社会主义民主的制度化、法律化。"〔1〕这是人民当家作主的基本含义。没有人民民主，社会主义法治就建立不起来，也无意义。

三是法治与德治相结合。在古今中外的其他国家，法治都是单独起作用的，以致成为统治者维持政治统治的唯一手段。中国特色社会主义法治则不是单纯的依法而治，而是包括了德治的内容，是法治与德治的统一。社会主义法治靠德治来补充，否则无法有效治理社会；社会主义法治也要靠德治来支持（例如，遵纪守法正是德治的重要内容），否则无法获得可持续发展。所以，法治为主，德治为辅，法德并济乃是现阶段中国特色社会主义法治体系的基本特征。

中国特色社会主义法治的上述三个特征是统一的整体。其中中国共产党的领导是核心，人民当家作主则是本质，而法治与德治相结合则是必要条件。这三条中缺少了任何一条，中国特色社会主义法治体系都不可能建立起来，更不用说可持续发展了。

总之，中国法治不是一般意义上的法治，而是中国特色社会主义法治。只有坚持这种特色法治，中国社会才能顺利发展，实现既定的政治、经济、社会、文化、生态发展目标，才能实现复兴中华民族的伟大中国梦。

（本文写于 2016 年 7 月 3 日）

7. 全面依法治国的目标和实现途径

治国就是治乱，全面依法治国的目标就是保证我国始终沿着中国特色社会主义方向前进，实现中华民族的伟大复兴，实现共产主义远大理想。为实现全面依法治国的目标，必须加大法律惩治力度，加强法制完善程度，强化法思想普及强度，并需处理好与德治的结合度。

法的本质功能是采取强制手段使公民服从国家规范，如果公民违反了国家规范，就要依法进行惩治。事实说明，法对公民违法行为惩治得越及时、越到位，对公民行为的规范作用就越有效，国家生活受到的损害就会越小。

---

〔1〕《江泽民论有中国特色社会主义》（专题摘编），中央文献出版社 2002 年版，第 326 页。

因而欲做到全面依法治国，首先必须全面加大法律的惩治力度，使公民做到行为上不敢乱。

法的强制规范功能是通过法的制度来实现的。法的制度是一种由各个方面内容构成的体系，其最高层次是宪法制度，其次也包括各种部门法律制度以及各种规章和规范。法的制度要靠法的体制和机制来体现和落实。事实说明，法的制度和落实法制度的体制和机制越完善，公民违法的可能性就越小。因而欲做到全面依法治国，就必须全面完善法的制度体系，使公民的行为时时处处受到法的监督，从而做到行为上不能乱。

公民的行为归根到底是受思想支配的。如果公民心中没有法治观念，缺少法治意识，则其行为就难免会冲击法的底线，破坏社会秩序。因此欲做到全面依法治国，还必须努力加强法的思想宣传，使公民普遍树立法的观念和意识，并在行为中加以遵循，做到心理上不想乱。

全面依法治国并不否定或代替以德治国，反而需要以德治国的辅助。以德治国的特点是通过道德教育和舆论监督的作用来规范公民的行为，使公民自觉按社会规范行事，从而保证社会的正常发展。历史表明，社会的发展离不开法治，也离不开德治，只有法德相济，社会才能正常运行。

总之，全面依法治国必须做到使公民行为不敢乱、不能乱、心里不想乱。为此必须加大法的惩治力度、完善法的制度、强化法思想的普及程度，此外还必须做到与德治相辅相成。

（本文写于 2016 年 11 月 16 日）

8. 论依法治国对象的层次性

依法治国是依法调整人们社会利益关系的过程，由于社会利益关系具有层次性，因而依法治国对象本身也有层次性，必须分层施法才能收到好效果。

依法治国的第一个对象是民族关系。我国是一个由 56 个民族组成的大家庭。各个民族都有自己特殊的生存方式，也有自己特殊的价值诉求。但是这种特殊的生存方式和价值诉求又不能妨碍其他民族的生存和价值诉求，而必须相互关照才行。否则，作为整体的中华民族就无法生存和发展。这种民族生存之间的和谐关系只能靠法治来维持，同时以德治辅之。因此，我们搞依法治国应首先把民族关系治理好，使各民族能够在统一的法治约束下和谐共生与发展。

依法治国的第二个对象是阶级关系。法治本来就是统治阶级进行阶级统治的手段。我国目前的阶级关系虽然已不是社会关系的主要内容，但阶级关系无疑还是存在的，并且处理不好会影响社会稳定。阶级关系如何处理？如何保证党领导下的广大人民群众的利益？这里最重要的手段便是法治。没有社会主义法治，作为无产阶级政党的执政地位就没有保障，广大人民群众的根本利益也无法实现。所以，处理好共产党所代表的无产阶级和劳动人民同其他各阶级的关系应成为依法治国的核心内容。

依法治国的第三个对象是阶层关系。阶层关系是一种重要社会关系，更是我国社会关系的主要内容，能否处理好阶层关系是能否保证社会主义社会稳定的关键。我国的阶层关系比较复杂，主要有城市市民阶层同农村劳动者阶层的关系，脑力劳动阶层与体力劳动阶层的关系，工人阶层与农民阶层的关系，公务员阶层同普通劳动者阶层的关系，企业家阶层同雇工阶层的关系，企业管理阶层同员工阶层的关系，城乡劳动者阶层同无业、失业、半失业阶层的关系，等等。我们搞依法治国必须以治理好阶层关系为重点，促使其相互协同地建设社会主义。

依法治国的第四个对象是团体关系。团体关系是一种基层社会关系。由于人们都是生活在团体（单位、企业、部门、组织等）之中的，因而团体关系的状况对社会发展也有重要影响。我国社会团体众多，主要表现形式为各种协会、学会、联合会等，其间的关系也比较复杂。为了保障各团体依规运作、和谐相处，对其进行依法治理是必不可少的途径。

依法治国的第五个对象是个体关系。个体是社会的细胞，个体关系是最基本的社会关系。由于个体之间的差别无限多样，关系千变万化，对上述各种社会关系起着原始根源作用，因而其必然成为依法治国的基础对象，也是最为广大、最为普遍的对象。依法治理好社会个体之间的关系是保持社会稳定的基石。

依法治国的对象除了上述五个方面的关系外，还有民族、阶级、阶层、团体、个体五个社会层次之间的关系。这五个社会层次之间也是存在利益关系的，也必须依法加以治理和调整才行。否则，整个社会也难以和谐发展。

总之，依法治国的对象是有层次性的。对于不同的法治对象，我们应该采取不同的法治手段，并要注意这些法治手段之间的连接，这样才能从整体上实现全面依法治国的伟大任务。

（本文写于 2017 年 4 月 9 日）

9. 对法律事实复杂性的理解

"以事实为根据，以法律为准绳"是我国司法工作的基本原则。然而什么是这里所谓的事实呢？通常人们只是从哲学和法学的关系上加以区分，认为司法事实只是哲学上所说事实的一部分，此种理解当然是正确的，但还不够。实际上，司法事实是一个非常复杂的概念，包括诸多内容，对其至少应从以下两个方面加以把握：

首先，对于法官而言，案件事实应包括案前事实、案中事实、案后事实三个层次。任何一个案件的发生都是有事前阶段的。案前事实有些是有准备性的，有些则无准备性，具有随机的性质，如激情犯罪即如此。法官掌握案前事实对于正确认识和审理案件十分重要。案中事实则是指案件发生中的事实，包括人（主体和客体）、事（原因与结果）、物（作案工具）、境（时、空环境）、思（心理和思想）等方面的状况，这是事实中的核心部分。所谓案后事实是指案件发生后产生的社会影响、犯罪嫌疑人的主客观行为，以及被侵害主体的主客观状况和态度等，该部分事实往往成为量刑的重要依据。

其次，对于法官而言，事实还应从属性上把握。主要有客观性事实、主观性事实，案件质的事实、量的事实，肯定性事实、否定性事实以及怀疑性事实等内容。客观性事实指主观以外的事实，如前面所讲的"人、事、物、境"等，主观性事实则指主客体在案件发生时的心理和精神状况，质的事实是指犯罪嫌疑人的行为性质，如偷盗或抢劫等，量的事实则是指犯罪嫌疑人的行为强度和造成结果的程度等，肯定性事实则是指经过验证的事实，否定性事实是指证明嫌疑人无罪的事实，此外法官在审理案件过程中，还会遇到一些无法确证的事实，对此则应加以坚决排除，这是贯彻"疑罪从无"原则的基础。经验表明，法官只有对涉案事实做出上述区分和全面把握，才能依据法律对案件作出科学审理和判决。

由此可见，对于"以事实为根据"中的"事实"一词，是不能做简单理解的，实际上司法事实是多种事实要素的有机统一，司法审判应建立在由所有这些事实要素构成的事实系统之上，这是避免发生错案的重要条件之一。

（本文写于 2017 年 4 月 29 日）

10. 论法系统的层次性

法系统是社会大系统的重要组成部分。但法系统本身是有层次性的，这些层次主要有法理系统、法律系统、法制系统、法治系统。这四个层次的法系统相互连接、相互作用，构成一个整体，成为治国的重要手段，保障社会的稳定和发展。

一、法理系统

法理系统是法的思想理论系统，主要包括法的起源、本质、规律、分类、功能等方面的内容。法理系统是法系统的最高层次，是法律、法制、法治的思想指导。法理系统是历史形成的，主要与社会统治阶级的需要有关，同时也受社会文化发展水平的制约。历史上的法理系统很多，但不同的社会形态中法理系统并不相同。封建时代的法理系统主要以"君权神授"思想为核心，强调君主立法是体现上天的意志，君主的言论便是法律，触犯者必受惩处。这种法理思想的产生主要与封建君主专制统治和封建社会文化欠发达的状况有关。资本主义时代的法理系统则以强调"天赋人权"思想为主旨，认为人具有天生的生存、自由、追求幸福和财产的权利，任何人都不得侵犯。这种法理思想反映的是资本主义社会中商品所有者之间自由竞争的关系，体现着资产者维护自身利益的要求。马克思主义法理系统则主要认为作为上层建筑的法是经济关系的反映，法是经济上占统治地位的阶级实行政治统治的工具，因而有着很强的阶级性。我国社会主义法理系统则在坚持马克思主义法理思想的基础上，认为法是中国共产党领导下广大人民群众自己管理自己的工具，法与道德相辅相成，共同维护社会主义社会的稳定和发展。这种法理思想反映

167

着我国社会主义社会中社会经济关系的特点和广大人民群众的根本利益要求。

二、法律系统

法律是法的规范系统，是法理思想的表现形式和结晶。其内容主要包括宪法系统、部门法系统、法规系统三个层次的内容。宪法是国家的根本大法。它规定着国家的根本性质和公民行为的基本准则，在法律系统中处于至高无上的地位。部门法则是法律系统的主体部分，国家越发达，部门法就越发达，其所起作用也越大。法规则是法律的补充形式，区域性、行业性比较突出，法规的数量最大，内容也最丰富。宪法、部门法、法规构成了法律系统的三个层次，发挥着不同性质的功能。

法律系统是不断发展变化的。在经济关系不发达的古代，法律系统构成比较简单，综合性也强，往往一部法典内包括诸多方面的条文。随着历史的发展，法学开始分化，开始是宪法和部门法分离开，继而部门法的分支日益增多，法规的内容也日益丰富。到了现代，西方发达国家大都已形成门类齐全、内容详细、可操作性极强的法律系统。我国社会主义法律系统也有一个由简到繁、由重点到全面的发展过程，至今已形成由宪法、部门法、法规组成的部门齐全、结构严谨、内部协调、体例科学、调整有效的法律体系，适应我国社会主义初级阶段基本国情，与社会主义的根本任务相一致的中国特色社会主义法律体系已经基本建成。

三、法制系统

法制系统是法的制度系统。主要包括立法制度、司法制度、执法制度、监（督）法制度、变（修）法制度等内容。法制系统是法律系统的实化和固化。法制虽以法律的指导而建立，但其内容却比法律系统要丰富，因为它不仅包括依照法律而建立起来的法律制度，还包括体现这些制度的体制和机制方面的内容。法律制度可分为两大类：一是有关法律程序方面的制度，包括立法、司法、执法、监法、变法过程都有这方面的制度内容。二是有关法律适用方面的制度，例如什么样的罪行适用什么样的刑罚，等等。各种不同的法律制度是相互关联的，不能存在相互冲突的状况，否则法律制度的效力会受影响。

四、法治系统

法治是执行法律制度的行为系统。包括公安系统、司法系统、执法系统、检查系统等。法治是法的社会功能的实现形态。不同国度的法治系统是有别的，如西方法治中缺少官吏的地位，而中国古代法治中各级官吏则起着主体作用。由于中国的历史和现实国情决定，中国当代法治的本质是中国共产党领导下的广大人民群众依法自己管理自己的过程。在社会主义中国，法治并不是一种外在的强制力量，而是一种内在的自觉力量。我们应该充分普及法治教育，使法治内化于心，成为人们自觉遵循的行为准则，推动社会主义法治国家建设不断取得新成就。

法的上述四个层次是一个有机整体。其中法理系统处于最高层次，对法律、法制、法治系统均起着指导作用，法理系统的性质和特征决定着法律、法制、法治系统的性质和特征。法治系统则是法的实践层次，其对法理、法律、法制系统起着基础作用，法理的发展、法律的丰富、法制的完善都依赖于法治经验的积累和法治实践的推动。法律和法制系统则是法的主体内容以及由法理到法治的中间环节，这两个系统的状况决定着整个法的状况。我们在全面贯彻依法治国方针过程中，应以法理系统为统领，以法治系统为基础，全面处理好法的各个层次之间的结构关系，争取获得依法治国的最大效能，保障中华民族的伟大复兴。

（本文写于 2017 年 7 月 28 日）

11. 论社会主义法治人才应具有的基本素质

习近平总书记在考察中国政法大学过程中，提出了"培养法治人才"的重大任务。法治人才就是指各方面素质比较高、能力比较强的法治工作者。法治人才包括立法人才、执法人才、司法人才、法律服务人才、法学教育与研究方面的人才等种类。法治人才既然是人才，其在素质与能力方面就必然与其他人才有共同之处，但由于其是法治方面的人才，因而又必然是有自身特点的，这些特点并不游离于人才共性之外，而只是人才共性在法治人才身上的特殊表现。法治人才的特质表现在多个方面，但主要表现在如下诸点：一是忠于党忠于人民的政治素质，二是善于应用法治思维的思想素质，三是稳健、严谨的作风素质，四是娴熟的法治业务素质。下面对此做些粗浅论述。

一、忠于党忠于人民的政治素质

社会主义法治有两个本质特征：一是必须坚持共产党的领导。只有坚持共产党的领导，才能保证社会主义法治为人民服务的方向，才能保证法治始终遵循社会主义社会发展规律运行，也才能保证人民群众在发展中的主体地位。脱离了共产党的领导，就没有社会主义法治及其发展。二是必须坚持人民群众的主体地位。坚持党领导人民立法、领导人民执法、领导人民监督法律的实施，领导人民适时修法。脱离人民主体地位，社会主义法治同样不能存在和发展。忠于党忠于人民既然是社会主义法治的本质特征，因而社会主义法治人才就必须时时处处坚守这一点。无论在立法工作中，还是司法工作中，抑或是法律监督和法治研究过程中，都必须坚持党的领导高于一切，坚持人民利益高于一切，并且把二者有机结合起来。历史表明，只有坚持党的领导高于一切的原则，才能更好坚持人民群众的主体地位，才能全心全意更好地为人民群众的法治需求服务，也才能不断推进社会主义法治自身的建设和发展。只有坚持人民利益高于一切，才能充分体现党的领导原则。党的领导与人民利益是完全一致的。借口司法独立而否定党的领导，借口法官中心而不尊重人民群众的意见，根本无法做好社会主义法治工作。因而忠于党和忠于人民是社会主义法治人才必须具备的基本政治素质。

二、善于应用法治思维的思想素质

法治是社会主义社会的基本特征之一。没有法治，社会主义社会秩序无以保证，社会主义社会的发展也无以保证。因而社会主义法治人才必须有较强的法治思维。这里所谓法治思维，指主体在认识、评价、设计、管理、革新社会的过程中，要始终遵循宪法和法律原则，对于合法行为要坚决支持，对于违法行为则坚决予以反对。在社会主义社会中，法治思维是每一个公民都应该具有的思维方式，然而对于法治人才而言，则应是奉为第一并模范加以应用的思维方式。要全面坚持法治思维，就必须熟悉宪法和法律及其运行机制，并在法治工作的各个环节，严格按宪法和法律办事，为社会主义法治国家的建设做出自己的贡献。

三、稳健、严谨的作风素质

法治工作是一项要求十分严格的工作。在立法、司法、法律监督过程中，都必须有充分的事实根据和严格的法律依据，逻辑思维必须十分缜密，同时在工作过程中必须秉持对人民群众极端负责的精神和对党的领导高度尊重的态度。这一切就要求法治人才必须有稳健和严谨的工作作风。这里所谓稳健就是指，无论做什么类型的法治工作都必须严格按法律程序进行，凡符合法律程序规定的，就要排除一切困难坚决做，并且做好；凡是违反法律程序的，无论在什么情况下都不能做，保证"不逾矩"。只有这样，才能保障法治工作的效能。这里所谓严谨就是指，要时时处处坚持"以事实为根据，以法律为准绳"的原则，无事实根据的话不说，无事实根据的事不做；违反法律的话不说，违反法律的事不做。要绝对保证法治工作的一切言行符合客观事实和法律规定。只有这样，才能保障法治工作经得起历史的检验和人民的检验。当然，法治工作无论何时都会出现错误，绝对正确是不可能的。但是保持稳健和严谨的工作作风，可以尽量减少错误，避免犯根本性错误，从而防止给人民群众造成大的损失。

四、娴熟的法治业务素质

任何人才都必须具有娴熟的业务素质，法治人才亦然。这里仅就司法人才必须具备的业务素质谈几点认识：第一，必须熟悉社会主义宪法和法律的内容，并掌握其精神实质；第二，必须善于依照宪法和法律要求，"以事实为根据，以法律为准绳"准确审理案件；第三，必须善于对各种涉法案件作出有充分事实依据和法律依据的公正判决或处理；第四，必须善于对各种法治过程依规进行管理和控制，使其发挥出最大效能；第五，必须善于在实践中严格但又灵活地执行法律，并能不断总结经验，提高执法水平。第六，必须善于在执法中坚守社会主义道德要求，并将二者有机结合起来。应该指出，在司法实践中，各个部门（检察院、法院）对司法人员的业务素质要求是很多也很具体的，能够较好地达到这些要求者才属于司法人才范畴。

总之，社会主义法治人才是社会主义建设人才队伍中的十分重要的组成部分。法治人才队伍的不断发展壮大，是社会主义法治国家建设的重要保证。我们应该努力创造条件，促进社会主义法治人才队伍不断扩大，为中华民族伟大复兴贡献力量。

（本文写于 2017 年 11 月 9 日）

12. 中华法系的本质特征是"德""法"共济

"中华法系"的概念是习近平同志在 2014 年发表《加快建设社会主义法治国家》（2014 年 10 月 23 日）（载《求是》2015 年第 1 期）一文时提出来的，但学术界对中华法系的概念内涵至今未有系统认知，这主要是由于在法系的分类方面长期为西方"成文法"和"案例法"标准所制约使然。其实，法系的分类方法应该是很多的，上述分类只是对法系的一种外在形式分类，除此之外，还可以根据法的内容特征对其进行分类：如根据法与德的关系可以将法治分为"德法共济"与"德法分治"两类，中华法系的本质特征乃是"德法共济"，而西方法系的特征则是"德法分治"。

中华法系的"德法共济"特征有一个历史发展过程：在春秋时代表现为德治为主，法治为辅。如孔子就说过："道之以政，齐之以刑，民免而无耻；道之以德，齐之以礼，有耻且格。"意即以刑罚治天下，则只能使百姓不敢犯法，却不能使之知道怎样做才是对的，而如果以礼治天下，则百姓就不仅会知道孰是孰非，而且会自觉遵法和守法。孔子还说："为政以德，譬如北辰，居其所而众星共之。"此后中国历代皇帝也都把德治放在法治之上，以德治统领法治，所以源于春秋时代的中国法治乃是以德为统领的法治，这是中国传统法治的重要特征。

自改革开放以来，为适应市场经济的需要，我国对法治的重视上升到了从未有过的高度，以至于建立社会主义法治体系和法治国家成为我国社会主义法治建设的总体目标。但德治的主导地位并没有被排斥，德治与法治的关系也没有被疏远，社会主义核心价值观体系的制定和贯彻则是固守这一传统的表征。习近平总书记也多次指出："在推进依法治国过程中，必须大力弘扬社会主义核心价值观，弘扬中华传统美德，培育社会公德、职业道德、家庭美德、个人品德，提高全民族思想道德水平，为依法治国创造良好人文环境。"对于法治对德治的作用，他则指出："发挥好法律的规范作用，必须以法治体现道德理念、强化法律对道德建设的促进作用。"认真把握好法与德的相互作用，以德导法是建设社会主义法治体系和法治国家的重要保证。

我国历史上"德法共济"思想是中华文化整体性传统的表现。中华文化历来主张治国理政要"刚柔并济""文武相成",摒弃"单打一"的做法和行为。这种传统实际上体现着辩证法的全面性要求和现代系统观。我们在建设中国特色社会主义法治体系和法治国家时,应该遵守这一"大法治"的优良传统,这既可减轻过程中的诸多阻力,又可收到最大化法治效果。

(本文写于 2018 年 5 月 10 日)

13. 我国现代"法治"社会意义的变化

我国现代意义上的"法治"一语主要是针对"人治"历史提出来的。改革开放之前,"法治"并不受重视,现代"法治"用语正是针对这种情况提出来的,实际的"法治"实践也确实起到了消除"人治"恶果的效果,引导人民走上了依法处理社会关系的正常轨道,其历史意义有目共睹。

但"法治"意义并非是凝固不变的,随着我国社会的发展,特别是市场经济体制与机制的推行,随着市场原则在各个社会领域的适用和推开,其纠正"人治"弊端的现实意义正在弱化,而规范市场行为秩序的意义却日益凸显出来。市场经济本质上是一种自由竞争经济,市场主体为了获取个体利益最大化,往往会置法律规定于不顾,做出一些非法行为,诸如垄断资源和价格,推出不合规买卖条款,偷税漏税,制假贩假,权利交换,暗箱操作,行贿受贿,等等。而为了规范市场秩序,保证经济正常运行,"法治"就成为根本保证,近年人们常说"市场经济是法治经济"正反映了这种需求。目前,我国市场体制和机制不断完善,其功能也日益强大,其对"法治"的需求也日益强烈。可以说,"法治"的主要意义已经变为维持市场经济的正常运行和国家的常态发展了。忽视这一点,就不能正确把握现代"法治"对我国的意义,无法推动我国经济社会的发展沿着正确道路胜利前行。

"法治"作为取代"人治"的政治意义还是否存在?回答当然是肯定的,由于政治文化的惯性,我国在政治生活中还难免存在"人治"的流毒,特别在行政决策方面,领导"拍胸脯"的现象也并未绝迹,并常给工作造成损失,所以十九大报告中指出:"任何组织和个人都不得有超越宪法法律的特权,绝不允许以言代法、以权压法、逐利违法、徇私枉法。"但是总体说来,这种

"人治"现象已不具普遍性了，因而其在这方面的意义也不是主要的了。目前我们更应强调的是：各行各业行为的合法性与合规性，特别是市场经济行为的合法性与合规性，反对无视中央宏观调控的无政府主义，反对肆意违法行为，反对破坏党的领导的行为，一旦违法行为出现，则应立即依法治理，以保障社会的稳定有序发展。只有这样，才能真正做到依法治国，实现建设社会主义法治国家的目标，并最终保障实现中华民族伟大复兴的中国梦。

总之，我国"法治"建设的现实意义是：国家治理方式的深刻革命，社会主义市场经济发展的根本保障，全国人民建设社会主义实践的基本遵循，中国特色社会主义国家发展的重要目标。

（本文写于 2018 年 6 月 9 日）

14. 浅谈法治思维

法治思维是新时代中国特色社会主义思维的重要内容，习近平同志多次指出："谋划工作要运用法治思维。"[1]所谓法治思维就是用法的立场、观点和方法去思考问题和指导工作，它贯穿在我们党、国家和公民行为的各个方面和环节之中，具体有如下内容：

一是依法认识社会事务。思维的基本使命就是认识世界，包括认识世界的本质和规律，认识世界的内部关系等内容。不同的思维，认识世界的使命不同。法治思维则要用法的观点和方法认识世界，主要是依法认识社会事务。例如，要认识我国政权的性质、根本制度、权利归属、组织形式、民族关系、基本职能、治国原则、行政区划以及公民的基本权利和义务、国家机构、国旗、国歌、国徽、首都等，就要以《中华人民共和国宪法》为依据或指导。司法人员审理案件也要以法律为准绳，这样才能对具体案件的本质、属性、构成要素、发生过程等得出科学认识和结论。脱离宪法和法律的指导，人们对上述问题的认识就会出现偏差，并进而引发社会混乱和动荡。

二是依法评价社会事务。实行法治的目的是要人们的一切言行都要遵循

---

〔1〕《习近平谈治国理政》（第二卷），外文出版社 2017 年版，第 127 页。

宪法和法律原则，不得违反。但如何才能知道主体行为是合法还是违法呢？这就要对人们的行为依法做出评价。司法审判过程主要就是对政府或公民社会行为依法进行评判的过程。包括评判其行为是合法还是违法？是有罪还是无罪？以及罪轻罪重等。以近期发生的我国演艺圈内的"阴阳合同"为例，在依法对案情有了基本认识之后，就应进而依照相关法律对其作出评判，诸如合同是否违法？隐藏内部合同是否构成犯罪？犯罪程度如何？只有对此做出客观准确的评价，才能进而对案件做出适当处理。

三是依法制定社会决策。社会运行是离不开决策指导的，而决策必须依法做出。违反法律的决策是无效决策。习近平指出："要实行立法与改革决策相衔接，做到重大改革于法有据。"〔1〕当然，社会决策总是积极主动的，有时社会发展急需某项决策，但现有法律制度又未提供依据，甚至与其相对立。在这种情况下，则需要首先完善和修改法律，以为依法决策提供前提。所以习近平又说："对不适应改革要求的法律法规，要及时修改和废止。"使"立法主动适应改革发展需要"〔2〕。目前，随着我国法治建设的不断完善，我国改革决策无法可依的状况已基本消除，我们更应该强调依法决策的重要性，使我国政府的各项决策进一步符合宪法和法律的要求。

四是依法从事社会实践。人们的社会实践都是需要理论、路线、方针、政策指导的，但也需要按照法律的规范来进行。如果行为主体缺少法律意识，不遵守法律规范，不仅行为本身会受到制约，行为结果也会因得不到保护而失效，甚至会遭受处罚。依法从事实践包括从事管理实践（或称为控制实践）和改造实践（以改造世界为内容的实践）两种类型。无论从事哪种实践都需要遵从宪法和法律：对公民个体而言，法有禁止不可为，法无禁止则可为；对国家主体来说，法无授权即禁止，法无授权不可为。这是主体实践的基本准则，也是法治思维的最高要求。

历史表明，坚持法治思维，我们就能建成中国特色社会主义法治社会和法治国家，就能实现新时代中国特色社会主义建设的各项历史任务，实现中

---

〔1〕　习近平：《在中央全面深化改革领导小组第六次会议上的讲话》，载《人民日报》2014 年 10 月 28 日，第 1 版。

〔2〕　习近平：《在中央全面深化改革领导小组第六次会议上的讲话》，载《人民日报》2014 年 10 月 28 日，第 1 版。

华民族的伟大复兴，并为构建人类命运共同体做出我们应有的贡献。

（本文写于 2018 年 7 月 29 日）

15. 对新时代司法体制改革的系统思考

我国新时代司法体制改革应该是一种系统性改革。它涉及司法系统要素改革、层次改革、结构改革、功能改革、环境改革等五个方面。目的是实现司法系统服务于中国特色社会主义建设的最大功能，下面对此做一些简要分析：

一、要素改革

任何系统都建立在要素基础上，要素的状况对系统整体状况起着基本支撑作用，因而任何系统改革都应该注意要素改革这一环节。我国近年司法系统的改革也是注意到这一点的，而法官和检察官员额制改革则是其重要表现。司法的质量取决于多个方面的因素，而法官和检察官的素质乃是最基本的因素。我国近年发生的冤假错案无不与法官和检察官的个人素质有关，就可以说明这一问题。现在我国全面解决这一问题的条件已经具备：每年几十万名法学本科毕业生和几万名毕业研究生则是解决这一问题的最基本条件。这些本科生由于具备基本的法学知识，再加上几年的实习，便可以较快地成长为一名合格的法官和检察官。而法官和检察官的员额制考核则为合格法官与检察官进入司法队伍提供了可靠保证。2016 年 3 月 22 日，中央全面深化改革领导小组审议了《关于从律师和法学专家中公开选拔立法工作者、法官、检察官办法》，这一文件是对司法系统要素合格要求的进一步保障，通过这一文件的实施，我国从事司法事务的法官和检察官的职业素质正在进一步提高，我国整个司法系统的质量也必将由此而上升到一个新水平。

应该指出，我国司法系统的人员构成要素不限于法官和检察官，还有各级从事侦查、保卫和监狱管理的警官、律师、一般司法辅助人员、检察官辅助人员、普通警察甚至协警人员等，这些人的素质对于整个司法系统的质量也起着重要作用，因而必须通过一定途径加以提高。总之，司法系统的改革必须注意司法人员素质改革这一基础环节，这一环节的工作做好了，整个司法系统素质的提高就有了一个坚实的基础。

二、层次改革

就全国而言，我国司法部门是一个大系统，它是包含着各个层次的。这些不同层次司法机构的设置及其相互关系状况同样决定着整个司法系统水平的提高。根据我国有关规定，我国目前司法系统主要设置有如下层次：一是基层法院和检察院，二是中级法院和检察院，三是高级法院和检察院，四是全国最高法院和检察院。此外还有各个层次的军事法院和检察院，各个层次的公安机构，等等。我国目前在司法系统层次设置上主要存在的问题是不同层次司法机构的素质不匹配，中下层司法机构的素质较差，我国发生的冤假错案多数发生在基层司法机关，个别案件（例如，"呼格案"）也在中级甚至高级司法机关发生。不同层次司法机构之间的协同较差：存在上级司法机构干预下层司法机构过多，或下级司法机构不主动征求上级司法机构意见的情况。因此，我们在司法改革过程中，必须注意提高中下层司法机构的素质，并注意不同层次司法机构之间的协同关系，使之形成一个纵向整体。

三、结构改革

司法系统的结构改革是新时代司法系统改革的重头戏。鉴于司法过程是由司法认识、司法评价、司法设计、司法控制、司法改造等环节构成的系统运动过程，因而司法结构应做如下调整：司法认识（侦查）环节处于基础地位，审判违法犯罪则处于核心地位，而控制和改造违法犯罪则是司法过程的最高环节，离开这两个环节，司法过程的任务就无法完成，司法过程的目的也无法实现。目前我国司法界习惯于把控制和改造违法犯罪置于司法过程之外，这破坏了司法过程的完整性，其观念应予改变。

当然，在上述环节之下还有一些具体环节，诸如犯罪预防、户籍管理、安全保卫以及司法监督、法治宣传教育等。由于我国司法机关构成复杂，且职能交叉，因而完成上述各环节任务的承担者情况也比较复杂：其中，有的部门担负的任务比较单一，如公安系统担负的任务主要是认识、制止违法犯罪；而有的机构担负的任务则带有复合性，如法院既要担负认识违法犯罪的职能，又要担负评价违法犯罪的任务，更要担负对违法犯罪的判决职责；监狱系统则不仅担负控制违法犯罪（监管）的任务，还要担负教育改造违法犯罪和预防违法犯罪的使命；至于检察院则不仅要负责评价违法犯罪，也要担负认识违法犯罪和纠正法院违法判决（抗诉、受理申诉）的职能，等等。我们应在改革中重新划分司法机构的职能，尽量避免职能重叠，以提高其效率。

总体说来，我国司法机关的各个部门之间都是相互联系着的，作为一个整体，共同完成着认识、评价、处理、控制、改造违法犯罪的任务。目前，适应新时代中国特色社会主义建设的要求，我们应该不断对旧的司法结构加以调整和优化，使其更好地协同，为司法系统整体功能的发挥奠定基础。

四、功能改革

司法系统的功能是指其对社会经济、政治、文化、社会、生态建设所起的约束作用。如果社会主体的行为违背了法律规范，就会受到司法部门的强力制止和惩罚，而这种制止和惩罚的目的是减少或消除违法行为给社会各部门造成的伤害，并使违法主体回到合法行为的道路上来。事实说明，我国司法系统功能的发挥主要存在两个方面的问题：一是功能发挥的不及时，主要表现为对违法犯罪的预防功能发挥不及时，对违法犯罪制止功能发挥不及时，对违法犯罪审判不及时，有些重要案件的审判拖时太长。总之，存在功能发挥滞后的情况，司法的被动性比较突出。二是功能发挥的不够广泛，有法不依、执法不严的情况还时有发生，司法的死角依然大量存在，这样就使一些违法犯罪现象得不到有效制止和惩治，总之司法效率有待提高。新时代中国特色社会主义法治建设要求我们在提高司法的及时性和广泛性上下功夫，改革相应体制和机制，使司法系统的功能得到充分发挥。

五、环境改革

司法系统只是整个社会大系统的一个子系统，因而它是必然受整个社会大系统制约的。社会大系统及其各个构成要素就是司法系统的环境因素。近年来由于党和政府的高度重视，司法系统的环境已经有了很大改善，但仍存在一些问题，诸如有些地方和部门的党政领导对司法过程还时有干扰，有些市场主体也常会利用经济手段阻止司法过程的进行，依法办事的文化环境也还没有完全形成，社会舆论对司法过程也还往往发生较大影响。这些情况都是应该加以改革和完善的。历史表明，司法效能的发挥与司法环境的改善密切关联。我们应该努力改革政治、经济、文化方面的体制和机制，为司法过程创立良好的环境条件，保证司法系统的正常运行。

总之，新时代司法系统改革是一个包括要素、层次、结构、功能、环境等各方面改革的完整过程。我们应该在党中央统一领导下，努力保障所有这些方面改革的相互协同，使其形成一个高效系统整体，为新时代中国特色社会主义建设实践保驾护航。

（本文写于 2018 年 7 月 30 日）

16. 社会主义法治是官民共治

阶级社会中的法治是阶级统治的工具。但由于不同社会的政治经济文化背景不同，其法治实施的形式也显示出差异：

一是官治形式。古代社会（奴隶社会和封建社会）的法治是通过官治（主要是政官）来实现的。古代社会的最高主体是国王或皇帝，法律就是根据国王或皇帝的旨意制定出来的，因而体现着王朝的根本利益，而国王或皇帝也是古代法治的最高决策者。为国王或皇帝服务的大小官吏则是古代社会法治的主要执行者，一切涉法行为都要由官吏依法进行审理，并作出判决。在中国历史上的秦代，实行"以吏（主要指法官——笔者注）为师"和"以法为教"的制度，但法治的实施仍然要靠各级政治官吏。在中国封建社会中曾出现了不少依法办事的清官，但由于缺少有效监督，贪赃枉法的官吏也不在少数。

二是民治形式。在欧洲近代社会发展中，法治形式则表现为民治。政府官吏并不干涉法治，并且本身也是法治的对象。法治的具体实施者是具有专门法律知识的法官及各类执法者，而法官并不属于政官系列，其身份的本质是民。但是这里所说的"民"并非是指广大劳动人民，而主要是指"市民"，即资产阶级，因而近代法治并非真正的民治，后来，"市民"变成了"公民"。无产阶级只是在作为自己商品——劳动力所有者的意义上，才具有"民"的身份，享受"民"的权利。因而它也就不可能实质地成为法治实施主体，而只是被动接受法治的对象。

三是官民共治形式。社会主义社会是无产阶级政党领导的广大人民群众当家作主的社会，各级官员（包括法官）都是人民的勤务员。因而法治具有

179

官民共治的特征。这里所说的"民"包括对社会发展起推动作用的社会各阶级和阶层，而"官"则是指起组织、管理和带头作用的人。在社会主义法治中，法官也起骨干作用，但其首先也是作为人民一份子而存在的。由于社会主义的本质特征是无产阶级政党领导一切，而党的领导则主要由党的各级干部来实施，因而社会主义法治也就必然体现为官民共治，只有这样，法治才能得到有效推行，并真正成为人民群众自己管理自己的工具。所以，党的领导并不是社会主义法治之外的力量，而是社会主义法治的内在要素，是社会主义法治存在的根本条件。

（本文写于 2018 年 8 月 20 日）

17. 法治治行，德治治心

法治的对象是什么？很多人认为是治人，或治吏，或治民。其实这些理解都是错误的。人是自然社会统一体，其存在和发展具有永恒的合理性，无需通过法律来治理。但人的行为却可以控制和改变，因而法治的对象只能是人的行为，而不可能是人自身。马克思主义认为，法的本质就是调整人行为的规范体系：一是通过法的威慑作用来调节，使人不敢胡来乱为；二是通过强力来控制和改变人的行为，使其向着有利于人类总体生存的方向发展。由于人的行为有时是由肢体做出的，所以控制人的肢体（戴手铐、脚镣等）有时也就成为法治的对象之一，又由于人的行为归根到底与生命体有关，所以在极端情况下，也要靠剥夺人的生命来体现法治。但这两者都不是法治的目的，而只是调控人的行为的法治手段。

德治的对象则是治心，即人的心理、思想、情感或意志等。由于人的一切行为都受"心"的支配，心正则行为正，心乱则行为乱，所以治心便带有根本的重要性。只有通过德治，使人的内心归于正理或正统，才能指引人的行为保持有利于社会发展的正确方向。孔子说："道之以政，齐之以刑，民免而无耻；道之以德，齐之以礼，有耻且格。"这里说的就是指通过德治而治心的重要性，人们的心治好了，就可以知道什么事情该做，什么事情不该做，就不会违法乱纪了（有耻且格）。孔子还说："为政以德，譬如北辰，居其所而众星共之。"这更是对治心的社会功能的夸大式宣扬。当然，通过德治来治心并不容易，它要比通过法治来治行更艰巨，所以明朝的王阳明慨叹"破山中贼易，破心中贼难"。他特别强调心治。

人的内心是不能通过法治的办法来治理的，因为"心"有自己特殊的生存和发展规律性，只能通过讲道理、说服教育或典型示范等特殊办法来导引，而德治正是这样来解决问题的。现在的法治宣传或普法教育对治心并没有根本意义，它至多只能对人们的内心起到法的威慑作用，使人们不敢违法，但却不能解决人们内心不愿违法的问题。我们现在加强德治，主要应该加强社会主义核心价值观的宣传和学习，加强社会主义道德的宣传和学习，加强马克思主义科学理论的宣传和学习，同时共产党员和各级干部要起模范带头作用，正人先正己。这样才能引导人民建立和发展正确的内心世界，特别是建立起对中国共产党领导中国社会主义事业取得最终胜利的信心，从而在根本上保障中国社会沿着科学社会主义道路顺利前进。

习近平总书记说："法律是成文的道德，道德是内心的法律。"[1]这说明二者具有内在一致性，并且是相互作用和相互促进的。道德是法律的基础，法律是道德的保障，法治的作用主要是规范，德治的作用则主要是教化，二者的目的都是维护社会的正常发展。中国古代有重视"德法并济"的传统，而且有时把德治放在法治的前面，强调德主刑辅，并收到过好的效果。我们今天搞社会主义现代化建设也要注意把法治与德治结合起来，并且要做到两手"都要硬"，以达到"治心"与"治行"相结合，以"治心"统帅"治行"之目的。不能只强调建设社会主义法治社会和法治国家，而应该强调建设社会主义德法并治的社会和国家。这样不仅有利于继承我国的"德法并济"的优良传统，而且有利于把我国法治发展道路与西方国家法治发展道路区别开，建设真正有中国特色的社会主义现代化国家，实现中华民族的伟大复兴。

（本文写于 2018 年 10 月 4 日）

---

〔1〕《习近平谈治国理政》（第二卷），外文出版社 2017 年版，第 116 页。

18. 当前应强化微法治建设

法治建设有宏观与微观之分，当前应特别加强微观法治建设。微法治就是指对公民个体层面发生的违法情节较为轻微的依法治理。诸如处理公民轻微破坏公私财物行为的法治过程，处理普通暴力伤医的法治过程，处理破坏公共秩序行为的法治过程，等等。习近平总书记说的"打虎拍蝇"中的"拍蝇"过程也可以看成是微法治过程。当前应特别加强微法治建设的理由主要是：

1. 公民轻微违法行为普遍而严重，影响现代化建设。改革开放以来，我们在依法治国过程中处理了无数严重违法犯罪案件，有效维护了社会稳定和人民群众利益，因而是绝对必要的，必须坚持进行下去。但在对公民微小违法犯罪的依法治理方面却显得力度不够，以致在一定程度上影响着社会稳定，并给广大人民群众的生命财产利益造成了损失。诸如公民个体随意毁坏公私财物的现象（如毁坏充电桩和共享单车）、向环境私排污染物（废水、废气等），乘客干扰司机正常驾驶，辱骂或暴打医务人员，商家出售假冒伪劣商品，企业违规生产产品，公务员轻微贪污受贿，还有交通工具行驶中出现的"霸座"以及一般的家暴等现象，几乎到处都有发生。这些微小违法犯罪现象虽然造成的危害不大（个别案件也很严重），但由于普遍发生，其对社会的影响确是不可小觑的。由于法治不及时、不到位，结果使某些公民放松了对自身遵法守法的行为要求，广大人民群众利益也经常受到侵害，这会使人们逐渐失去对政府依法治理社会能力的信心，发展下去，势必使社会秩序更加混乱，最终影响现代化建设。

2. 社会主义法治国家的建立需要公民从微小事务做起。建设社会主义法治国家是我国法治建设的重要目标，实现这一目标要求减少公民违法犯罪现象，特别是减少严重违法犯罪现象。但公民违法犯罪行为并不是突然发生，而是有一个过程的。开始在微小事务上有违法行为，如果得不到适当法治处理，就会使其产生错觉并养成任性习惯，直至走向严重违法。这样再进行依法治理，其成本就会增大，预后也不会好。故在公民微小违法事务上及时进行依法治理，有利于公民个体及时总结经验教训，养成遵法守法习惯，防止微小违法行为进一步扩张，造成大的违法犯罪事件。现在的社区相应机构虽然也能在一定程度上起到这种防微杜渐的作用，但对于公民法治思维及遵法守法习惯的养成并不能起到关键作用。故强调依法处理公民微小违法事件可以为宏观法治建设打下良好基础，减轻平时公私主体所受的伤害程度，这于国于民都有利。

3. 加强道德建设不能代替微法治建设。微法治也是法治，也要以法治机构为主体，其治理对象也是公民违法犯罪行为，治理过程也要遵循法治必要程序，也要以强制力量为手段，只是在程序上可以适当加以简化、法律适用也可以从轻而已。而德治则无论治理主体、对象、手段都不具有国家强制特征，主要依靠自觉、教育、榜样示范和舆论监督来执行。因此，不能用德治手段来代替微法治手段，德治与微法治之间虽仅一步之遥，却是两个不同的天地，是谁也代替不了谁的。

4. 微法治也需要立法的支持，缺乏详尽的微立法，微法治无法实施，微法治更需要微执法来保障，没有广大执法警察的执法活动，微法治更是无法落实。有些发达国家法律多如牛毛，法治触觉深入社会各个角落，这是微法治发达的表现，我们应该学习。总之，加强微法治建设是我国现实的需要，也符合广大人民群众对幸福生活的要求，更有利于中国特色社会主义社会的长治久安和中华民族的伟大复兴。

（本文写于 2018 年 11 月 8 日）

19. 人们为何喜欢法治

法治是一种社会状态，与之相对应的是动乱社会。人们通常比较喜欢法治社会，这主要是由于以下几点：

1. 法治社会具有宏观可预期性。人们无论做什么事情都是需要有可预期结果的。如果一件事情不可预期成功和失败，那人们就不会愿意去做此事，而法治社会恰恰可以给人们提供这种可预期性。这是因为，法治具有相对稳定性，不大会随着执政个体的变化而变化，一部基于宪法的法律体系生成后，通常会保持相当长的时间，而这就可以为个体行为周期提供充分保证。例如，《中华人民共和国宪法》就规定了"公民的基本权利和义务"，也规定了"国家机构的组成和职权"，而这些法律规定是基本不会发生变化的，只要公民和国家机构的行为过程符合这些宪法条文的要求，至少不违反这些基本要求，就不会遇到国家干涉和阻力，而可以通过努力取得成功。这种对行为结果可预期性的保障作用，就激励人们自觉维护法治社会的运行。

2. 法治社会具有相对公正性。人们的社会行为都是希望获得公正评价和对待的，这种公正评价和对待是对人们行为的肯定和支持，从而可为人们做事提供社会动力，而法治则可以给人们行为提供这种公正性评价和待遇。这是因为，法治对于所有公民都是一视同仁的，在法律面前人人平等，这是法治的基本精神。任何公民违反法律都会受到法律制裁，同样，任何公民只要没有违反法律都不会受到法律的追究，正是这种公正性，使得公民的独立人格和行为得到尊重。当然，法治的公正性并非绝对，法治只能提供以法律为准绳的公正，也只提供法治管辖范围内的公正，超出这个范围的公正，法治并不保证。此外，法治公正也随着法治自身内容的调整而变化，但法治的公正性本质不变。

3. 法治具有相对自由性。人们都是追求自由的，但真正的自由并不是无限制的恣意妄为，而是在一定规则下的自由作为，违反了规则就会受到自然和社会的惩罚。马克思主义认为，自由是对客观必然性的认识和按照客观必然性的要求去能动改造世界，如果脱离客观必然性和据此制定的相关行为规则，就会遭遇失败，因而主体也就没有自由了。法治要求人们依法办事，在法律的框架下，人们可以尽享行为自由，所谓"法无禁止皆可为"说的就是这种情况。实际上，人们在社会生活中只有依法而为才能有真正自由，违法而为是不会有自由的。在我国现实社会中，人们必须遵守宪法和法律而为，一切违法行为都会受到约束和制裁。

4. 法治具有安定性。人们的生存和发展是需要安定环境的，如果缺乏安定环境，人们的行为就会受到各种动乱因素干扰而难以成功，而法治正可以为这种安定的社会环境提供保障。因为妨害人们依法谋生的动乱因素会受到法律禁止，这样人们就可以不受非法干扰地谋生和发展。缺乏法治，社会必然陷入动乱，人们的正常谋生行为就无法顺利进行，所以动乱状态不受人们欢迎，人们居乱必然思治。

总之，法治能够满足人们相对稳定的生存和发展要求，所以受到人们欢迎。党的十九大报告把坚持全面依法治国，建设社会主义法治国家、法治政府、法治社会作为新时代中国特色社会主义基本方略之一，这符合广大人民群众的切身利益和根本要求，因而受到广大人民群众的衷心拥护和支持。

（本文写于 2019 年 4 月 26 日）

20. 从政策治国到依法治国——中国共产党治国理政方式的发展

在谈到依法治国的历史意义时，人们总是习惯把法治与人治对立起来，认为新中国成立以后的治国方式是人治，而改革开放以后则实行的是法治，法治比起人治是一次国家治理方式的巨大进步。这里有一个重大认识误区：把封建社会实施的人治与新中国成立后实施的政策治混为一谈了。

中国封建社会实行的是人治社会，这自不必说。因为整个国家都是皇帝的，"朕即国家"说的就是这一情况。既然整个国家是皇帝一人的，那当然国家治理也要由他一人说了算，这就造成了"一言以兴邦，一言以丧邦"的危险局面。

但中华人民共和国并不是任何个人的，也不是共产党的，而是属于全国人民的，人民群众才是国家的主人，因而也只能由人民来治理国家。由于历史条件的限制，人民群众治理国家需要有忠实代表其利益的中国共产党来领导和执行政治权力，否则，人民的国家主体地位就无法保证，这已为历史所证明。上面这些都是由《中华人民共和国宪法》明文规定的，并且体现在新中国成立以后的治国实践中。所以，新中国成立以后我国的国家治理并不是实行的人治，也无法实行人治。

那么，新中国成立以后中国共产党领导人民治理国家的方法和途径是什么呢？实际情况表明，主要是通过政策治理的方法，即实行的是政策之治。毛泽东曾说："政策和策略是党的生命，各级领导同志务必充分注意，万万不可粗心大意。"[1]实际情况也说明，我们党主要是通过各项政策来治理国家的。例如，"一化三改"政策、"镇压反革命"政策、"三反五反"政策、"百花齐放、百家争鸣"政策、"社会主义教育"政策等。之所以如此，既与党领

---

[1]《毛泽东选集》（第四卷），人民出版社 1991 年版，第 1298 页。

导革命的历史经验有关，也与党缺乏治国的理论指导有关。这些政策由党中央制定出来以后，再由各级党组织和政府领导全国人民去执行和落实，并由法律来保证，这才是真实的新中国成立以后和改革开放之前这段历史时期的治国方式。新中国成立以后，我国也建立了社会主义的法制体系，并被用于治国实践之中，但是并没有成为主要的治国手段。靠政策治国的方式主要缺陷是容易造成随意性和不可预期性，影响社会稳定，因为政策是会随时随地而变化的，不如法律具有相对稳定性，但政策在治理国家中的指导作用也不能抹杀。实际上，即便是在改革开放的今天，政策在国家治理中的作用仍不可小觑，例如"改革开放"政策、"社会主义市场经济"政策、"供给侧结构性改革"政策、"一国两制"政策、"稳中求进"政策，甚至"依法治国"本身也是作为一种政策提出来的！离开这些政策的指引，依法治国无法实施。所以，由主要靠政策治国发展到今天的依法治国，这是中国共产党人在领导人民群众治理国家道路上的一次巨大进步，而不是由人治到法治的变革！

实际上，依政策治国和依法治国是共产党治国的两个层次，缺一不可。在现代社会中，没有政策指引的法治是不存在的，政策错误，法治也会走偏方向，正如习近平同志所说，"党的政策是国家法律的先导和指引，是立法的依据和执法司法的重要指导"。[1]而没有法治的实施，政策也难以得到强有力的实施和落实。所以习近平同志又说："要善于通过法定程序使党的主张成为国家意志、形成法律，通过法律保障党的政策有效实施，确保党发挥总揽全局、协调各方的领导核心作用。"[2]由此可见，实施法律就是贯彻党的意志，依法办事就是执行党的政策。而所谓"依法治国"本身也并不属于法治范畴，而是属于政策范畴。由于党只能通过政策来领导人民群众制定法律和治理国家，故把政策和法治割裂开，实际是否定党对法治的领导。当然，党的领导人的言论对于制定政策非常重要，但再重要也无法直接对法治起作用，而只有在形成党的政策后才能起作用。所以，新中国成立以后和改革开放之前的国家治理方式，主要是政策治国，而法治只是第二位的治国方式，也正因为如此，我们党改革开放后提出的"依法治国"方针是对治国方式的重大发展和根本变革。如果把新中国成立以后的国家治理说成是人治，不仅违背历史

---

〔1〕 习近平：《在中央政法工作会议上的讲话》，2014年1月7日。

〔2〕 习近平：《在中央政法工作会议上的讲话》，2014年1月7日。

事实，而且违背马克思主义关于政策与法的关系学说。

（本文写于 2019 年 6 月 30 日）

21. 从司法审判环节的构成看法官应具备的知识类型

司法审判是司法过程的核心环节，它是认识过程、评价过程和决策过程的统一，也是法官成功应用相关的认识论、评价论、决策论知识的统一。

司法审判首先是一个认识过程，即依法对犯罪嫌疑人行为的发生、发展和社会后果进行认识的过程，这一步是司法审判的基础环节。就一般而言，司法认识的对象包括人（何人）、事（何事）、物（何物）、境（何环境）、思（何思想）五个方面及其相互关联状况，并最终形成完整的证据系统（链条）。司法认识的手段则包括庭内外调查、案件因果关系分析、事实认定等内容。司法审判既然是认识过程，就必须遵从认识规律，以便使司法认识与案件实际相符合，否则司法审判无法持续，效能无法发挥。

司法审判又是一个评价过程。这里所谓评价就是指法官对犯罪嫌疑人行为与法律规范的关联做出评判的过程。包括确定合法与违法、罪与非罪、轻罪与重罪的评判过程。司法审判既然是评价过程，就应遵循评价规则：一是严格掌握标准，这里是指掌握法律规定标准，既不能过之，也要防不及；二要符合客观事实，脱离事实的评价无法立信。总之，对案件的涉法评价是司法审判的核心环节，这一环节失准便无法作出正确的司法判决，因而应当极为谨慎。

司法审判还是一个决策过程。这里所谓决策就是指法官"以事实为根据，以法律为准绳"对犯罪嫌疑人的违法犯罪事实作出法律条文适用的决定并加以宣布的过程。司法审判既然是决策过程，也应遵循决策规则：第一要注意决策的科学性，即根据事实认定进行决策，如果事实认定有误，则司法判决必然出错；第二要注意决策的民主性，即法官在作出司法判决之前要充分与其他审判人员（包括陪审员）进行协商，以保证公正；第三要对判决的社会后果进行评估，以使其效能达到最大。特别是对于复杂案件的判决应当如此。

总之，司法审判是一个严肃的主客观和主客体相结合过程，既要保证充分的客观性，又要充分发挥主观能动性；既要保证充分尊重客观规律，又要保证严格尊重逻辑规律，只有这样，才能完成一次经得起人民和历史检验的司法审判，为依法治国做出贡献。为此，司法审判人员应该努力学好并成功应用好科学的认识论、评价论、决策论知识和技能，任何一方面知识和能力的欠缺都难以保证做好司法审判工作。

（本文写于 2019 年 10 月 6 日）

第七部分

论教育问题

1. 大学的使命应该是什么

大学的使命应该是什么？现在比较普遍的说法有三点：一是培养人才，二是科学研究，三是服务社会。笔者认为这些说法都对，但没有抓住要害。大学的根本使命应该是传承和创新知识，主要是创新知识。这里所说的知识既包括自然科学知识，也包括社会科学知识，还包括哲学和艺术知识。首先是传承知识，即把以往人类取得的真正知识系统传承下来，以指导现实实践，维持人类生存和发展，拒绝传承人类积累下来的真知识是不行的。其次是创新知识，即通过新科学实验和新社会实践总结出过去所没有的新知识系统，指导人们去开辟新天地改造旧山河，使人类生存和发展进入新水平，这是大学更为重要的使命，甚至是本质使命。西方大学一开始就是适应社会发展对知识的传承和创新需要而建立起来的，现代众多的科学门类也是近代以来大学在传承和创新知识的过程中逐渐分化的产物，这一传统至今没有改变。中国大学虽然是从西方学来的，但其在发展中却形成了自己不同的传统，即仅把传承知识作为使命，或传承中国古代知识，或传承西方近现代知识，而对于创新知识则不大重视。

前期的中国大学为什么会把传承知识作为根本使命呢？这主要与下列因素有关：一是因为中国为后发国家，对于西方创造出来的近现代知识迫切需要学习和掌握，以追赶西方先进国家，而且这一追赶过程不是可以一蹴而就的，需要较长的时间过程才行，这种情况就决定中国大学必然把传承西方知识作为根本使命来对待。二是因为中国是一个有着悠久历史的国家，在哲学和社会知识方面有着极为深厚的底蕴，这些知识是人类知识的瑰宝，必须加以传承，加之受孔子"述而不作"思想的影响，于是中国大学也就只能把传承知识作为根本或第一使命了。

但是，历史发展到今天，情况开始有变化了：随着中国经济的发展，其在诸多科学知识领域正在赶上来，在个别领域（如超级计算机制造、量子通信实施等方面）甚至已经走在世界前头，随着我国科技事业发展目标（到

2020 年使我国进入创新型国家行列，到 2030 年使我国进入创新国家前列，到新中国成立 100 年时使我国成为世界科技强国）的逐步实现，我国大学的这一使命亦应适时发生改变，即把以传承知识为主逐步变为以创新知识为主，传承知识的使命还是应该保留的，但应该放在低年级来完成，而高年级则应主要以创新知识为使命。这样才能不断提高我国大学的办学质量，尽快缩小与世界一流大学的距离，从而为中国社会发展做出应有贡献。

需要指出，现代大学的创新使命与科学研究、培养人才、服务社会的任务之间是并不矛盾的，实际上，前者是后者的基础：科学研究是以创新为使命的，培养人才也主要是培养创新性人才，而服务社会更需要广泛传播创新思想。其实，就连传承知识也是需要手段创新的。所以强调大学的创新使命是完全符合大学法政需要的。

总之，社会的发展归根结底要靠创新知识的引领才能实现，而大学正是创新知识（尤其是系统知识）的重要场所。我国大学只有在知识的创新上尽快赶上并超越其他国家的大学，才有可能站在世界潮头，为中华民族做出大贡献，为人类做出大贡献。我们应努力把大学办成创新科学知识的圣地，办成用创新知识培养创新人才的"摇篮"！而再也不要办成"学而优则仕"的基地了。

（本文公开发表于 2016 年 6 月 24 日《环球时报》发表时有删节）

2. 浅谈高校思政课堂教学实力的构成

思政课堂教学效果取决于思政课教师教学实力的强弱，而思政课教师教学实力由两部分构成：其一是硬实力，其二是软实力。这两者及其相互结合状况决定着思政课堂教学的总体效果。

思政课教师硬实力主要表现在以下四方面：一是教师口头表达能力，包括声音的大小、感染力的强弱、震撼力的高低、鼓动力的有无，等等。二是课堂设计力，包括内容选择力、逻辑推演力、材料运用力，等等。三是课件制作能力，包括内容是否丰富、形式是否生动、案例是否典型，等等。四是课堂控制力，包括课堂观察力、问题处理力、教学调节力，等等。实际情况表明，如果思政课教师口头表达能力强，教学内容设计合理，课件制作完美，课堂控制力也好，则这样的思政课堂教学多会受到学生欢迎，教学效果也会好。反之，若思政课教师不善口头表达，课堂设计力不足，课件制作力差，往往除了提纲，就无别物了，课堂控制能力也弱，只是一味灌输知识，不顾学生反映，则这样的思政课堂教学肯定难以收到好效果，只能使学生睡大觉，玩手机，或干脆看闲书。

思政课堂教学软实力则主要表现在以下五个方面：一是思政课教师的世界观和人生观是否正确和坚定，二是思政课教师对思政知识掌握的是否系统而深入，并且内心真信；三是思政课教师对所讲内容的问题意识是否强，其中既包括涉及社会实际生活中的问题意识，也包括涉及学术前沿中的问题意识，更包括涉及学生思想中的问题意识。四是思政课教师是否能把理论与实际相结合，有效解释和解决实际问题。五是思政课教师是否有创新。如果思政课教师在这五个方面实力都比较强，则讲起课来就会得心应手，使学生真正有所收获和启发，并能赢得学生的支持和尊敬。相反，若思政课教师对所讲内容只知其一不知其二，只知皮毛不知骨肉；在讲课方式上，也只是按部就班地释概念和讲原理，而根本不提问题，也不解决问题；缺少创新意识；尤其不能把思政理论与客观实际紧密结合，从实际中求，又回到实际中去；则这样的课堂教学也是不可能有好效果的，时间一长，学生到课率必然大为下降。

现在高校思政课教学总体效果不彰，主要表现是到课率和听课率双低。这既与教师硬实力不足相关，也与教师软实力欠缺有关，其中尤与教师软实力不足关系大。故思政课教师应在强化自身硬实力基础上，充分加强自身软实力，要坚定树立马克思主义世界观和人生观，深入研究并掌握马克思主义理论及其在当代发展的情况，努力学会围绕实际问题来搞思政课教学，强化教书育人的事业心和责任心，这样才能不断改善思政课教学状况，并收到切实和长远的育人效果。

（本文写于 2015 年 11 月 19 日）

3. 大学应多引进有实际经验的人才做兼职教师

现在社会上有不少具备实操知识的专家和能手，对于这些人政府应予重视，企业应予优待，大学亦应积极引进作为兼职教师。这样做的好处是既可以解决大学教育与实际脱节的问题，又可以使学生学到缺乏的实际知识，同时也可以促进这些具有实操知识的人才增强理论素养。

笔者一直在大学工作，深感现在的大学（主要是文科大学）理论知识讲得太多了，而实践知识讲得又太少了，因而走出去的学生并不大适应社会需要，这从近年来大学生就业难的现状就可以看出来。解决的办法有很多，其中之一就是可以从社会中引进高水平实操人才教课的办法来解决。这样做不仅不会降低大学的办学质量，而是会提高办学质量。例如，现在政法类院系都开设律师学课，如果聘请社会上一些有丰富经验的律师来任教，其教学效果未必就比现有教师差。再如思政课也是这样：如果请一些社会上有丰富思政工作经验的人来做兼职教师，也未必就不如现有教师讲得好。

毛泽东早就讲过：真正完全的知识是由理论知识和实践知识两方面构成的，[1]现在的大学生理论知识多，这一点不能否认，但同样不能否认的是其实践知识是十分缺乏的，甚至就连一些教师也是如此。而要解决这一问题，大学完全可以从有实际经验的人才中聘请教师，至于让其来校当讲师还是让其做教授，则可以视实际情况而定，大可不必因这些人缺乏应有学历和理论成果而将其拒之门外，更不必因怕这样做而降低学校办学水准或遭人诟病而不敢为之。因为这样做只能对办学有利，对学生有利。

（本文写于 2015 年 12 月 25 日）

4. 对博士生的课前讲话

欢迎并祝贺大家成为政法大学博士生！

就学历而言，博士学历是到顶了，是珠穆朗玛峰了，再没有什么更高的

---

〔1〕 参见《毛泽东选集》（第三卷），人民出版社 1991 年版，第 816 页。

学历了。所以你们拼到这一步，很不容易！要加倍珍惜这个机会。当然，学历和学问并不是一回事，有了博士学历，却不一定有博士的学问，博士只是个形式，只是个头衔。所以你们一定要注意填充自己的学问。为了帮助你们顺利度过这三年，真正做到名实相符，讲正课之前，我想先跟你们探讨三个问题：希望对你们能够有所帮助。

第一个问题：博士生是干什么的。它跟本科生和硕士生有什么区别。我对这个问题的看法是：本科生主要是学习基础知识及其应用的，硕士生主要是学习专业系统知识及其应用的，博士生则主要是学习如何创造新知识及其应用的。这里所谓创造就是指创造出过去所没有的知识。因此，博士生最反对的就是抄袭已有的知识，就是反对重复别人的知识。现在全国各高校在评价博士学位论文时，有一个最重要的标准，就是看有没有创新：有创新就可以通过，没有创新就难以通过。现在高校普遍采取查重的办法来检测论文是否有抄袭，其实没有抄袭不等于就有创新，因为创新主要是指提出别人没有提出过的见解或解决问题的新方法。而这些东西现在的查重手段是解决不了的。所以创新这一点大家一定要注意！否则作为一个博士学位论文就不合格了！

第二个问题：怎么搞学问，或怎么创造知识。我没有念过博士，因而没有读博的经验，但我有搞学问的经验，所以可以跟你们说一说这方面的体会。我觉得搞学问或创造知识，要注意两条：首先要关注现实问题。知识或学问都是发源于现实问题的，现实中有问题，需要解决，把问题解决了，知识也就形成了，所以不关注现实是搞不了知识或学问的。当然，现实是各种各样的，拿马克思主义理论学科来说，有马克思主义基本原理研究中的现实问题，有马克思主义发展史研究中的现实问题，有马克思主义中国化研究方面的现实问题，还有国外马克思主义研究中的现实问题，以及思想政治教育方面的现实问题，等等。只有关注现实问题，特别是现实中的前沿问题，你才能搞出有价值的学问或知识，否则你搞出来的东西必定是没有意义的。其次，要有自己的独特思路。搞知识得有思路，特别要有自己的独特思路。否则你是搞不出有创造性的知识的。有很多搞了一辈子知识的人对于搞知识的特殊路子却说不上来，这也许是不善表达所致，但有些人恐怕根本就没有成型的思路。希望你们注意这一点！没有自己的特殊思路，你是搞不出什么新知识来的。当然思路要靠学习！特别要靠自己探索！

第三个问题：要有正确的政治志向。我们学的是马克思主义理论学科，马克思主义是一门政治性很强的学问和知识。没有强烈的政治追求和政治担当，没有浓烈的家国情怀，要掌握和发展好这门知识是不可能的。所以你们一定要树立共产主义远大理想，要有为中国社会主义事业奋斗终生的强烈愿望！要有无限忠于人民的热烈情感！这样你们搞起学问来才会有不竭动力，才能够克服一切困难，并做出成绩。这一条也是现代年轻学者最应该重视的！希望你们要特别注意这一点。

（本文写于 2015 年 10 月 1 日）

5. 对教育体制改革的一点看法

普通教育与专业教育是两种不同类型的教育。普通教育的使命是培养社会文化的延续者，其对象是全体国民，这是任何社会都需要的。专业教育则是为社会培养各方面专门人才，这也是任何社会都需要的，但人才的承担者只能是少数人。

由于国家是社会的代表者，也是社会延续的集中使命担当者，所以办好普通教育学校是国家的使命，任何国家都必须对作为培养文化延续者的学校给予支持，否则就是没有尽到责任，社会发展也会受到制约。至于专业教育学校，国家虽然也应给予支持，但不应承担主要使命，在现代条件下，该项使命应当主要由社会中各行业来承担。这是因为，社会的运行是由作为基础的各个行业来支持的，各个行业为了发展都需要自己的专门性人才，因而也只有由这些行业自身来办学校，才能有针对性地为自己服务。当然，在某一专业人才的培养与国家发生重大关系时，国家亦应给予支持，但这属于特殊情况，并不具有普遍性。

审视我国的教育事业情况：普通教育（包括小学、中学、大学）大都是由国家直接负责并提供费用，这是完全正当的。但绝大多数专业教育也是由国家来负责并提供费用，这就不大正当了，当然有些专科类学校或普通学校中某些专业的人才培养与国家发展有着直接关系，因而国家给予支持也属正当。但一般说来，这类学校更应当由行业来负责并提供费用，甚至某些普通大学中的特殊专业也应如此对待。

近年来，很多高校在改革中都提出了"淡化专业"的口号，然而其大都是基于专业教育与理论基础教育关系的理由而提出的，并没有从国家与社会分工办学的角度来看问题，因而其意义有限。笔者认为整个教育制度的改革应从国家与社会的办学分工做起：国家应把主要精力用在普通教育上，重在提高大众的文化水平（包括普及与提高两个方面），至于对各方面专业人才的培养则应该主要由社会各个行业负责，并实行自由淘汰制。这样不仅可以大大减轻国家的教育负担，而且能广泛调动社会办学的积极性，极大提高教育效果。

（本文写于 2016 年 2 月 29 日）

6. 大学应该教给学生哪些知识

大学究竟应该教给学生哪些知识？这是一个可以从横向（如自然、社会、思维之上）和纵向两个不同角度加以回答的问题。本文从科学知识本身的纵向系统性出发，认为一切高校都应给学生讲授五个层次的知识内容：关于事物的本体性知识、评价性知识、设计性知识、控制性知识、改造性知识。这五方面内容构成了纵向知识系统的基本框架。给学生全面教授这五个层次的知识，不仅可以增强其掌握知识的系统性，而且能全面增强其处理与世界关系的实践能力。

一是应教给学生本体性知识。所谓本体性知识是指关于世界本来面目的知识。例如，世界的本质是什么？世界存在的基本方式是什么？世界发展遵循着什么规律？这些是哲学本体论知识的内容。又如什么是原子？原子的存在方式是什么？原子遵循什么样的规律？这是物理学本体性知识的内容。本体性知识是人类知识大厦的基础，人类一切知识都是起源于本体性知识的，并受着本体性知识的制约。高校教师在教学时应首先教会学生各专业的本体性知识，这样才能为教会学生进一步掌握其他知识打好基础。

二是应教给学生评价性知识。现在很多教师只满足于教给学生本体性知识，满足于当前这方面的"知识库"，而对教授如何评价事物的知识却不大注意，结果学生往往学了很多关于事物的死知识，却不会判断这些事物的利与弊，也不能明辨这些事物的用与废，因而面对纷繁复杂的事物知识如堕烟海，无从选择，只能消极面对，这是不符合高校教学要求的。高校教师应该教会学生评价事物的知识，使其明辨事物的是非、短长、利弊、用废，从而增强学生对事物（和知识）的评判力和选择力，只有这样，学生才不会成为本体性知识的俘虏，而成为知识的驾驭者和发展者。

三是应教给学生设计性知识。设计性知识是人类知识的核心内容，是人的主观能动性的集中表现，也是从理性知识过渡到实践的中间环节。这里所谓设计性知识主要指对改造世界的实践方案做出预设和计划的知识，诸如改造社会的路线、方针、政策以及法律、法规的制定知识，生产、科研规划的制定性知识、作战方案的拟定知识等都属设计性知识。设计有宏观设计、中观设计、微观设计等层次，设计性知识也有相关等级。事实说明，改造自然和改造社会的实践都需要设计，设计方案的正确与否直接关系实践的成败，因而教会学生掌握设计世界的知识是高校教学的一项重要任务。学生毕业设计是对这方面知识的检验，它不仅表现为理工科学生提出的各种产品设计方案，而且表现为人文社会科学学生设计解决各种社会问题的方法和路径。设计能力是学生解决问题能力的重要支柱，设计创新更是创新的关键环节。

四是应教给学生控制性知识。控制世界是人类实践的重要内容，人类驾驭各种自然和社会力量以求生存的过程就是控制世界的过程，各种控制技术则是控制性知识的核心内容。学不会控制性知识就会受客观世界的摆布而没有自由，现实生活中发生的各种失控现象则是主体缺少控制性知识和能力的表现，所以大学教学应该把教给学生有关本专业的控制性知识作为重要教学内容。控制论是关于控制的一般化知识体系，其内容很多，也较深奥，教师并无必要给学生讲授其全部内容，但有关控制的基本知识，则可以结合本专业特点给学生讲一点，并要求学生掌握。

五是应教给学生改造性知识。改造世界是人类的最高使命，也是创新知识的基本土壤。马克思曾说："哲学家们只是用不同的方式解释世界，问题在于改变世界。"[1]不学会改造世界，人类就无法生存和发展，所以教会学生掌握改造世界的知识至关重要。改造世界的知识十分丰富，现在各门学科都形

---

〔1〕《马克思恩格斯选集》（第 1 卷），人民出版社 1995 年版，第 57 页。

成了相对独立的关于改造世界的知识体系。有些改造世界的知识是具有共性的，应该交给学生掌握。例如，通过信息手段、能量手段、物质手段改造世界就是一些不同的方法，通过分别改造对象的要素、结构、功能、环境来达到改造整个系统也是一些不同手段，等等。改造世界的知识是人类最重要的知识，教会学生改造世界的知识是高校的一项重要任务。

应该指出，现代大学通常都是把讲授本体性知识作为主要任务，而对于其他方面知识往往忽略，这是造成高分低能、学生缺少独立性和创造力的重要原因。当然这种情况的发生与教师自身的知识欠缺有着直接关系，故应从教师着手加以改变。总之，高校应该根据知识本身的系统性给学生传输知识，兼顾科学知识的各个层次及其上下关联，防止片面性和知识链条的断裂，这样才能使学生全面系统掌握某门知识，并在毕业后的社会实践大海中，尽显英雄本色。

（本文写于 2016 年 5 月 24 日）

7. 高校教师不要只满足于充当活知识库

近几年来笔者作为教学督导员听了几十门社会科学方面的课程，一个最大的感受就是授课教师大都学识渊博，提供的信息量大，学生普遍感到有兴趣，收获多。但笔者也发现教师们大都满足于给学生讲授各种客观知识，如古今中外政治制度知识，古今中外思想史知识，古今中外管理知识等，但对这些知识对象的评价却显缺乏，如古今中外政治制度的优缺点如何？在当时起了什么样的历史作用？古今中外思想家思想的是非得失怎样？我们今天又应如何去其糟粕取其精华？对于这些问题大多数教师都是回避的，即便讲也是一语带过，因而根本谈不到对学生进行有关知识对象评价方面的指导。由此教学过程也就成了单纯传授知识的过程，而教师也就成为活的知识库。

其实，大学教师是不应满足于充当这种活知识库的。第一，现在网络十分发达，几乎所有客观知识都能在网上搜索出来，教师讲课至多是把这些知识系统化一下而已，因而教师详细讲授这些知识，显得没有必要，还不如告诉学生怎么通过互联网获取这些知识为好。第二，大学教师讲课的重要任务是对学生进行价值观方面的引导，即对古今中外的事物和知识在充分了解的基础上进行科学评价，历史地指出其是非、利弊及其对于今天社会发展的借鉴作用，以便去其糟粕取其精华，为今天的现实服务。第三，大学教师讲课的另一重要任务是引导学生应用知识解决实际问题，亦即学以致用，如果学生能用所学知识解决实际问题，那就算有了成绩，解决的问题越多，成绩就越好，对学生的考核应围绕着学以致用的要求进行。第四，大学教师讲课的最高任务是教给学生创造新知识的方法。任何知识都是发展的，大学的使命之一就是创新知识，推动知识不断发展，而这一任务只能靠大学教师带领学生去实现。教师也只有在这一过程中才能真正实现自身的价值。如果只是满足于教给学生知识，那至多只能使学生成为现有知识的传承人，而难以引导学生推动整个人类知识的进步和发展。

实事求是地说，欲要求每一位大学教师都达到上述教学标准是过于苛刻的，然而只要经过刻苦努力又是完全可以达到要求的。在创新成为当今社会发展大势的情况下，高校教师应该勇敢地肩负起教学改革的使命，与广大学生一起为知识的进步做出贡献。

（本文发表于 2016 年 5 月 31 日《中国政法大学校报》）

8. 思政课教师应具备五项能力

思政课是教育部规定的本科生必修课，要上好思政课，保证教学效果，思政课教师应具备五方面能力：

一、正确认识学生的能力

思政课教师授课的对象是本科生，因而要授好课，必先对本科生有客观准确的了解，然后才能有针对性地授课。了解本科生主要应包括下述内容：一是本科生原有思政知识水平如何。如果对此缺乏知晓，备课的内容就会过深或过浅，从而影响学生接受效果。二是学生存在的主要思政问题是什么。如果对此不了解，授课就会面面俱到而缺少针对性，难以引发学生兴趣。三是学生有什么听课爱好，如喜欢什么样的授课方式等。只有对此有所了解，才能选择恰当的授课方式，以吸引学生注意力。除此之外还有学生的理想、对大学的期望等很多需要了解的内容。在授课前，对学生有尽可能多的了解，是讲好思政课的前提条件。现在有不少教师在授课前对学生思政情况了解很少或根本不了解，这是授课不成功的基本原因。

二、科学评价学生的能力

孔子曾说：朽木不可雕也。这说的是对学生素质的评价问题。譬如一个女孩想学唱歌，但她天生五音不全，而且乐感全无。对这个女孩是无法教其唱好歌的。当然一个受教育对象在某个方面不行，不等于在所有方面都不行。因此，教师在评价学生学习能力时，亦应注意全面性，不能一叶障目不见泰山。

思政课教师在授课前，不仅要了解本科生掌握的思政知识情况，而且要善于对本科生学习接受思政知识的能力做出科学评价，这样才能进一步确定好授课方式，收到好的教学效果。现在一个思政课班级少则几十人，多则上百人，而每个学生的学习、接受思政知识的能力都是不同的。大体而言，1/3的人学习、接受能力较高；1/3的人学习、接受能力一般；还有1/3的人学习和接受能力较差。因此，教师讲课应将重点放在学习和接受思政知识能力较差的1/3本科学生上面，因为这部分学生学习效果提高了，整个班级的学习效果也就提高了，这就如同水桶理论中短板的高度决定整个水桶水位高度一样。现在有不少教师讲课前对学生接受思政知识水平不了解，讲课时也不顾学生接受思政知识的能力状况，只顾给学生灌输自己准备好的内容，这是导致思政课教学效果不彰的又一重要原因。

现在教师对学生学习效果的评价基本都是以其考试答题的规范性为准则的，这具有片面性。考卷中答题正确固然重要，但光靠这一点并不能考察出学生的真实水平。只有那种有自己特色的回答才是真正宝贵的，才能体现出学生水平。可惜能够做到这一点的教师目前很少。

三、教案设计能力

任何一堂课都是应该有教案的，思政课尤应如此。本次课教学目的是什么？主要讲哪些内容？采用什么教学方式？准备什么样的课件？最后达到什么教学效果？对这些问题，事先都应有一个大概设计，然后按照设计程序授课。事实说明，大凡课堂设计比较完备的思政课教师，教学效果都比较好，而缺乏合理课堂设计，甚至根本不做课堂设计的思政课教师（大有人在），则很难保证教学质量。古人云：凡事预则立，不预则废。对于思政课堂教学来说，最直接的"预"就是搞好课堂设计。为了提高教学效果，每一个思政课教师都应在平时积累的基础上，做好这方面工作。

四、课堂控制能力

课堂控制能力是思政课教师应该具备的一项非常重要的教学能力。缺乏课堂控制能力的思政课教师是不可能把课教好的。课堂控制的核心是学生注意力的控制，如果学生不注意听讲，或思想开小差，或干其他事，则再好的教学内容也是白费。当然课堂控制也包括师生互动过程控制、教学手段和步骤控制等内容。这些方面控制不好，教学效果也难以提升。目前思政课教学中存在的最大问题就是不少教师课堂控制能力缺失，面对诸多不注意听讲的学生束手无策，从而导致课堂教学失控，教学效果当然也就难有保障了。

五、教学引导能力

教学引导能力是课堂教学追求的目标，这里所谓引导不仅是指对学生的思想引导，而且包括对学生的行为引导。教师只有通过授课，真正对学生思想有所启发和引导，进而对学生行为也产生正确引导，才算真正收到教学成效。否则，教师讲课再生动和深刻也是枉然。因此一个认真负责的思政课教师应当在设法提高教学引导力上下大功夫。当然要做到这一点并不容易，需要如前所说对学生思想和行为状况有深入了解，并做到有针对性讲课才行，这也是目前我国高校在思政课教学方面所应普遍加强的关键环节。

（本文写于 2015 年 10 月 7 日）

9. 浅谈教学基本功

我校的青年教师基本功大赛已经举行过 13 次了，每一次大赛后，我校都涌现出一批教学明星，目前这些教学明星已经形成政法大学的教学核心力量，他们代表着我校的教学水平，引领着我校教学的前进方向，并与其他教师一起为政法大学的教学贡献着力量。笔者作为多次教学基本功大赛的评委，为我校青年教师的优异表现和逐年进步而欢欣鼓舞！也为政法大学有这样一批出类拔萃的教学明星而自豪！对政法大学教学的光明前景满怀着希望！但除此之外，笔者也在观摩这些年青年教师的教学演示中学习了很多经验，特别是对教学基本功的内容产生了些许认识和体会，现结合笔者担任教学督导员的实践，将其写出来，希望得到大家的指正。笔者觉得教学基本功的内容主要有三个方面：

一、教学选题功

教学基本功大赛首先比的是选题功。教师在每次参赛前都应首先解决选什么题目的问题。题目选得好，就能充分发挥出教师的教学优势，并取得好的教学效果。教学题目怎么选择？有人主张要选择自己擅长的题目讲，笔者认为这是很片面的，因为这没有考虑到学生的需求，而教学是要交给学生知识的。实际上，教师应该把学生需要知道而又尚未知道的知识作为题目来选择，如果是学生已经知道或通过看书可以知道的东西，教师就没有必要再讲了，否则只能是浪费时间和精力。怎样确定学生对知识的需要？笔者觉得首先要遵守教学计划的要求，超出教学计划的内容是不宜作为选题对象的，其次要适当征求一下学生的意见，看看学生需要了解哪些知识。当然，学生需要知道而又未知的东西有很多，教师也不可能都将其作为题目来讲，而应只将其最重要者并且自己有把握讲清楚和讲好的东西作为题目来讲就行了。这样就既可满足学生的求知需求，又可以充分发挥出教师自己的优势，从而取得较好的教学效果。这里顺便指出，我校大部分青年教师在选择授课内容时都比较注意遵守教学计划和征求学生的需要，包括学生的思想需要和知识需要，并据此来准备讲稿，学生普遍感到比较"解渴"和满意。但也有少数教师，讲课不大遵守教学计划，也不考虑学生的需求，而完全按照自己的爱好来讲课，比较"任性"，结果学生感觉学不到自己所要的知识，产生厌学情绪，并导致逃课现象发生，这个问题，需要青年教师们注意一下。

二、教学方法功

教学方法功是教学基本功的核心内容。因为教学方法是教师把自身的知识传授给学生知识的桥梁，如果桥梁不好，这个知识传授过程就无法实现。教学方法包括的内容很多，主要内容有：程序设计法。教师要根据教学内容的逻辑关系设计好先讲什么，再讲什么，最后讲什么，每一段大致占多长时间，这种程序安排不好，会引发混乱。二是内容设计法。这方面应主要解决好中心内容、重点内容、关键内容、难点内容的安排问题。中心内容一定要突出，重点内容一定要强调，关键内容一定要提示，难点内容一定要指出。三是教学资源利用法。教学资源有很多，诸如教科书资源、视频资源、语言资源、情感资源、表达方式资源等，只有充分并科学利用好各种教学资源，并发挥出自己的独特优势，才有可能把自己的知识尽可能多地传授给学生，取得良好的教学效果。应该指出，在日常教学中，青年教师们是基本都能注意到上述要求的，如能够准确把握好时间，做到铃响话止，但也有极少数教师把握不好时间节奏，主要是未讲完设定内容就响铃了，只好停止或下次课接着再讲，从而影响了教学内容的完整性，如果是参加基本功大赛，这种情况就会影响成绩。另外，多数教师在教学中也都能准确把握好重点和难点等问题，并能提问题让学生思考，但也有少数教师教学结构安排得不好，使得学生听完课后掌握不住知识要领，从而教学效果不彰。对于教学手段的利用，多数教师也都能做到得心应手，但也有少数教师教学手段较少或应用不够熟练，甚至有教师至今不善于使用PPT，这是今后应当加以改进的。

三、课堂控制功

教师在课堂上讲课，目的是要把自己的知识传授给学生。因而学生在课堂上是否认真听讲，是否接受了教师所讲的知识，应成为教师高度重视和关注的对象，并应随时根据关注结果调整自己的授课行为，以使学生的注意力始终集中在听讲和思考教师提出的问题上，这就是课堂控制功。当然，由于学生的情况千差万别，一堂课要能使学生百分之百地集中听讲，并无可能，但使大多数学生注意听讲，思维跟着教师走，还是能够做到的。应该说，教师的这种课堂控制功在短短20分钟的教学演示中很难完全展示出来，故评委对此并不苛求。但在日常讲课中却是应该注意的：现在有不少教师在课堂上只顾自己讲课，甚至讲得神采飞扬，却不注意下面学生的听课情况，以至于有很多学生睡觉、玩手机、用电脑上网、看闲书，而教师根本不知道，更谈不到及时调整讲课方法，这样的教学效果是不可能好的。笔者个人觉得，如果发现课堂上有1/3的学生都不能集中精力听讲，则教师干脆停止讲课，让学生讨论问题为好，千万不要继续照本宣科。希望各位青年教师在平时课堂教学中注意。

上面讲的教学基本功属于教学中的硬功夫，是每一位教师都应该努力掌握的。除此之外，教学中还有思想性、学术性以及创新性等软功夫问题，这是更高一级的要求。但由于笔者在这些方面研究不够，经验也不足，不敢妄谈。

（本文写于 2016 年 6 月 17 日）

10. 指导学生社会调查要注意发现社会现象本质

最近看了一篇"青岛不怕淹，全靠德国排水系统?"的报道，其中讲到，青岛之所以能成为"不怕淹的城市"，新中国成立后青岛人"原创"的排水系统功不可没。如目前青岛市内三区共有排水管道 3000 公里左右，而目前保留下来的德国地下暗渠仅剩约 3 公里，占比不到千分之一。报道还说：网上追捧德国排水系统的言论已经是老生常谈，连德国人自己都看不下去了：早在 2015 年 1 月，德国媒体就刊登一篇题为《完美的德国神话》的文章，称 1914 年的青岛，全城只有 5 万多居民，而今天青岛市民超过 450 万，当年德国人所修缮的下水管道只占全城管道的 3%，所以这些下水管道与"青岛的德国奇迹"并无关联。由此笔者想起近年听的一次思政课：教师让学生讲暑期到青岛市搞社会调查的体会，其中心内容却是讲德国人在青岛修建的楼房和下水系统是多么坚固和有效，至今仍在为青岛市防雨洪起着重要作用。由于学生还制作了一小段视频并加以解说，因而显得很真实。笔者作为一个听课人只感到学生这次暑期实习效果并不好，不仅没有起到揭露一战前德国侵略者掠夺青岛人民的作用，还美化了其"功绩"。但由于不掌握相关历史资料，也就没有质疑。现在看来，学生的这次暑期实习是不成功的。虽然学生到青岛考察时间有半个多月，采访了好多居民，到实地也录了像，但并没有抓住问题的本质，而只是看到了局部的表面现象。学生也没有提高对德国入侵者的深刻认识，反而增加了对德国当时技术水平的钦佩之感，从而完全违背了思政课的要求，而更为严重的是该课教师并没有加以审查和指导，结果使全班学生都对上述"事实"信以为真。由此可见，教师带学生暑期调查或实习是应当十分慎重的，要让学生通过全面调查把事实真相搞清楚才好，这样可以使学生真正受到科学事实的教育，起到思政课应该起的作用，而不能浮皮潦草地搞调查，起到误导学生思想的作用。

不过话说回来，该事件也不能全怪教师和学生，因为多年来新闻媒体以及所谓专家讲话中一直是这么说的，就连我们这样的老教师也一直有上述的印象。更何况三十几岁的青年教师和尚在念书的学生呢？由此笔者也感到：现在的大学思政课教学光靠教师是不行的，新闻媒体的报道和专家们的解说也起着十分重要的作用，今后媒体和专家们在报道和解读某一现象时，应该十分慎重，待全面了解事实真相后再公开报道，以防给社会造成负面影响。

（本文写于 2016 年 7 月 23 日）

11. 不能脱离本国需要而追求建成世界一流大学

目前国内很多高校都在争取建成世界一流大学，这种雄心可敬可佩，但笔者认为，高校在争建世界一流大学的过程中，应把基点放在关注中国现代化建设需要上，努力为中国现代化建设培养一流人才并提供一流科研成果。

世界上任何一个国家的大学都是适应本国社会发展需要而建立起来的，其目的是为本国培养人才、推动本国社会发展。如果大学脱离了这一方向，就不会得到本国政府的支持，其发展也会遇到阻力，无论公立大学还是私立大学都是如此。就实际情况而言，世界上绝没有一所大学是专门为了达到世界一流水平而办的。而反观我国一些大学，终日忙于制定达到世界一流大学计划，但对我国社会主义现代化建设的现实需要却缺乏关心。例如，很少召开有关国家现实发展问题（例如，脱贫问题、供给侧结构性改革问题）的研讨会，特别是一些文科院校，平时很少研究中国特色社会主义政治、经济、文化建设中的问题，只是在政府每年发布科研选题计划后，才去千方百计争取项目，这完全是一种被动办学的状况，此问题不解决，不要说办成世界一流大学无望，就是中国一流大学也难以办好。

所谓世界一流大学主要是就科研水平和师生素质而言的，而在办学规模、办学经费、学科设置、对外交流等方面并无所谓一流与二流之分，强行据此划分流层亦无意义。例如，在办学规模方面，中国有些大学并不比国外大学规模小，但在科研水平上却并不如人，在办学经费上国内有些大学虽然也不如国外大学多，但其利用率却并不比国外大学低，至于学科设置就更没有比对意义，因为这都是根据本国社会发展需要而定的。现在国内高校之所以争办世界一流大学，在办学经费、学科设置、招生规模和与国外交流方面的考虑较多，而真正在围绕国家发展急需上展开科研和人才培养上则关注不够，这样去争办世界一流大学不能说没有意义，但意义着实不大。

从一般意义上说，大学的真正价值在于为人类社会的发展提供创新性人才和科学技术支撑，这一使命完成得越好，大学的价值越高。但是在现实国际环境下，大学的直接价值却是为所在国家和人民发展提供创新性人才和科学技术的支撑。因而我们对大学的评价标准不应该是什么世界水平，而应该是服务于本国现代化建设需要的水平，如果一所大学特别能适应本国社会对创新性人才和科技发展的需要，那么这所大学就是一流的。因此，我们真正应该鼓励的是那些为国家的现实发展做出重大贡献的大学，而不应该是脱离这一要求的其他大学。历史表明，一个国家的总体发展进入了世界前列，则其对科技和人才的需求水平也会进入世界前列，而满足这一需求的国内大学也必然进入世界前列成为世界一流大学。总之，我们应该在充分关注本国现代化建设需要基础上追求建成世界一流大学。

（本文写于 2016 年 7 月 28 日）

12. 高校文科博士学位论文应力禁八股

近年来，高校文科博士学位论文写作逐渐形成了一种八股文风，无论什么专业也无论面对什么题目，学位论文都要按照固定规则和程序来写，这些规则和程序主要有如下内容：第一是概念界定，第二是历史考察，第三是国内外学术界的研究成果分析，第四是现实问题反思，第五是解决问题的方案和路径，第六是问题探讨或结论。应该说，要真正研究问题，获取对某问题的系统认识，这几方面要求是不可或缺的，因而按照这些规则要求写论文也无不可。但问题在于，如果无论什么题目都按照这一程序来处理，则不仅会带来牵强附会之弊，而且会造成资料的抄袭，与现实的脱节，更会影响论文内容和形式的创新。

这种八股文风的形成主要与文科博士生脱离现实和缺乏对问题的深入调查研究有关，但也与学位管理部门要求的缺失有系。例如，现在各高校统一印发的博士生开题报告表中有诸多规定，但唯一没有联系实际调查研究方面的规定。因而博士生们写起学位论文来，基本都是从国内外已有的文章、著述、网络中找材料（这一点从文后的参考资料目录中即可看出来），很少有带着问题深入实际搞调查研究从而取得材料的。这样写出的学位论文固然也能凑够十几万字，但其应用价值是可想而知的，这是近年来文科博士学位论文出现下降趋势的重要原因。

无论什么年代的文科博士学位论文都是应该从社会实践中选题并加以研究的，特别是要针对现实中亟待解决的问题来加以研究和探索，因而问题意识非常重要，然而这种八股式论文却往往问题意识缺乏，给人的印象完全是在刻意构建某种理论体系。现实中的问题多种多样，也不一定都涉及概念、历史等问题，因而也就没有必要在这些方面浪费笔墨，不如开门见山地提出问题、分析问题和解决问题为好。另外，有些问题具有中国特殊性，国外未必也存在类似问题，因而也不一定非得把国外研究成果都综合起来。总之，每一篇博士学位论文都应是紧密联系着现实问题的，并且在内容和形式上有自己特色和独立见解的。如果都是千篇一律地按照固定格式来写，没必要的东西也要勉强加上，则很难不使作者的思维受到限制，从而严重影响在论文的核心内容上下足功夫，并真正做到有所发现和创新。另外，作为博士学位论文也不一定非得成为无所不包的宏大理论体系，只要把问题的来龙去脉说清楚了，问题的性质和内部关系分析到位了，解决问题的必要性和独特方案设计提出来了，并能指出该问题今后进一步的发展方向和应对措施，就是一篇合格的博士学位论文。

毛泽东在《反对党八股》这篇讲话中曾就当时解放区存在的八股倾向做过很多描述：诸如有人在做文章和演说时搞的"第一是大壹贰叁肆，第二是小一二三四，第三是甲乙丙丁，第四是子丑寅卯，还有大 ABCD，小 abcd，还有阿拉伯数字"[1]等，有人在做报告时，"则常常就是'一国际，二国内，

---

〔1〕《毛泽东选集》（第三卷），人民出版社 1991 年版，第 838 页。

三边区，四本部'"〔1〕等，毛泽东将其危害归结为八大罪状。这种情况虽然已过去多年，但竟然在今天的博士学位论文中还大量存在，并且很少受到批评和制约，这是很不应该的。

博士学位论文是重要的学术研究成果，它应该有鲜活的现实性、深刻的科学性、严密的逻辑性、明显的创新性。只有这样的学位论文才能真正为国家科学宝库增加新的内容，才能为社会实践提供切实的理论指导。那种八股式的学位论文是起不到这种作用的，因而是没有多少价值的，写作这样的论文甚至是一种精力的浪费。有关学位管理部门应该对此加强管理和审查，尽力杜绝这种八股式学位论文蒙混过关。

（本文写于 2016 年 9 月 2 日）

13. 高校教师不能满足于做"知识的搬运工"

现在的高校教师大都学识渊博，讲课的信息量大，教学方式也灵活多变，学生满意度也高。但是也有一个带有根本性的问题始终存在：教学内容的创新性不足，特别是引导学生创新知识的能力不足。教师大多只满足于做"知识搬运工"——把社会上零散的知识集中起来并加以系统化，然后教给学生就完事了。

应该说，高校教师确实是有"知识搬运工"的职能的。由于社会知识广大无边，存储形式多种多样，对于大学生而言，要想完全通过自学去掌握某一门系统知识是十分困难的。而高校教师经过多年的学习和研究，对某一专业的知识大都已有了系统了解和把握，因而在课堂上通过一定方式教授给学生，可以节省学生大量的精力和时间，使学生迅速把握本门知识的基础或全貌，这是知识传承的必要环节，是任何时代的高校都不可忽略的。

然而，高校教师给大学生教授知识却不能只是为了传承，更为重要的是在传承以往知识的基础上，引导学生通过创新发展知识，使现有知识得到进一步丰富和深化。而要做到这一点，就需要教师多下功夫了，首先要找出现

---

〔1〕《毛泽东选集》（第三卷），人民出版社 1991 年版，第 841 页。

有知识的矛盾：一是现有知识与现实的矛盾，二是现有知识体系内部的矛盾。只有找出这些矛盾，才能发现知识创新的突破口，并进入创新领域。其次要带领学生探索解决矛盾的方法：一是从逻辑上探索解决矛盾的方法，二是通过实践（包括实验）探索解决矛盾的方法。在这个过程中要鼓励学生解放思想，勇于思考，大胆实践，并提出自己的独立见解，然后积极与同学进行讨论。应该说，由于各方面条件的限制，学生要做到这一步是比较困难的，最终也不一定能收到成果。但是这一过程本身却比获得一定知识创新结果更为重要，因为通过这一步，学生就掌握了探索新知识的方法，而培养出千百万具有创新知识能力的大学生正是高等教育的根本使命。

由此可见，那种把高校教师的职能视为"知识搬运工"的理解是非常狭隘的，也不符合现代高校通过创新知识为社会服务这一使命要求。实际上，现代世界上一些高水平大学都是极重视知识创新的，并把知识创新能力的高低作为聘请教师和评价学校水准的重要标尺。我国高校教师应充分认识到自己的职能和使命，在传承好人类以往知识的基础上，努力引导学生并与学生一起做好知识创新工作，为实现高校的创新使命做出自己的贡献。

（本文写于 2016 年 9 月 16 日）

14. 论高校教学的五大任务

高校教学是培养本科人才的重要途径。但如何培养本科人才？本科人才应当具备哪些素质？笔者就此谈点看法。

一、培养认知能力

认知能力是人的一项基本能力，本科生必须具备较高的认知能力：一是对研究对象的本质、属性、规律等内容有较深刻认知，二是有较强的认知研究对象的方法和途径。如果对研究对象缺乏较高的认知能力，那是不符合本科生标准要求的。因而高校在培养本科生时，应首先注重对其认知能力的培养。任课教师应设法把学生学习对象的本质、属性、规律等问题讲清楚，并引导学生逐渐掌握研究或学习有关对象知识的方法，以使学生能够自主研究和学习所在专业的知识，并做到有所创新和发展。

二、培养评价能力

高校学生不仅应具有较高的认知能力，而且应具备较强的评价研究对象的能力。只有在认知研究对象的基础上，对其所具有的作用于人类的价值有进一步的认识，才能够产生利用其为人类服务的动机和目的，否则认知就会陷入盲目性。因此，高校教学的又一重要使命便是教给学生评价研究对象的方法，培养和提高学生评价研究对象的能力。现有的高校教学往往忽视这一点：对学生灌输死知识多，但对其知识的用途则不甚了了，这是教学上的一大缺陷。

三、培养设计能力

高校学生毕业后是要投入实际工作的。而在从事任何实际工作之前，都必须对如何做好该项工作进行设计：方案设计得好，工作就能顺利进行，方案设计不好，工作就难以取得成效。所以设计能力的高低是学生能否做好实际工作的关键，因而高校教学应该十分重视培养学生的专业设计能力。目前理工科高校大都有设计课程，毕业前还要搞毕业设计，但文科院校则普遍缺乏，只要能写出一篇论文便可毕业，而且论文题目往往与日后从事的专业工作无关，这种情况应该加以改变。

四、培养控制能力

控制能力是人应该具有的一项重要能力，高校毕业生尤应具备这一能力。所谓控制能力是指在一定环境下驾驭系统向着主体设定目标运动的能力。人类的一切行为都需要控制，一旦失控，行为就会遭遇失败。高校毕业生在从事实际工作时，也必须具备相应控制能力才好，因而高校教育必须包括对学生进行控制能力培养的内容。首先应对学生进行一般的控制论知识教育，其次应对学生重点进行相关专业的控制能力培养，以备学生毕业工作之需。现在各高校在培养学生时普遍缺少控制能力培养的观念，这一缺陷应该加以弥补。

五、培养实践能力

实践能力是人所应具有的一项基本能力，高校毕业生所应具有的实践能力也应该是比较强的。这里所谓实践能力主要指改变对象的能力，包括改变对象的要素、结构、功能等内容，改变对象则有物质、能量、信息等手段。

现在的理工类学校大都有实习课，这是培养其实践能力的重要手段，但文科院校多把实习课取消了，这对于培养学生实践能力是非常不利的。应该强调，实习课对学生在校期间实践能力的培养是十分必要的，它有利于学生毕业后顺利投入到实践工作中去，并尽快取得成果。

总之，以往人们对高校使命的认识是不全面的，我们应该使这种认识全面起来，以便培养出真正合格的高等人才来，更好地为社会服务。

（本文写于 2017 年 2 月 18 日）

15. 教育不应向天性倾斜

我国目前的教育改革思想有向天性倾斜的现象，表现为过分强调尊重学生的自主性，容忍放任学生的违纪行为，甚至以国外教育和个别大师的成才经历为样板来做此种教改方式的论据。笔者认为这是一种片面性倾向，若任其发展下去，不但无利于我国教育的进步，更难培养出为社会主义建设所需要的大批人才。

人的属性是由两个方面构成的：其一是自然属性或称天性，其二是社会属性或称德性。人的天性即动物属性是趋向于自由的，如吃、喝、拉、撒、睡都不愿意受限制，发展到做人和做事也不愿受约束，喜欢随性而为。人的这种自然属性无疑应该尊重，并尽可能地满足其要求，因为这是人的成长规律之一。然而，人光靠自然属性是难以作为人而生存和发展的，而只能像普通动物那样自然地生存和灭亡。人之所以为人，主要是因为其有社会属性。这里所谓社会属性指人的一切行为或绝大部分行为要受社会规则的制约，而不能为所欲为，这些规则不是从外部而是人类自己根据生存和发展需要自觉制定出来的，表现在学生身上就是要遵守学习纪律和学校的各项规章制度，如果违反了就要受到处罚，而处罚又不是目的，而是通过强制手段让学生重新遵守规则的手段。事实说明，不遵守规则，人类就无法生存和发展，就做不成任何事。所谓"无规矩不成方圆"说的就是这个意思。

历史表明，虽然也有些放荡不羁的个体成了人才，但就绝大多数人才而言，都是严格遵守社会规范而成功的，因为这些规范反映的是人类社会的规律性，按规律做事和做人是每个人成功的必要条件。所以，我们的教育无论何时何地都应该强调遵守规范的必要性。规范可以修改，也应该优化，但不能取消，更不能不遵循。只有这样，才能真正培养出大批的为社会发展所需要的人才。那种借口放荡不羁也能成才而否定遵守纪律必要性的观点是应该加以抵制的，因为它并不符合人才整体发展的规律性。另外，不同社会有不同的教育目标和教育规范，强行把西方社会中的一套硬拿到中国来做，也不合适。我们应当学习西方社会中先进的教育经验，但是这些经验不能原封不动地加以使用，而应结合当今中国实际加以应用才能收到效果。

总之，我们的学校欲为国家发展培养出大批人才，就应该把遵守纪律和规范作为育人重点，当然这些纪律和规范应当是科学的，符合教育规律的，并且应当有中国特色。只有在强调纪律和规范的前提下，才能发挥学生个体的积极性和自由学习的创造性。不要纪律和规范，只强调尊重学生天性的观点是片面的教育观。

（本文写于 2017 年 4 月 20 日）

16. 高校文科教学改革的"供给侧"阵地在课堂

党的十九大报告指出："加快一流大学和一流学科建设，实现高等教育内涵式发展。"要实现这一目标，就必须对高等教育进行全面改革，而就高校文科而言，改革的重点则应是课堂教学，即确立以研究和服务中国现实问题为中心的研讨式教学改革方针，只有很好地完成这一任务，"一流大学"和"一流学科"的建设目标才能顺利实现。

我国目前高校文科教学特别是社会科学教学存在的主要问题有两个：一是教学内容脱离中国实际，某些教师们喜欢讲一些西方人的理论（如"理性人"说和"宪政论"等），有的新归国教师干脆就把其国外导师的观点或学说搬到课堂上来。由于这些理论是基于现代西方实际做出来的，因而教师在讲课时，自然也就只能列举西方材料加以说明。二是教学方式采取灌输法的多，因为来自西方的理论知识大多为学生所不知晓，因而只能靠教师从概念到方法加以系统讲授，最后才能使学生掌握整个知识系统，于是什么教学互动、培养学生创新能力的要求也就被忽视了，满堂灌的教学方式重回课堂。事实说明，这种课堂教学对学生的学习是很不利的：一是使学生学习脱离中国实际，无法了解中国特色的理论与实践；二是使学生得不到思维锻炼，除了得到诸多"鱼"之外，"捕鱼"技术一无所获。因而这样培养出来的学生也就难以对中国社会有大用了。

因此，我国高校文科教学应确立以研究和服务中国现实问题为中心的研讨式教学方针。首先应确立以中国问题为主的教学内容，在当今特别要注意讲授新时代中国特色社会主义理论内容和实践内容。有人总认为，讲这些内容是思想政治理论课教师的事，其实不然，中国特色社会主义理论是一个庞大的思想理论体系，其包括政治、法律、道德、哲学、艺术以至宗教等多方面的专业内容，而绝不是简单的几节"思政课"所能讲清的。只有文科各专业都以马克思主义为指导讲授有关内容，才能使学生得到有关现代中国的系统知识。其次应开展以研讨式为主的教学方法改革。教师应有强烈的问题意识，并将问题教给学生，以马克思主义中国化理论为指导与学生一同研究、讨论这些问题，最终得出科学结论。这样做的结果，不仅有利于教学互动，调动学生的研究问题积极性，而且会使学生研究、创新能力得到极大提高，从而有利于其更好地走向社会。

实践表明，任何一个国家的高等教育都是以服务于本国社会发展需要为指针的，文科教育尤为如此。脱离了本国国情需要，大学文科教育就缺少问题动力，就得不到国家和社会的全面支持，因而也就会失去方向和发展可能。毛泽东早在民主革命时期就提出要确立以中国问题为中心的社会科学研究方向，并且身体力行，建立了新民主主义时期的科学理论，引导中国革命取得了胜利。我们今天要想在建设社会主义现代化的实践中取得胜利，也必须确定以中国问题为中心的研究方针，并将这一方针贯彻到高校文科教学之中。当然，搞任何问题都不应绝对化，我们提倡讲中国特色社会主义理论与实践，并不否定讲西方或发展中国家的理论与实践，我们提倡开展以研讨式为主的教学方式改革，也并不否定学术报告式教学的必要性，只是应注意处理好主次关系，并使其有机结合起来。

总之，我国高校文科教学改革应该把新时代中国特色社会主义理论与实践作为主要教学内容，把研讨式教学作为教学方式改革的主要追求，为完成新时代中国特色社会主义建设的各项任务，全面建成小康社会并实现"两个一百年"发展目标，最终实现中华民族伟大复兴的梦想服务，也只有这样，才能不负时代使命，实现高校文科教学的社会功能。

（本文写于 2017 年 10 月 27 日）

17. "传道、授业、解惑"的教育模式之辨

"传道、授业、解惑"是我国古代的传统教育模式。所谓"传道"，就是指教师向学生传授各种理性知识，"授业"则是指教师向学生传授业务技能，"解惑"则是指教师向学生讲解学习和实践中遇到的疑难问题。但以往的"传道、授业、解惑"主要是以当时的知识、业务技能和难点为对象的。例如，以往的传道主要指向学生传授"孔孟之道"，以往的授业则主要是向学生传授"修身齐家治国平天下"的本领，以往的解惑则主要是化解学生学习中遇到的"仁义礼智信"方面的问题。总之，中华传统教育模式是以封建社会的知识体系为内容的，教师大多是这些知识的"搬运工"。

今天我们已进入社会主义现代化建设的新历史时代。社会发展所需要的知识、业务以及需要克服的困难问题都与过去不同了。在今天，创新型知识已成为社会最需要的知识形态，创新型业务也已成为社会最重要的业务，而创新过程中的困惑则也成为最重要的困惑。因而教育模式的使命也必须随之变化才好。这一改变的内容主要有三个方面：今天的"传道"应注重传授马克思主义中国化之"道"，今天的"授业"则应注重授中国特色社会主义建设之"业"，今天的"解惑"亦应着重化解中华民族伟大复兴之"惑"。

传统的知识、业务、困惑还要不要传、授和化解？当然需要！例如，中华传统文化知识就仍然需要传、授和化解，只有这样，才能使其得到合理继承，并成为今天创新知识的思想来源之一。但是，对传统知识、业务、困惑的传授和解决，必须为新知识、新业务、新问题的传授和解决服务。只有这样才能把继承和创新有机结合起来，以推动社会的发展和进步。

由此可见，古人所说的"传道、授业、解惑"的教育模式，并不是过时的教育模式，而是具有普遍意义的教育模式，是无论何时都应予以坚持的教育模式，只是这一模式的内容应该随着时代的变化而不断更新罢了，我们对

于这一传统教育模式应采取辩证态度。有人认为，今天的信息传播手段十分发达，因而学生获取知识的手段可以完全不再依赖教师，这种说法并不符合现实，特别不符合教师在传授创新知识方面的现实。

顺便指出，在传统的教育模式中，教师与学生的区别具有绝对化的特点：教师是主体和主动性方面，而学生则是客体和被动性方面，学生在学习中的积极性并没有被肯定和发挥出来，这是一大缺陷。而在现代教育模式中，师生的区别则是相对的。虽然教师的主导地位没有变化，但学生的学习主动性却应该大力加强，学习的主体也不应局限于学生，教师也是学习的主体，因为在教学互动中，教师和学生都能得到新的知识和技能，也都能使遇到的问题得到解决。总之，今天的"传道、授业、解惑"过程乃是教师和学生的积极互动过程，这是今天的教育模式超越传统教育模式之处。

（本文写于 2018 年 4 月 15 日）

18. 高校过分重视"核心期刊"论文不利于自身发展

近年来，高校社会科学研究普遍为所谓"核心期刊"所绑架，一方面，师生的科研论文只有刊登在"核心期刊"上才被认可，否则就不算数；另一方面，在"核心期刊"上发表的论文数也被当作评价高校等级的金牌标准。这种现象极不正常，且对高校自身发展有害无益。

首先，这种唯"核心期刊"是从的现象并不符合科学研究本质的要求。科学研究的本质就是揭示对象的本质和规律性，以为社会实践提供理论依据。一篇科研论文是否达到了这一要求，只能由社会实践说了算，而并不取决于发表在什么级别的刊物上，就连所谓"核心期刊"的论文质量也是要靠社会实践来检验的。如果认为发表在"核心期刊"上的论文就是有价值论文，而发表在普通期刊上的论文就没有任何价值，实际上就否定了检验论文科学性和价值性的实践标准。

其次，这种唯"核心期刊"是从的现象妨碍高校科学研究的繁荣。高校科学研究的繁荣和发展是需要广大教师来参与的，而要广大的教师来参与，就必须使其科研成果有充分的发表平台。如果管理部门规定，只有发表在

"核心期刊"上的论文才算成果，其他期刊上的论文不算成果，必然把大批教师排斥在科研大门之外，从而使其积极性遭到打击。实际上，现在有些发表在普通期刊上的论文，即便从下载量或从被引量上看也都并不比"核心期刊"论文低，在近现代科技史上，有些重大研究成果也并非首发在"核心期刊"上，故以"核心期刊"定优劣无利于高校科学研究之繁荣发展。

再次，这种唯"核心期刊"是从的现象严重冲击高校教学质量。现在很多高校教师为了尽快晋升职称，把大量精力投入科研，以求能在"核心期刊"上发表论文，而教学则只能是得过且过了，结果造成了本科教学质量普遍下降。固然，科研能力的提高是应该有利于教学质量提升的。但科研与教学二者并不是一回事，思维方式也不相同。事实说明，很多教学效果好的教师，其科研能力并不强，甚至很难写出高质量论文；同样，很多能写论文的教师，其教学效果却并不好，学生对之也并不感兴趣。教学与科研结合好的教师也并非没有，但此类人在任何学校中都只是凤毛麟角。因此，如果这种"核心期刊"崇拜风发展下去，则高校教学质量必将受到进一步冲击。

再其次，这种唯"核心期刊"是从的现象造成研究生学籍管理困难。现在不少高校的研究生按时毕业率逐年降低，有些高校甚至已不足50%，其重要原因之一就是研究生不能按规定在"核心期刊"上发表论文，从而达不到毕业标准。学生不能按时毕业，有三个结果：其一是难以找到工作，因为很多单位招聘都是要看学位证的，没有学位证书说明尚未毕业，因而不予接受。其二是找到工作后先工作，然后待有了"核心期刊"论文后再申请答辩，这样一拖就是好几年，也有人觉得工作条件好，干脆就不要学位了。其三是留校继续学习，但对于这类学生，学校通常并不给提供条件。而无论哪种情况出现，对于学校和学生自己都会造成损失。

最后，这种唯"核心期刊"是从的现象还容易引发腐败。现在人们只要随便打开一个"核心期刊"的投稿系统，几乎立即就会出现各种可在"核心期刊"上代发或代写论文的广告，而且大都信誓旦旦，当然事成之后是要收费的。据说现在有个别研究生为了拿到学位，不惜花费数万甚至十几万元（多数钱款为"中介"所得）在"核心期刊"上购得发表版面，这既造成学术腐败，也影响社会风气。此外，近年不断爆出国外"核心期刊"发表造假论文的案例也显然与这种唯"核心期刊"论文是从的风气有直接关系。

总之，目前在高校中普遍存在的唯"核心期刊"是从的现象，害处多多，教育主管部门应该加以节制或摒弃。当然，"核心期刊"标准的被采用也并非一无是处，至少在近年高校的评级中是起了一定作用的，另外对高校严格要求学生也有些好处。但这种积极作用与其不利之处比起来，实在不值一提。

（本文写于 2018 年 12 月 21 日）

19. 应试教育模式与我国教育使命

应试教育作为我国传统教育模式一大特征已为人们所共识。然而这一教育模式的形成却鲜有人去思考。其实，该模式之所以大行其道主要是由我国传统教育使命决定的，只有随着我国传统教育使命的逐步改变，这一流行多年的教育模式才能真正走向终结。

我国传统特别是近代以来的教育使命是什么？笔者认为主要是传承知识：一是传承中国古代的知识，二是传承西方近现代知识。中国古代是有着光辉灿烂的文史知识的，不用说从三皇五帝始的知识汗牛充栋，就是从秦始皇统一中以来的封建社会知识也是浩如烟海。在文化传承重于泰山的中国，这些知识无疑是应该加以努力继承下来的，否则民族就难以延续，更谈不到发展。正因如此，中国的历朝历代特别是近代以来，都把传承知识作为教育的根本使命，"八股文"的考试模式就是适应这一需要被确定下来的，韩愈的所谓"传道、授业、解惑"说更成为千年的教育信条。此外，近代以来，随着地理大发现，西方各国普遍走上经济快速发展的轨道，以此为基础的科学技术也迅速发展起来，并进而全面引领世界。中国的仁人志士在痛感国力衰败之时，深感要扭转乾坤，必须大力向西方学习：学习西方治国方略，也学习西方人的科学技术，于是在课堂上传授西方知识也就成为各类学校特别是大学的中心使命。而要向学生传授中国古代和西方近现代知识，当然就要靠教师在课堂上面讲，而学生在下面听和记，于是，久而久之，"填鸭式"教育方法也就被广为接受了，而学生记下来的知识越多和越准，考试成绩也就越高，也就越会被社会当作人才委以重任。这便是应试性教育模式形成的社会历史基础。

应该说，这种应试性教育模式并非一无是处，它至少在传承中西方已有知识方面起了巨大作用，否则中华文明难以延续到今天，中国也难以像今天这样接近世界，甚至在当下，这种应试性教育也并非完全丧失了生命力和存在土壤。但是从整体上来说，这种应试性教育模式毕竟已完成了自己的历史使命，而应该改弦更张了。这是因为：第一，中国今天的社会根本使命已不再是单纯地继承，而是全面单纯地发展，因为再不发展，不仅会永远处于"落后就要挨打"的境地，甚至有被"开除球籍"的危险。第二，中国今天的发展水平，特别是科技发展水平已非常接近西方发达国家，有些领域已与西方持平，个别领域甚至超过西方水平，因而我们已无需再亦步亦趋地在西方后面跟跑，而完全可以靠自主创新来与西方并跑，在某些方面则可以领跑。这种情况就迫切需要在教育上打破以学习和继承为基础的应试性教育，而确立以创新开拓为基础的自主式教育模式，这是近年来反复被人们提起的教育模式改革的背景原因。

总之，我国传统的应试性教育模式是由教育使命的历史性决定的，今天，这一模式虽在某些方面仍有其保持继续存在的理由，但总的国家教育使命已经发生改变，这必将导致传统教育模式也发生相应变化。我国今天的教育使命服务于社会主义现代化建设和中华民族伟大复兴，为此，应试性教育模式必须向创新式教育模式转变，而这种改变就要求教育面向世界一流，面向未来发展，并与科学研究相结合。只有这样才能推动教育自身前进，并发挥引领社会发展的功能。我国高等教育亦应跟上这一大势，努力争取在教育模式创新上有较大作为，使我国教育事业真正成为整个社会主义社会发展的重要引擎。

（本文写于 2018 年 12 月 10 日）

20. 论教育的双重属性

教育作为人类社会发展的一个重要领域是有双重属性的：一个是社会属性，另一个是政治属性。这两个属性只有处理好，才能促进教育事业的顺利发展。

社会属性是教育的基本属性。这是因为教育的本质是传承人类社会进步的经验。任何社会形态的发展都是建立在前一社会形态取得成果基础之上的，而这一成果的继承只能是教育。当然这里所说教育并非仅指学校教育，而是包括实践教育、社会组织教育、家庭教育等诸多形式的教育方式在内的大教育。只是随着社会的发展进步，学校教育日益成为教育的核心场所罢了。教育的社会属性决定了教育主体和客体的社会性：一般说来，一切社会主体都是教育者，同时也是受教育者。所以马克思说："有一种唯物主义学说，认为人是环境和教育的产物，因而认为改变了的人是另一种环境和改变了的教育的产物——这种学说忘记了：环境正是由人来改变的，而教育者本人一定是受教育的。"[1]只有在特定时空范围之内（例如，学校教育），教育的主客体才是分开的。教育的社会属性决定了教育的自组织性，即社会主体在没有社会外部信息指令（如国家指令）的情况下自发地建立起各种教育组织，开展教育活动。历史表明，只有充分发挥教育的社会自组织性，教育的发展具有广泛的自由空间，教育事业才能充分发展起来，并真正起到承担社会文化传承的作用。

政治属性则是教育的特殊属性。教育的政治属性是在社会发展产生了政治机构（国家）之后才形成的一种属性。把握政治机构的社会主体（在阶级社会中是统治阶级）为了使自己的政治统治维持下去，必然要借用教育手段来达到目标：一是借助教育来传播统治者理念的合情、合理、合法性质，二是借助教育来传播各种政治统治主张和方法，三是借助法律来规范教育行为，只是在不同的社会中采取的作用于教育的方式不同罢了。由于政治机构即国家带有强制性，因而政治教育也必然带有国家主导的灌输性；又因为政治在社会发展中起着中心作用，因而政治价值观也必然渗透在各种非政治性教育内容之中。教育的这种政治属性在阶级社会中是不以人的意志为转移的，是符合古今社会发展规律的客观现象的。我们应当尊重这一规律，充分按照这一规律的要求办好教育。

我国学界对教育的这种双重属性的认识有一个过程。新中国成立之初，由于政治在社会发展中的强大统帅作用，教育的政治性被推到了极大的高度，"教育为无产阶级政治服务"成为教育方针的最高内容，全国的教育事业也都被纳入国家的统一计划之下，教育也成为国家的重要事务。这在当时无疑是必要的，也是收到了显著成果的。改革开放之后，教育的社会性质逐步被人

---

[1] 《马克思恩格斯选集》（第1卷），人民出版社1995年版，第59页。

们认识，社会办教育的积极性被调动起来，并逐渐获得发展，从而使教育属性和功能恢复了本来面貌。我们今天在发展教育事业时应该把这两种属性统一起来：一方面，坚持好教育的社会属性，使教育在社会主义社会的沃土上尽可能地自由发展，以为中华民族的伟大复兴服务；另一方面，我们亦应该承认并坚持好教育的政治属性，教育过程应自觉接受中国共产党的领导，贯彻好中国特色社会主义教育方针，开展好各种形式的政治思想教育，培养好社会主义事业接班人，为全体中国人民和世界人民服务好。过分强调教育的社会性和政治性，都不利于其社会功能的发挥，并会阻碍教育自身的发展。

（本文写于 2019 年 3 月 21 日）

21. 应该全面理解高校思政课的教学目标

高校思政课的教学目标是培养中国特色社会主义事业接班人，但这只是一个宏观目标。要实现这一目标，应当在培养学生认知、情感、意志、理想四方面素质上下功夫。

首先要使学生在思想上认识社会特别是中国社会发展的规律性。主要包括马克思主义为指导的规律性、党的领导的规律性、人民民主专政的规律性、社会主义制度的规律性等。只有把上述四者作为中国社会发展的规律性来认识和把握，才能使学生为树立正确人生观打好理性基础，使其人生始终保持有一个正确方向。

其次要培养学生热爱共产党、热爱人民、热爱社会主义制度、热爱科学、热爱祖国的情感。情感在人的行为中起着重要作用，孔子说："知之者不如好之者，好之者不如乐之者。"这里讲的就是情感对行为的作用。没有对上述几方面的热烈情感，就不会有相应的行为动力，也不可能全身心投入到中国特色社会主义建设事业中去。当然，学生上述情感的养成非一日之功，而要靠长期的理论和生活实践教育。

再次要使学生有为科学做贡献、为祖国和人民做贡献、为中华民族复兴做贡献的坚定意志。意志对于人生的成功是非常重要的，坚定的意志可以使人不怕艰难险阻而把事情做到底，意志不坚定往往导致半途而废。科学研究、服务人民、奉献民族都是异常艰险的事业，缺少坚定的意志和不怕艰难困苦的精神是不可能做成功的。古人说"有志者事竟成"指的就是意志的作用。当然，坚定的意志必须以科学的理念、热烈的情感作支撑，否则无法维持。

最后要使学生树立中国特色社会主义共同理想和共产主义伟大理想。共产主义是人类社会发展的共同归宿，这是由资本主义社会发展的客观规律和资本主义的剥削本质决定的。社会主义社会是共产主义社会发展的第一阶段，以后还会发展到更高阶段。我国目前则处于中国社会主义社会的初级阶段，目标是实现社会主义现代化和中华民族伟大复兴，这是我们实现共产主义远大理想的必由之路。中国特色社会主义共同理想和共产主义伟大理想的实现之路会很漫长，也会历经坎坷和反复，但终究会实现。学生有了这样的人生理想之后，就会产生强大的思想动力，并自觉支配自己一生为之奋斗。

应该指出，要使学生对中国特色社会主义有科学的认识、热烈的情感、坚定的意志和远大理想，思政课教师自己必须首先做到。如果教师自身对社会发展规律缺少科学认识，对党和人民缺少热烈情感，对社会主义建设缺少坚定意志，对中国特色社会主义和共产主义事业没有信心，那是无法要求学生做到的。因此，要提高思政课教学效果，思政课教师的素质极为关键，建立一支合格的思政课教师队伍是搞好思政课教学的根本保证。

总之，高校思政课教学目标是一个由认知、情感、意志、理想四方面构成的体系，我们应当全面加以把握并处理好相互之间的关系，以最大程度发挥出思政课培养学生素质之效能。

（本文写于 2019 年 4 月 7 日）

22. 高校思政课教学应以能力培养为主

现在的高校思政课教学多以传授知识为主，教师在课堂上花大力讲授马克思主义基本原理知识、毛泽东思想和中国特色社会主义理论体系知识、中国近现代史知识、思想道德修养和法律基础知识以及当代世界经济与国际政治知识。但对于如何应用这些知识去解释或解决自身的世界观问题、人生观问题、价值观问题、社会历史观问题以及当前各种社会现实问题，教师和学生们却都不甚了了。以至于学生们考完试以后，这些知识就基本都被置之于脑后，而不再管它了，这是目前高校思政课教学功能不彰的重要原因。

要改变这种情况，应该调整高校思政课教学重点，即将重在知识讲授转移到对学生认识问题和解决问题的能力培养上来。现代大学生所应具有的能力很多，而就思政课的任务而言主要有：培养学生树立正确世界观、人生观、价值观的能力，培养学生用中国马克思主义立场、观点和方法认识世情和国情的能力，培养学生政治思维、法治思维、德治思维的能力，培养学生正确鉴别、评判、抵制各种错误思潮和歪风邪气的能力，等等。不能要求学生立即具有这些能力，但在四年的教学中，应该要求学生逐步全面掌握这些能力，并且要经得起检验和考核。

要培养学生具有上述能力，第一，应该要求教师具有这些能力，现在有不少年轻教师也是缺少这些能力的，因而有关主管部门应该加强对思政课教师这方面能力的培养，以避免"以其昏昏使人昭昭"的情况出现。第二，应该改变教学方法：基础知识还是应该讲的，但不能孤立地讲授基础知识，而应围绕问题讲授基础知识，重在引导学生用基础知识解释和解决问题，要增加以知识应用为内容的讨论课时间。教师宁可少讲基础知识，也要把基础知识的应用讲透彻，使学生真正掌握有关的应用能力，这是贯彻"授人以渔"原则的根本要求，片面追求学生掌握基础知识的数量没有意义。第三，思政课教学应有批判精神，即批判各种现实社会中流行的错误思潮（如普世价值思潮、历史虚无主义思潮等）以及歪风邪气，以提高学生免疫力。第四，应该改变考核方法：考卷中应该尽量减少基础知识题，而增加应用分析题。毛泽东曾说："如果你能应用马克思列宁主义观点，说明一个两个实际问题，那就要受到称赞，就算有了几分成绩。被你说明的东西越多，越普遍，越深刻，你的成绩就越大。"[1]只有根据学生分析问题的能力给分，才能真正检验出教学效果。第五，应该根据能力培养的要求，采用"少而精"的原则改善现有思政课教材。教材的写作应以问题为指导，突出基础知识的应用，而避免从概念到概念的逻辑推导，避免体系化的写法。

总之，高校思政课教学的核心目的是培养学生用马克思主义特别是中国

---

〔1〕《毛泽东选集》（第三卷），人民出版社1991年版，第815页。

马克思主义立场、观点和方法解释和解决实际问题的能力，如果在四年的学习中，学生的这方面能力真正提高了，则高校思政课的目标也就实现了，这样就可以为学生在毕业后的实际工作中把这种能力坚持下去打下基础。

（本文写于 2018 年 8 月 17 日）

第八部分

论哲学问题

1. 论两种哲学体系

哲学研究的根本使命是正确解释世界的本质和规律性。迄今为止，哲学家们是从两个角度来实现这一使命的。其一是从普遍性的角度揭示世界万物的本质及其规律性，其二是从整体性的角度揭示世界万物的本质及其规律性。前者可称为普遍性哲学，后者则可称为整体性哲学。这两种哲学体系相互独立，又相互作用，构成了哲学发展路径。

我们平时所接触到的哲学主要是普遍性哲学，即以揭示世界万物的本质及其规律性为使命的哲学。历史上的唯物论和唯心论、辩证法和形而上学都是普遍性的哲学体系。马克思主义哲学主要也是关于普遍性的哲学。普遍性哲学是在具体科学的基础上建立起来的，是对具体科学知识的概括和总结。反过来，学习普遍性哲学有利于我们把握事物的普遍属性，并以此为指导去认识具体事物。现有的科学知识体系都体现着普遍与特殊的统一。

整体性哲学则是在 20 世纪中期以后才建立起来的，其学科基础是贝塔朗菲创立的系统论。系统论认为，任何事物都是整体与部分的统一，一方面它是构成更大事物的组成部分，并受其制约；另一方面其本身又是一个整体，其属性和功能与其组成部分有着质的区别。因而认识了整体不等于认识部分，而认识了部分也不等于认识整体，所以近代的还原论思维是不正确的。应该以整体性思维为指导，才能正确认识世界。

普遍性哲学和整体性哲学从两个不同侧面反映了世界的属性，它们都是正确的，不能用一个否定另一个。但它们之间又是紧密相关的，可以互相提供解释。首先，世界的普遍性就包含着世界的整体性，没有什么事物是不具有整体性的，只是整体性的规模和稳固程度不同罢了。因此，当我们用整体性原理去认识大千世界的时候，并没有违反普遍性哲学的要求。其次，世界的整体性也是包含着普遍性的，因为整体性本身是由世界的各种属性（包括普遍性）构成的，缺少了对普遍性的认识，也就只剩下了特殊性认识，而这是不符合从整体上认识世界的要求的，只有从普遍与特殊的结合上来认识世界，才是从整体上认识世界。由此可见，把哲学普遍性思维与哲学整体性思维结合起来，才能客观地反映世界的面貌。

列宁曾经指出："要真正地认识事物，就必须把握住、研究清楚它的一切方面、一切联系和'中介'。我们永远也不会完全做到这一点，但是，全面性这一要求可以使我们防止犯错误和防止僵化。"[1]哲学要正确解释世界，也必须遵照这一点，把对其普遍性认识和整体性认识有机结合起来。

（本文写于 2016 年 7 月 21 日）

2. 数据不等于事实

现在人们为了说明自己的某些观点，经常会举出一些数据来做佐证。特别是一些搞经济学研究的人，简直到了言必有数据，无数据不成文的地步。然而，这些所谓的数据真的那么可靠吗？未必！

首先，这些数据是怎么来的？一是靠自己亲自调查统计而来，二是靠引用他人的调查统计数据而来。但无论来源如何，都是主体认知的产物，其同客观事实本身根本不是一回事。由于主体认知的过程受着多种主客观因素（立场、观点、方法、假象、事物波动等）的影响，这种认知结果可能反映了事物真实情况，但也可能未反映事物真实情况，还可能只是反映了部分真实。因而把结论完全建立在数据基础之上，本身就存在错误的风险，难以让人足信。

其次，数据只是客观事物的量化特征，除此之外，事物还有质的特征，这是更为重要的特征，因而单纯数据并不能完整反映事实，又由于同质的事物，往往有根本不同的数量表现，因而有的数据还会歪曲事实。例如我国的钢铁产量很高，但并不能说明我国钢铁企业的素质是世界一流的，它可能是众多低质企业产量加和的结果。所以，只有把数据与事物的其他特征（尤其是质的特征）结合起来研究，才能全面反映事物，得出正确结论。

最后，凭数据说话者往往只是考虑了客观情况，而忽视了主观情况。实

---

〔1〕《列宁选集》（第 4 卷），人民出版社 1995 年版，第 419 页。

际上，在社会现象的发展中，人民群众的主观感受、思想意愿、精神状态是起着极为重要作用的。特别是在战争中，人员和装备的数量固然起着重要的作用，但参战人员的精神素质也十分重要，抗美援朝战争的结果就是实例。我们在社会主义建设过程中也要注意：不能只是用数据说明人民群众得到了多少实惠，还要考虑人民群众的实际感受，要特别强调人民群众的"获得感"如何。

近些年来，国外有不少所谓经济学家根据他们手里掌握的数据断定中国经济将陷入崩溃，然而至今中国经济发展正常；国内也有些研究者根据某些数据预测中国社会将面临危机，但他们所预测的危机也并未发生；此外，也有所谓观察家根据中美双方的武器装备数量来预测胜负，可惜也未变成现实。这除了他们所依赖的数据本身不准确外，恐怕对数据反映事实方面的局限性认识不够也是重要原因。

马克思主义告诉我们，研究问题要从实际出发，而"实际"是包括主客观各方面情况的，绝非单纯的数据所能取代。列宁也曾指出，"要真正地认识事物，就必须把握住、研究清楚它的一切方面、一切联系和'中介'。我们永远也不会完全做到这一点，但是，全面性这一要求可以使我们防止犯错误和防止僵化。"[1]所以人们认识问题并做决策时是不能仅以数据为基础的，除了数据以外，还应注意到客观事物的各方面特征，其中尤其是事物的本质表现和人民群众的精神状况，那种数据至上的片面研究方法是应该加以谨慎对待的。

（本文写于 2016 年 7 月 26 日）

3. 浅谈孔孟之道与马列主义在人际关系认知上的区别

关于孔孟之道与马列主义的关系，人们多从历史和阶级性上去理解，即把前者理解为古代的、封建阶级的思想体系，后者则是现代的无产阶级的思想体系。这种解释固然重要，但很不够。其实还可以从反映对象的不同上来

---

〔1〕《列宁选集》（第 4 卷），人民出版社 1995 年版，第 419 页。

理解。例如孔孟之道主要是关于个体之间关系的思想体系，而马列主义则主要是关于群体（阶级、民族）之间关系的思想体系。正是这后一种理解，使得人们可以将二者结合起来，相得益彰地为我国现代化建设服务。

孔孟之道本质上是关于个体人际关系的思想体系，无论是《论语》还是《孟子》大都讲的是处理个体人际关系的知识和方法。个体人际关系包括的内容极为广泛，君臣关系、父子关系、夫妻关系、兄弟关系、姐妹关系以及师生关系、朋友关系等都是这方面的内容。所谓"君君臣臣父父子子"的说教正是要求人们遵守这方面关系的行为准则。因为个体人际关系具有普遍性，因而孔孟之道也就有着广泛的适用性，所以不少内容（如己所不欲，勿施于人、人敬我一尺我敬人一丈等）至今仍为中国人所遵循。孔孟之道的这一特点与其诞生于封建社会有关：封建社会是直接建立在个体经济基础之上的社会，因而作为意识形态的孔孟之道也就必然以反映个体人际关系为内容，个体人际关系有横向和纵向两个维度，而无论横向关系还是纵向关系，都只有保持适度和谐才能获得稳定存在，因而在孔孟之道中，和谐思想也就成为核心。我们今天强调和谐是抓住了孔孟之道这一传统文化的核心内容的。孔孟之道思想体系的缺点是缺少群体关系（阶级关系、民族关系）方面的内容，它不能引导人们从宏观上观察人际关系，因而难以发现社会整体发展的规律性，也不能引导人们从整体上推动社会的进步，而只能永远迷恋于个体人际关系的和谐，把社会发展建立在个体人际关系和谐的基础之上。

马列主义则是关于群体关系（阶级关系、阶层关系、民族关系等）的思想体系，它认为人的本性是社会性，即人只有在群体中才能生存，人类历史是阶级斗争史，因而主张用阶级斗争观点和方法解释和解决社会问题。毛泽东对此概括得很经典："阶级斗争，一些阶级胜利了，一些阶级消灭了。这就是历史，这就是几千年的文明史。拿这个观点解释历史的就叫做历史的唯物主义，站在这个观点的反面的是历史的唯心主义。"[1]个体人之间可以搞和谐，但对立阶级之间无法搞和谐，只能靠革命斗争解决问题，非对立阶级之间的关系可以搞和谐，但也离不开斗争，只不过这种斗争的性质与敌对阶级之间的斗争性质不同罢了。马列主义的这一特征主要与其诞生于充分发展了的阶级社会——资本主义社会有关，在资本主义社会中，资本家阶级靠雇佣

---

〔1〕《毛泽东选集》（第四卷），人民出版社 1991 年版，第 1487 页。

工人阶级为生，二者存在着根本利益上的矛盾，因而和谐相处在根本上没有可能。马列主义的不足是缺少处理个体人际关系方面的内容，它认为个人之间的关系完全从属于阶级关系，认为在阶级社会中，每一个人都在一定的阶级地位中生活，各种思想无不打上阶级的烙印，因而只是一味强调斗争，从而造成无尽的悲剧。

应该说，孔孟之道和马列主义之间是各有优点和不足的。孔孟之道虽为个人之间关系的处理提供了原则遵循，有利于实现人际关系和谐，在微观层面稳定社会，但在处理阶级关系上却是空白，不能在宏观层面给人以指导，并有效维持社会稳定。马列主义则在社会群体关系的处理方面给人们提供了科学指导，有利于推动社会的进步和发展，但在个体人际关系的处理上却又显得不足，使人无所适从，因而也就难以在微观上维持社会稳定。基于此种认识，笔者认为应在今天现实的基础上，把二者有机结合起来。一方面，我们应该在宏观上处理好各种阶级、阶层和民族关系，搞好国家治理，推动社会进步；另一方面，我们也应在微观层面处理好各种人际关系，搞好微小的平衡，保持社会稳定。总之，我们应该把两种思想体系有机结合起来，使其共同为社会主义服务。应该指出，毛泽东在领导中国革命和建设实践中是十分注意处理好这两者关系的，他除了坚持阶级关系方面的理论以外，还给出了大量有关处理个人关系方面的论述，诸如"毫不利己专门利人"的精神、"互相关心、互相爱护、互相帮助"的精神、"团结—批评—团结"的精神，等等。当然，他所说的这种个体人际关系的内容是在马列主义指导下提出来的。我们应该学习和坚持毛泽东的这一优良传统，继续在马列主义与孔孟之道的相互结合上迈出新步伐。

（本文写于 2016 年 8 月 27 日）

4. 保持平衡是一门艺术

凡是看过女子平衡木项目和杂技演员走钢丝节目的人都不能不为演员高超的平衡技艺而惊叹。正是靠着这种技艺，她们才得以在平衡木和钢丝上做出各种设计动作，取得光辉成功。其实人们无论做什么工作，都是需要掌握平衡技艺的，只要平衡把握得好，工作就能顺利开展并取得成功，而平衡把握不好，工作就难免受挫并遭受失败。

例如，人们改造自然的生产活动即如此：改造（或开发）自然太过，破坏了生态平衡，人类生存就会受到威胁，诸如各种水旱灾害、雾霾天气、水体污染等大都是生态失衡的结果，只有保持生态平衡，才能做到与自然和谐相处；社会改革也是这样：一定时期只能设定一定层次和范围的目标才能顺利实现，目标过多过高就完成不了，目标过少过低，改革的价值又难以体现；政府调控也要注意平衡才能真正收到实效，调控过度，会影响市场运行，这就不是调控而是干扰了，调控不够，市场又会出现混乱，这又是放任自流了，所以要准确把握政府调控的度；开放也是如此：要根据国情需要掌握开放程度，才能起到促进国内正常发展的作用，过度开放会冲击国内秩序，开放不足，又会影响国内发展；甚至治疗疾病也要注意把握平衡：用药过量，病根倒是解除了，但造成了健康肌体受损，这就是治疗失衡了；等等，不一而足。

从哲学上说，平衡就是事物保持自身"度"的发展状态。"度"是指决定事物质存在的量的范围，表现为由两个关节点（临界点）构成的区间，如水的度就是指在标准气压下 0℃ ~100℃ 之间的范围。任何事物都是存在于"度"之中的，突破了"度"的限制，该事物就会变成其它事物。如法学上的"防卫过当"就是指超越了防卫度的要求而变成伤害他人了，防卫过当要承担法律责任，当然防卫不足也会使自己受到伤害，所以把握防卫的"度"即平衡很重要，要把自卫行为控制在一定范围内——保持自卫的平衡态才好。哲学上认为，事物在发展中保持自己的"度"是有条件的，因而任何事物的平衡态都是相对的，而不是绝对的。例如，从外部把水持续加热或用吸热法将水持续降温，液态水或早或迟会发生质变，或变成气或变成冰。所以要保持事物发展的平衡需要具备或创造一定条件才行，否则只能是幻想。总之，我们无论做什么事，都要注意分寸，掌握好"火候"，这样才能达到平衡性要求。古人提倡中庸，认为过犹不及，也是指要保持事物发展平衡之意。

当然，我们平时在做工作时，尤其是做博弈性工作时，保持平衡很不容易。这里难就难在导致事物质变的关节点是一个非常狭小的范围，稍微超越，事物就会越界而引发质变，造成预想之外的工作结果。因而要想保持平衡，就必须精确认识事物平衡的关节点或临界点，并需经过反复多次实践取得经验才行。虽然如此，由于事物"度"的关节点具有客观性、可知性，因而只要人们有决心、有信心、有毅力，在工作中保持平衡是能够做到的，那种关于"度"的不可知论或无可作为的观点并不可取。或者说："矫枉过正"是否也是一种保持事物平衡的方法呢？诚然如此。但是这种保持平衡的方法多是在"不过正不能矫枉"的特殊情况下不得不采取的一种做法，这种情况虽然在实际生活中经常发生，但它会给工作造成较大损失和不良影响，因而是应该尽量加以避免的，无论如何不能使其成为我们工作失衡局面的一种托词，更不能成为我们工作的一种常态。

总之，我们无论做什么工作都应注意平衡性要求，这不仅是成功的秘诀，也是符合人民利益的大事。

（本文写于 2016 年 1 月 9 日）

5. 问题与发展

我国目前在全面建成小康社会的征程中遇到很多问题，诸如干部腐败问题、经济下行问题、恐怖主义问题、环境污染问题、错误思潮泛滥问题等。面对这些问题，有人焦急，有人埋怨，有人无奈，有人失望。其实这都大可不必！问题是什么？就是发展中的挫折和困难吗！请问各位：在人类历史上，包括在中国历史上，有过没问题的时候吗？没有的！从来没有的！恰恰相反，有时问题还很严重！严重到面临亡国灭种的威胁！例如，在鸦片战争时期不就是这样的么？大革命失败时期不也是这样的么？日帝侵略中国初期不更是这样的么？甚至新中国成立之后也有过三年困难时期和"文化大革命"时期呢！可是这些问题把中国共产党人压倒了么？把中华民族压倒了么？中国历史的车轮停止前进了么？没有的！不仅没有，而且经过中国人民特别是中国共产党领导下的中国人民的艰苦奋斗，这些问题都被一个个解决了，并且取得了新民主主义革命和社会主义革命的胜利！取得了改革开放的伟大胜利！中国历史一下子从近代跨入了现代！真正自立于世界民族之林了！历史表明，问题的出现虽然是坏事，但它可以激励人们去奋斗，去为解决问题而凝心聚力，世界上从未有不能解决的问题！办法总比问题多！而问题一旦解决，历史也就会前进一大步！

唯物辩证法认为：问题就是矛盾，解决问题就是解决矛盾，事物就是在矛盾不断出现又不断解决中前进和发展的！没有问题的发展是不可能的，有了问题不想办法解决也是不可能发展的。小问题的解决会导致小发展，大问题的解决会导致大发展。因此，有了问题绝不可怕！它正好可以给我们提供发展的动力和机遇！共产党人就是为了解决革命和建设中的问题而生的！如果一切都顺顺利利，没有问题，没有挫折，那还要共产党人干嘛？我们这一代人也是为了解决今天的问题而生的！如果什么问题都没有了，那还要我们这一代人干嘛？

马克思曾说："主要的困难不是答案，而是问题。""问题就是时代的口号，是它表现自己精神状态的最实际的呼声。"[1]习近平也说："理论创新的过程就是发现问题、筛选问题、研究问题、解决问题的过程。"[2]历史上的鸿篇巨制"都是时代的产物，都是思考和研究当时当地社会突出矛盾和问题的结果。"[3]光照马克思主义发展史的中国特色社会主义理论更是中国共产党人从当代中国实际出发创立的理论结晶。

去掉忧愁！去掉焦虑！扔掉埋怨！扔掉失望！让我们勇敢地去面对问题，找出解决各种问题的方法！世上无难事，只要肯攀登！在以习近平同志为核心的党中央领导下，只要我们与全国人民团结一致，艰苦奋斗，就一定能克服当前的各种困难，顺利实现社会主义现代化和中华民族伟大复兴的目标！

(本文写于 2016 年 2 月 1 日)

6. 互联网引发人类行为方式变革

自互联网诞生以来，人类行为方式发生了极大的社会性变革，这种变革主要有以下几方面：

一是互联网引起认知方式的社会性变革。认知是人类的一项基本活动，

---

〔1〕《马克思恩格斯全集》（第 40 卷），人民出版社 1982 年版，第 289~290 页。

〔2〕《习近平谈治国理政》（第二卷），外文出版社 2017 年版，第 342 页。

〔3〕《习近平谈治国理政》（第二卷），外文出版社 2017 年版，第 343 页。

但以往的认知活动基本是以个体经验为基础的，调研、总结、发现基本都通过个体活动来进行。互联网则根本改变了这一认知模式，使之以整个社会经验为基础转变：现在认知主体可以通过互联网搞调研，广泛收集数据，进行总结攻关，从而极大提高了认知效率，这必将极大推动人类认知活动的大发展。

二是互联网引起评价方式的社会性变革。评价是基于主体需要的一项特殊人类认知活动。没有评价活动，人类行为目的就不能产生，行为动力也无法形成。但人类以往评价活动也是以个体为基础来进行的，而借助互联网，人类则可以把评价活动上升到社会规模，极大提高评价活动的整体性、全面性和权威性，并进而引发人类共同的目的性和行为合作性。

三是互联网引起决策方式的社会性变革。决策是人类行为的关键环节，没有科学的决策就没有科学的实践行为。互联网的出现改变了人类决策方式，并极大增强了决策的科学性。现在如雨后春笋般出现的各种咨询决策公司或智囊团便是这种决策方式改变的例证。可以预计，随着互联网事业的发展，这种社会化决策方式也必然会发展起来，并对人类行为发生巨大影响。

四是互联网引起管理方式的社会性变革。管理是社会正常发展的必要环节。随着互联网的推广，管理方式也日益发生根本变革，即由线性管理发展到网络管理，由局域网管理发展到全面网络管理，从而极大提高管理效率，并避免管理失败风险。

五是互联网引起实践方式的社会性变革。实践是人类改造世界的物质活动，而每种实践活动都是离不开主体之间、实践环节之间的相互联系的，互联网则极大加强了这种联系的系统整体性。现在的生产实践已是一种网络生产实践，社会实践也已是一种网络社会实践，科学研究更是一种网络性研究。这种网络性实践结果不仅使社会财富喷涌而出，而且极大地减少了资源浪费。

李克强总理在 2015 年《政府工作报告》中提出要实施"互联网+"计划，这是一场思维模式的跃升。遵循"互联网+"的思维模式，人类行为方式和效率水平都将得到极大提升，并将最终引发人类生存方式的巨大改变。

（本文写于 2015 年 12 月 23 日）

7. 要辩证理解从实际出发的方针

"实事求是，从实际出发"是马克思主义者认识世界和改造世界必须遵守的基本指针，是共产党人领导革命和建设取得胜利的思想基础。但客观实际是一个复杂的矛盾体，我们在坚持贯彻从实际出发的方针时，必须把握住客观实际的一切矛盾方面，并且要集中力量抓住主要方面，解决主要问题，才能保证认识世界和改造世界的成功。

首先，客观实际是客体与主体的统一，从实际出发必须兼顾这两方面内容。这里应注意：客观实际并不等于客体实际，还包括主体实际；主体实际也不等于主观实际，还包括主体的客观实际。古人云：知己知彼百战不殆。这里所谓知己，就是要知主体的实际，知彼则是知客体的实际。只有把二者相结合，并处理好己和彼的对应关系，才能保证革命和建设事业的成功。

其次，客观实际还是整体与局部的统一，从实际出发也必须包括这两者。只顾从整体实际出发而忽视从局部实际出发容易犯战术性错误，而只从局部实际出发而忽视从整体实际出发，则易犯战略性错误。毛泽东提出的"战略上藐视敌人，战术上重视敌人"的作战方针就是以整体实际和具体实际相结合为基础的，这可以避免犯很多错误。我国尚处在社会主义初级阶段，这是当前最大的实际，我们的方针政策必须从这一最大实际出发，才有可能成功，但在局部方面，我们也有超越这一实际水平的情况存在，对此也必须加以重视，并拿出相应的政策与之适应。

再其次，客观实际是历史与现实的统一，我们在贯彻从实际出发的方针时也必须兼顾这两者。历史是现实的基础，现实是历史的发展，这二者有区别也有联系。只从历史实际出发，不顾现实变化，制定工作方针时必然脱离实际，导致犯右的错误，只从现实出发不顾历史实际的决策，也会脱离实际，容易导致"左"的错误。我国目前已经进入社会主义社会，政治、经济、文化都发生了天翻地覆的变化，这是基本的事实，但我们也应看到，我国又是一个有着五千年历史传统的大国，在各方面都有着自己特殊的传统，对此也必须充分加以注意。只有这样，才能全面贯彻好党的中国特色社会主义建设方针。

复次，客观实际是质与量的统一，从实际出发也必须兼顾二者。现在人们认识和处理问题比较重视数据，强调凭数据说话，甚至存在唯数据是从的情况，这是一种片面性。量只是事物质的表现，质才是量的基础，人们只有在首先确定事物质的基础上，再进行量的分析，才能达到对事物的精确认识。因而在认识事物时，应首先对其做出定性分析，继而做出的定量分析才有意义，定量分析必须时刻注意定性方面的基础。例如，打仗前不仅要对敌方力量做出量的分析，还要做出质的分析，看其军队素质如何，是正义还是非正义，然后才能制定出正确的作战方针。人们经常评论说，中国是个大国，但还不是强国，这里面就包含着定性分析的内容。因为大国的主要特征是数量大，而强国则是对国家力量质的评价。

又次，客观事物是内部因素与外部环境因素的统一，内部因素是根据，外部因素是条件，缺少任何一方，事物都无法存在和发展。因而我们在贯彻从实际出发方针时，亦应做到二者兼顾。如果只是从事物内部实际出发制定方针政策并处理问题，难免会因为外部条件不具备而难以实施。相反，如果只是根据外部条件制定方针政策并处理问题，又会失去内在根据并导致失败。我国的改革开放方针就是根据国内外综合实际制定出来的：国际和平环境是外部实际，国内发展需求则是内部实际。这种双根据保证了改革开放事业的成功。

最后，从价值属性上说，客观实际还是有利实际与不利实际的统一。我们贯彻从实际出发方针，也必须兼顾二者。有人办事只从有利于自己的实际出发，而置不利的实际情况于不顾，这样做是难免要摔跤的，因为不利于自己的实际也是实际，也对事物发展进程起作用，如果人们加以忽视，那就难免会造成不测事件的发生，从而给决策执行造成阻力和损失。所以，我们在贯彻从实际出发方针时，一定要关注不利的实际因素，对情况全面加以把握，这样可以保证决策的全面客观性，从而获得成功。

毛泽东曾说："世界上的事情是复杂的，是由各方面的因素决定的。看问题要从各方面去看，不能只从单方面看。"[1]对于从实际出发的方针也是这样。当然客观实际的矛盾是多样的，除了上面所说的以外，客观实际还是本质与现象的统一、内容和形式的统一、必然和偶然的统一、肯定和否定的统一，等等。我们在贯彻从实际出发方针时，对此都应加以注意。只有这样，才能真正做到从实际出发决定工作方针，也才能保证认识世界的正确性和改

---

〔1〕《毛泽东选集》（第四卷），人民出版社 1991 年版，第 1157 页。

造世界的成功性，这也是把唯物论和辩证法相统一的要求。

（本文写于 2016 年 9 月 8 日）

8. 浅论认识与评价的关系

认识与评价是人类以外界事物为对象的主观活动的两个重要领域。认识是人脑对外界事物现象、本质、规律等的反映，而评价则是人脑对外界事物于人的利害等价值关系所做的评判。认识的基点是客观性，它以客观存在的状况为转移；评价的基点则是主观性，它要根据人自身的需要而做出。

认识与评价的关系是：认识是评价的前提条件。先有认识，后有评价，没有对客观外界事物的认识，就不可能有对外界事物的评价，对客观外界事物的认识结果，决定着对客观外界事物的评价结论。所以，人们在面对客观外界事物时，应当首先去认识之，争取做出正确的认识结论。评价则是认识的进一步发展，人们认识世界是为了利用世界以维持自身的生存和发展，因而就必须评价外界事物对人的利害关系：有利于人的生存和发展的事物，人们才去利用或改造之，如果无利于人的生存和发展的事物，人们就不会去利用或改造它了。

评价对认识具有指导作用。这种指导作用在日常生活中是处处表现出来的：如学习知识首先要看这种知识对自身的生存和发展是否有用，有用则学，无用则弃；人认识物也是如此：认为与自身有利的人或物就去认识或先认识，与自身需要无关或关系不大的人或物就不必去认识或缓认识，如果人或物对自身无利，就会弃之或避之。因而，我们应该根据自身的价值需要来决定认识的对象和次序，那种脱离价值需求的认识活动没有意义，所谓"为科学而科学"的提法是应该抛弃的提法。

有人说：既然认识先于评价，这里怎么又说评价可以指导认识了呢？回答是：这里所说的评价对认识的指导作用是在承认认识的先在作用基础上发生的，它是一种反向作用，是一种第二位的作用。这和实践产生认识，而认识又对实践有反向指导作用的道理是一样的。现在学生考大学前都要选择学校和专业，这种选择就是建立在学生对大学和专业的初步了解之上的。所以认识和评价之间并不矛盾，而是辩证的统一体。

把握认识与评价的辩证关系是设计世界和改造世界的基本前提，人们只有在对客观对象有了科学认识和正确评价之后，才可能制定出改造客观世界的可行方案，并取得实践上的成功。我们从事社会主义现代化建设，一定要把路线、方针和政策的制定建立在对世情和国情的科学认识和正确评价的基础上，唯有如此，才能顺利实现复兴中华民族的伟大中国梦。

（本文写于 2016 年 10 月 2 日）

9. 全面把握哲学内容

关于马克思主义哲学的内容，人们通常从"一总三分"上去把握，其中"总"是指世界观，"三分"则是指自然观、历史观和认识论，当然，还可以按照这个普适性等级的思路继续往下分，如自然观中可以分为物理观（物理哲学）、化学观（化学哲学），历史观可以分为政治观（政治哲学）、经济观（经济哲学），等等。这种对马克思主义哲学内容的把握是建立在对哲学是世界观的理解之上即哲学是解释世界的知识体系的理解之上的。然而马克思在《关于费尔巴哈的提纲》中说："哲学家们只是用不同的方式解释世界，而问题在于改变世界。"[1]从马克思对以往哲学的评价中不难看出，他认为哲学应当包括两大内容：一是解释世界的内容，二是改变世界的内容。而马克思主义哲学正是这二者的统一，并且主要是关于改变世界的内容，这也是马克思主义哲学与旧哲学的根本区别。

历史表明，人们从解释世界并不能一下子就过渡到改变世界，这中间必须要经历一系列环节才行。这些环节依次有：评价世界，设计世界，控制世界。其中评价世界主要解决世界对人的功用问题，人们不解决世界的功用问题，就不能产生改变世界的动力和目标；设计世界则主要解决改变世界的方案问题，方案问题不解决，人们的行为就无所遵循；控制世界主要解决人类行为度（或边界）的问题，人类行为一旦失度就会遭到世界的报复，从而使

---

〔1〕《马克思恩格斯选集》（第 1 卷），人民出版社 1995 年版，第 57 页。

自身受到损害。总之，人类在认识世界后，只有经过评价世界、设计世界、控制世界等环节，才能过渡到有效改变世界。而哲学作为全面反映人与世界普遍性关系的知识体系，也就必须包括上述这些方面的内容。对哲学内容的这种认识与科学知识的内容是一致的：历史表明，无论是自然科学知识，还是社会科学知识，抑或是思维科学知识，都包括对世界的解释、评价、设计、控制、改变五方面的内容，否则就不完善，也难以形成真正系统的科学知识系统。哲学作为具体科学知识的概括和总结，也应该反映这种科学知识功能的现实情况。

把握哲学的上述内容对于中国特色社会主义建设实践具有重要意义。首先，它有利于我们从整体上把握中国特色社会主义建设实践的各个环节，避免片面性。从哲学层面上说，所谓全面建设社会主义的理论，就是既要注意对中国特色社会主义的认识论建设，又要注意对中国特色社会主义的评价论建设、设计论建设、控制论建设、改变论建设。习近平同志关于顶层设计的理论正是抓住了中国特色社会主义建设的核心问题理论，不抓好顶层设计，中国特色社会主义建设就失去遵循，因而不可能成功。其次，它也有利于我们全面贯彻"五位一体"的总体布局。无论是经济建设、政治建设、文化建设、社会建设、生态建设，都包括认识、评价、设计、控制、改变等五个方面的问题，只有这五个方面的问题都得到解决，"五位一体"的总体布局才有可能实施。总之，马克思主义哲学是认识世界、评价世界、设计世界、控制世界、改变世界五方面内容的统一，其中认识世界和评价世界是基础，设计世界是关键，控制世界和改变世界则是目标。只有把握好哲学的这五方面内容及其相互关系，才能指导实践取得既定成果。

（本文写于 2016 年 10 月 27 日）

10. 谈谈长征胜利的自然因素

长征取得胜利主要取决于党中央和毛泽东同志政治军事领导的正确、全党全军的艰苦奋斗以及各地人民群众支持等因素，而自然环境亦是重要因素之一。

谈到自然环境，人们首先会想到高寒的雪山和茫茫的草地，这种自然环境无疑是十分恶劣的，极不利于人的生存和活动，甚至使人随时面临死亡的威胁。但也正因为其极端的险恶性，敌人也不敢或不能在此开展堵截红军的军事活动，而这也就在客观上为红军提供一条生路，因为自然环境再恶劣也是可以克服的，这是"天无绝人之路"的道理。事实上广大指战员也正是靠了战天斗地的不怕苦和死的精神才克服了困难，走出绝境的。而如果没有这样的险恶环境，到处都是一马平川，或者是红军不选择这种险恶环境，而只选择一马平川之地进行长征，则红军只能凭借英勇献身的精神同敌人死拼了，而这在敌我力量悬殊的情况下其结局是不可想象的。实际上，充分利用自然环境保护和发展自己，也正是毛泽东领导方法的过人之处，他早在《中国的红色政权为什么能够存在？》以及《中国革命战争的战略问题》等文章中就曾多次指出过"地形险要"和"国土广大"等自然环境因素对革命发展的有利作用，毛泽东在领导举世无双的长征中只是再一次充分利用了自然环境而已。

在自然因素的作用方面，还有一点特别应该指出的是广大指战员的年龄优势。据有关材料揭示，参加长征的广大指战员中，90%的年龄都在 20 岁上下，甚至军团级领导干部也不过 30 岁左右。这些年轻的指战员不仅有理想、有激情、打起仗来机智勇敢、勇往直前，而且身体健壮、精力充沛、体力恢复快、生命力顽强。正是靠了这些年轻指战员的思想优势和身体优势，才得以克服长途行军的疲劳，才能有效对付雪山草地的侵扰，而使红军坚持到最终胜利。

我们今天在党中央领导下进行的中国特色社会主义建设是一次新的长征。要取得这一新长征的胜利，除了充分依靠党中央的正确领导和全体人民群众的支持外，我国自然环境优势也不能忽略，我们既要充分保护好自然环境，更要充分利用和开发好自然环境；尤其是要充分发挥具有年龄优势的广大青年的积极性和主动性；各级领导部门都应关心青年，努力为青年人创业提供条件，在建设中国特色社会主义实践中充分信任青年，大胆依靠青年，引导他们为复兴中华民族尽力。在马克思主义、毛泽东思想、中国特色社会主义理论指导下的中国青年是社会主义现代化建设的生力军，他们代表着中国真正的未来！

（本文写于 2016 年 10 月 28 日）

11. 浅谈哲学家的使命

马克思在《关于费尔巴哈的提纲》中说:"哲学家们只是用不同的方式解释世界,而问题在于改变世界。"[1]马克思的这一概括把哲学家的使命从解释世界推进到了改变世界,从而实现了哲学史上的一场伟大变革。但世界历史发展到今天,哲学家们再满足于解释世界和改变世界已经不够了,在二者基础上还应进一步增加评价世界、设计世界、控制世界的任务。只有这样,哲学家们才能进一步完善自己的历史使命,推动哲学发展进入新天地。

所谓评价世界是指人们对世界的价值进行评判的过程。其内容主要包括:什么是客观事物对人的价值?价值产生和发展的规律是什么?价值的类型如何?价值量的大小如何衡量?事物的价值如何保持和改变?对事物的价值认识和本体认识的关系如何?等等。历史表明,人们只有对事物的价值做出评判后,才能进而产生利用事物的目的性和动力,并且对事物价值的评判越全面和越准确,人们产生利用事物的目的性越强,动力也越大。改革开放以来,我国哲学家们开始重视对世界的评价问题,出版了多部学术著作,但研究的重点多集中在对价值本身的探讨上,诸如价值的本质、价值的形成、价值的类型以及价值认识和本体认识的关系等,而对于评价问题则关注不够,成果亦不突出,哲学家们应该在此基础上,着重对于评价世界的问题给予解释和说明。

所谓设计世界是指人们对利用、改变世界的行为方案进行规划的过程。对此,哲学家们也是应该从理论上给予关注的。其主要内容应该包括:设计世界的本质是什么?设计世界包括哪些程序内容?设计世界的手段和类型有哪些?设计世界的意义如何?等等。人类任何自觉的行为都是离不开方案设计的,表现为革命、改革和建设的设计就是路线、方针、政策的提出,各种事业发展规划的制定等。历史表明,方案设计得好(科学性和可行性高),人的行为就容易成功,否则便会遭遇失败。改革开放以来,我国在设计科学方面有较大发展,这有利推动了我国制造业的进步,使我国成为世界上著名的制造业大国。然而在设计的哲学理论研究上并没有新的发展。而有关设计的

---

[1] 《马克思恩格斯选集》(第1卷),人民出版社1995年版,第57页。

哲学理论的滞后，将严重影响我国创新事业的发展，因为任何创新首先都是设计创新，而任何设计创新都是以设计理论为指导的，没有先进的设计理论的指导，就不可能拿出先进的设计方案，因而也就不可能取得创新的成果。我国哲学家们应该对设计世界的问题给予必要的解释和说明，以给人们改造世界的行为提供指导。

所谓控制世界是指人们在利用或改造事物时注意对其运动方式进行选择的过程。控制过程由控制环境、控制主体、控制客体、控制目的、控制手段五个要素构成。按照这五个要素的特征可将控制过程分为开环控制和闭环控制、人工控制和机器控制、自然控制和社会控制、经验控制和记忆控制以及共轭控制、反馈控制、随动控制等形式。无论革命、改革还是建设都离不开控制，失控必然造成混乱。现代控制论就是有关这些问题的理论，但其内容过于技术化，因而难以为一般人所接受和掌握，哲学家们应该将其加以提升，使其成为哲学理论，从而为人们控制世界的实践提供理论指导。

应该指出，人类活动本来就是包括着解释世界、评价世界、设计世界、控制世界、改变世界这样五个环节的，这也是人在处理与世界关系时的五大基本使命，然而由于社会实践有一个逐渐展开和发展的过程，因而历代哲学家们对上述环节给以关注的程度并不相同：哲学家们最早关注的是解释世界的问题，直到 19 世纪才由马克思提出改变世界的问题，20 世纪以后对世界的评价问题、设计问题、控制问题的重要性日益凸显出来，于是才逐渐引起哲学家们的注意，并先后诞生了"价值论""控制论"等学科，近年来"设计"问题开始引起科学家的重视，相信"设计论"最终也会引起哲学家们的关注。总之，认识世界、评价世界、设计世界、控制世界、改变世界是人在处理与客观世界关系时需要普遍经历的环节，只有将这些环节及其相互关系处理好，人才能有效生存和发展。而哲学作为全面反映人与世界关系的知识体系，也就必须包括上述内容。

把握哲学家的上述使命对于中国特色社会主义建设实践具有重要意义。首先，它有利于我们从整体上把握中国特色社会主义建设实践的各个环节，避免片面性。从哲学层面上说，所谓全面建设社会主义的理论，就是既要注意对中国特色社会主义的认识论建设，又要注意对中国特色社会主义的评价论建设、设计论建设、控制论建设、改变论建设。习近平同志关于顶层设计的理论正是抓住了中国特色社会主义建设的核心问题理论，不抓好顶层设计，中国特色社会主义建设就失去遵循，因而不可能成功。其次，它也有利于我们全面贯彻"五位一体"的总体布局。无论经济建设、政治建设、文化建设、社会建设、生态建设，都包括认识、评价、设计、控制、改变等五个方面的问题，只有这五个方面的问题都得到解决，"五位一体"的总体布局才有可能实施。总之，马克思主义哲学是认识世界、评价世界、设计世界、控制世界、改变世界五方面内容的统一，其中认识世界和评价世界是基础，设计世界是关键，控制世界和改变世界则是目标。哲学家们只有把握好这五方面内容及其相互关系，并创立出相应的理论，才能指导人们的实践取得既定成果。

（本文写于 2016 年 12 月 9 日）

12. 自信与不自信是对立统一

现在我们特别强调自信：一曰道路自信，二曰理论自信，三曰制度自信，四曰文化自信。毋庸置疑，这是极为重要和必要的，离开了这种自信，我们不可能充分发挥出中国特色社会主义道路、理论、制度、文化的巨大优越性，进行好伟大的社会主义现代化建设，实现中华民族的伟大复兴。但是我们在充分强调自信的同时，也应该遵照辩证法的要求，适当保持点不自信，以为道路的开辟、理论的发展、制度的完善、文化的繁荣保持一定的可能性通道，并避免骄傲自满和夜郎自大的弊端。

实际上，自信与不自信从来就是对立统一的，自信不能脱离不自信而孤立存在，否则就会变成自满；而不自信则是建立在自信基础上的，否则又会变成吞噬人们心灵的妄自菲薄。因此，我们在建设社会主义过程中，永远既要坚持自信，还要以此为主，又要保持点不自信，但为次。诚如毛泽东所说，既要保持一定的虎气，是为主，也要有点猴气，是为次，这才是辩证的态度，也是有利于发展社会主义事业的态度。

说实话，我国目前在社会发展的各个方面，虽然取得的成就巨大，但其缺点和不足也还是有很多的，正因为如此，中国特色社会主义道路还需继续探索，中国特色社会主义理论还需要不断发展，中国特色社会主义制度也还需要持续完善，至于中国特色社会主义文化体系更需要加紧建设。因而我们必须继续保持谦虚谨慎，戒骄戒躁的态度，虚心向历史和外域学习。只有这样，我们才能真正变得逐渐强大起来，为世界人民不断做出我们的新贡献。

总之，对于实践证明是正确的实现中华民族伟大复兴的理论、道路、制度、文化，我们一定要保持充分的自信，并以其为指导一往无前地向前奋进，但同时我们也要看到上述各方面存在的不足，并努力加以完善和发展。只要我们在理论与实践上坚持好这种自信与不自信的对立统一，我们就一定能够建成伟大的社会主义强国，实现中华民族的伟大复兴！

（本文写于 2016 年 12 月 26 日）

13. 论全面性思维

全面性思维是十八大以来党中央十分强调的一种辩证思维方式。"五位一体"总体布局、"四个全面"战略布局都是这种全面性思维方式的体现。全面性思维有以下几个要点：

首先，全面性思维是指人们在认识世界和改造世界时，要注意事物整体的各个方面。列宁说："要真正地认识事物，就必须把握住、研究清楚它的一切方面、一切联系和'中介'。我们永远不会完全做到这一点，但是，全面性这一要求可以使我们防止犯错误和防止僵化。"[1]毛泽东也曾指出："世界上的事情是复杂的，是由各方面的因素决定的。看问题要从各方面去看，不能只从单面看。"[2]他还指出做工作要学会用"十个指头弹钢琴"[3]，这都是对全面性思维的强调。例如，我们搞全面依法治国，就既要注意依法治经，又要注意依法治政、依法治文、依法治社、依法治生（态），要把五个方面统筹起来；我们要全面从严治党，就既应包括在思想上从严治党，也应包括在政治上从严治党，还包括在组织上从严治党以及作风上从严治党，等等。忽

---

〔1〕《列宁选集》（第 4 卷），人民出版社 1995 年版，第 419 页。

〔2〕《毛泽东选集》（第四卷），人民出版社 1991 年版，第 1157 页。

〔3〕《毛泽东选集》（第四卷），人民出版社 1991 年版，第 1442 页。

略任何一个方面的内容，都不符合全面从严治国和从严治党的要求。

其次，全面性思维是指人们在认识世界和改造世界时，要注意其过程的各个发展阶段。任何事物都是作为过程而存在的，而过程则由一系列发展阶段构成。因而要全面认识事物，只注意其各个方面还不够，还必须关注事物发展过程的各个阶段，并根据不同阶段的实际采取不同工作方针。例如，邓小平同志就为我国社会主义现代化建设设计了"三步走"方案，而且规定了每一阶段的基本任务；习近平同志也为我国创新性发展规定了三个阶段，即"到2020年时使我国进入创新型国家行列，到2030年时使我国进入创新型国家前列，到新中国成立100年时使我国成为世界科技强国"，忽略任何一个阶段，我国的创新型国家建设都难以收到效果。

再其次，全面性思维还包括人们在认识世界和改造世界时要抓住重点。唯物辩证法认为，客观事物都是由矛盾构成的，而矛盾又有主要矛盾和次要矛盾以及矛盾主要方面与次要方面之分，事物的性质是由主要矛盾的主要方面决定的。人们在认识世界和改造世界时，应该首先抓住主要矛盾和矛盾的主要方面，同时兼顾次要矛盾和矛盾的次要方面。我国目前实行的"供给侧"改革方针就是这种思维在实践上的表现。抓重点并不否定全面性，而是全面性的内在要求。否定抓重点是形而上学的特征，正如列宁所说："'既是这个，又是那个'，'一方面，另一方面'……这就是折中主义。辩证法要求从相互关系的具体的发展中来全面地估计这种关系。"[1]我们应该把全面论与重点论统一起来，以保证正确地认识事物和成功地改造事物。

最后，全面性思维还包括人们在认识世界和改造世界时要注意事物之间的联系。唯物辩证法认为，事物都是处于普遍联系之中的，任何事物都是普遍联系之网的网上扭结，因而人们在认识世界和改造世界时，必须注意该事物与他事物的联系性。例如，我们搞"依法治国"，就必须注意其与"以德治国"相结合，孤立地搞依法治国并不符合"全面依法治国"的要求，也无法取得依法治国实践的更大成效。

总之，全面性思维是包括上述各方面内容的，忽视任何一个方面都违反全面性思维的要求。全面性思维是唯物辩证法思维的重要内容，也是十八大以来党中央奉行的重要思维方式。实践表明，这一思维方式是普遍有效的，

---

[1]《列宁选集》（第4卷），人民出版社1995年版，第415~416页。

我们在建设中国特色社会主义的整个过程中都必须加以坚持和贯彻。

（本文写于 2017 年 1 月 6 日）

14. 全面依法治国的四个维度

全面依法治国是党中央提出的重要战略方针。要贯彻这一方针，应该了解"全面"的四个含义：

一是必须依照现有全面法律制度（包括横向法律制度和纵向法律制度）治国，不能空置任何一项现有法律制度。经过几十年的建设，我国已形成相对完善的社会主义法制体系，无法可依的状况已基本消除，我们必须全面依照这些法律制度治理国家，不能有所遗漏。但法律总是需要随着实践的发展而不断发展的，不可能存在无所不包又一劳永逸的法制体系。在这个意义上，全面依法治国是一个不断发展的过程。

二是必须保证依法治理对象的全面性。除了道德管辖的范围以外，社会生活的一切方面都应成为依法治国的对象。其中主要包括依法治经、依法治政、依法治文、依法治社、依法治生（态）等方面，不能有法外对象，不能允许有法外公民和事物。

三是必须保证依法治国环境的全面性。依法治国需要环境条件的支持，如德治、政治、思治等。如果支持环境有欠缺，全面依法治国也会受到制约。因而党要领导人民努力为依法治国创造一切必要条件，使依法治国方针能够畅行无阻地进行。

四是全面依法治国必须抓住重点。无重点的全面不是真正的全面，而是胡子眉毛一把抓的形而上学，最终结果是哪方面也抓不好。就当前而言，全面依法治国的重点是依法治经，特别是要依法保证"供给侧"改革方针的实施，以"依法治经"促进依法治政、依法治文、依法治社、依法治生（态）。总之，全面是有重点的全面，重点是全面下的重点，我们应该把全面与重点结合起来，才能真正收到全面依法治国的成效。

（本文写于 2017 年 1 月 14 日）

15. 注意防止"权威"的消极作用

现在各个学科都有一些"权威"，社会科学界有"权威"人物，自然科学界有"权威"人物，与此相对应，反映学术界研究成果的期刊界也有"权威"期刊，认定研究成果的机构则称为"权威"机构。这些"权威"人物发表的意见和"权威"期刊发表的论文或经"权威"机构鉴定的成果往往极受重视，而有些人的意见或论文一旦被"权威"人物或期刊认可，也可以立即身价百倍，以至于我国社会中开始形成了一种迷信"权威"的文化。

应该指出，思想权威的出现是有其历史必然性的。由于人们认知能力和水平的不同，思想在发展中会出现差别：有的人的思想显示出前瞻性、正确性、全面性、系统性、可行性，并且经得住历史检验。这种思想就被认为是"权威"思想，有这种思想的人就被认为是"权威"的人，经常发表这种"权威"思想的期刊就被认为是"权威"期刊，认定这种"权威"思想的机构就被称为"权威"机构。还应看到，思想的权威也是为社会的发展所必须的，因为任何社会的发展都是由人民群众的实践推动的，而人民群众的实践是需要权威思想来指导的，如果缺少权威思想指导下的统一意志、统一指挥、统一行动，则任何社会实践都不能成功。由此可见，思想领域里的权威在社会发展中是起着正向作用的，我们应当尊重其权威、维护其权威。

然而，思想权威也有消极作用。第一，个别权威人物长期处于权威地位，会使自己丧失自知之明，从而拒绝创新；第二，由于思想权威的强大统领作用，会使一些人长期跟着跑，出现思维懒惰，因而放弃创新；第三，由于个别权威人物长期处于权威地位，会形成霸权意识，听不得不同意见，因而阻碍创新；第四，过分强调权威人物的地位，唯权威意见是从，对小人物的创新意见则采取不当回事的态度，从而销蚀创新。例如，一些权威人物虽然年轻时做出过骄人成绩，但由于满足现状，不思进取，致使其多年一无所得；还有人长期跟着导师搞科研，虽然也有成果，但由于思想受到导师思想的束缚，不敢越雷池半步，结果始终无所创新，出现青出于蓝而逊于蓝的现象；又如在社会科学成果认定过程中也存在只承认在权威期刊上发表的论文，而在一般期刊上发表的论文则不算数的情形，结果使一些创新思想受到漠视；在对科学成果评奖过程中，对获奖人的介绍时往往在前面罗列一大堆头衔——××研究院（所）研究员、院士，××奖获得者，××学者，等等，这实际上就意味着只有权威人物才能做出大创新，从而易使一般群众失去创新自信。

对思想权威的负面作用是不能小觑的：从大的方面来说，它会压制学术民主，不利于形成"百花齐放、百家争鸣"的社会局面；从小的方面而言，它压制个人的创新积极性，不利于"大众创业、万众创新"活动的开展。因此应该加以抵制和批评。毛泽东生前曾批评过学术界那种看不起"小人物"的恶习，甚至说过"高贵者最愚蠢，卑贱者最聪明"，这虽然说得有点过头，但其反对唯权威适从的本意还是应该肯定的。

现在党中央提出"大众创业、万众创新"的方针，这是一个适合我国社会主义发展要求的极其重要的建设社会主义的方针，而要贯彻这一方针，就应该客观对待"权威"，一方面要承认"权威"的积极作用，给他们以应有的社会地位，支持他们在创新中发挥带领作用；但另一方面又要防止"权威"的消极作用，不要让"权威"成为压制万众创新的负面力量。

（本文写于 2017 年 1 月 18 日）

16. 中国古代哲学的价值本质及影响

中国古代哲学的本质是什么？对此学术界见仁见智。笔者认为，如果把哲学分为本体论哲学与价值哲学的话，中国历史上主流哲学的本质当属价值哲学，即把价值范畴作为万物本原的哲学，所谓"仁"也好，"理"也罢，都是一些价值范畴，中国古代主流哲学都是围绕着这些价值范畴而展开的思想体系。

孔子哲学本质上就是价值哲学。他的哲学基本范畴"仁"就是价值范畴，而不是本体范畴。而价值范畴是源于人"心"之中的，心中有仁，则行必仁。所以孔子说："我欲仁，斯仁至矣。"孔子的这一套价值哲学在宋明两代被发展到顶点，而代表则是"程朱理学"和"陆王心学"。程朱的"理"是其哲学的核心概念，然而"理"是什么？它并不是作为客观规律的理，而是社会伦理之理，即"三纲""五常"之理。他明确说过："宇宙之间，一理而已。……其张之为三纲，其纪之为五常。"而这样的"理"无疑是个价值概念，朱熹还给"仁"定义为"心之德，爱之理"，亦可见一斑。陆王的"心"学更是这样。陆九渊说："宇宙便是吾心，吾心便是宇宙"，王阳明则说："心外无物，心外无事，心外无理，心外无义，心外无善。"然而他们所说的"心"又是指的什么呢？也是一种价值的载体而已。如王阳明认为"知是心之本体，心自然会知。见父自然知孝，见兄自然知弟，见孺子入井自然知恻隐，此便是良知，不假外求。"可见他所说的"知"都是一些伦理道德而已，而"心"乃是伦理道德等价值准则的仓库。

中国古代哲学中有无本体论的内容？当然有，而且十分丰富，如所谓"道""气"说乃然，这些学说中所讲的"道"或"气"均与人的价值主张无关，是纯客观的本体论概念。但是由于种种原因，这种本体论哲学始终未成为中国古代哲学的主流，而且在很多情况下，这种本体论的哲学核心概念也被主流哲学家们赋予了伦理道德等价值方面的含义。如朱熹说："天地之间，有理有气。理也者，形而上之道也"，他还讲："气之所聚，理即在焉，然理终为主。"甚至老百姓所说的"替天行道"中的"道"也指的是理想社会秩序。

中国哲学的这一本质对后世影响深远：第一，它持续引领了中国古代伦理学说的发展，使其达到了世界史上空前的高度，并对维护中国封建社会秩序起了巨大的保障作用。我们今天要持续巩固中国特色社会主义社会秩序，也应该在充分吸收其精华的基础上，建立和完善以社会主义核心价值观为内容的价值哲学，以引领中国现代伦理学说的丰富和发展，把全体人民的行为都纳入伦理道德的轨道，这是实现中华民族伟大复兴的重要保障。第二，它未能指引人们去探索世界的物质本原，因而阻止了我国以自然界为对象的科学理论的发展，这是中国古代科学落后的重要原因。对此，我们一方面应该予以摒弃，另一方面也应该以马克思主义哲学为指导，从中国古代关于世界物质本原的哲学形态中吸收营养，建立和发展有现代中国特色的辩证唯物主义哲学，并指导中国科学技术不断向新的世界高度进军，为世界做出中华民族的大贡献。

（本文写于 2017 年 6 月 25 日）

17. 工科思维与文科思维

工科思维与文科思维并不是两种不同的思维类型，而只是由于工科人和文科人的思维习惯不同而导致的思维方式差别。

工科思维是在改造自然界基础上形成的思维，具有自然科学的一般特点，如无民族性和阶级性等，文科思维则是在改造社会过程中形成的思维，具有社会科学的一般特征，具有民族性和阶级性。

工科思维的特点之一是具有极强的工具性。如工程师怎样盖楼房，怎样修建桥梁，等等。工科思维的一切认识和实践活动都是围绕着实现改造自然的具体目标服务的。文科思维则具有较强的社会性，它追求的大多是一种人的社会状态，如社会理想和境界等，如古人提出的"大同世界"、今人提出的"和谐世界"等就是一种社会理想状态，为实现社会理想而奋斗体现着文科思维的特点。

工科思维的特点之二是注重方案设计。无论干什么事都要有一个方案，包括结构性方案和程序性方案，不重视方案性的思维绝不是工科性思维。文科思维则不大重视方案设计，认为指出大致方略即可，具体事务可由执行者根据具体情况去落实。

工科思维的特点之三是注重过程控制。无论做什么事，都主张按部就班地去干，强调稳定性，反对违反程序，抑制大起大落。文科思维则不大重视过程控制，喜欢率性而为，往往凭借激情行动，有时高潮迭起，有时又陷入低潮，行为缺少规划性和可持续性，其结果有时速胜，有时则迅败。

工科思维的特点之四是注重效率。不仅关注结果的成败，而且关注结果的优劣；并以结果的成功和优化为价值目标，如果结果失败，则要追究责任。文科思维则对效率不大重视，认为"功成不必在我，功成必定有我"，强调对结果的成败进行总结，以便发扬成绩，吸取教训，对失败则取宽容态度。

工科思维的特点之五是强调集中和执行。注重领导者和管理者的统帅和指挥，对普通劳动者则强调服从，人文关怀较少；文科思维则比较重视民主，发挥普通群众的作用，提倡人文关怀，强调事业的成功是群体奋斗的结果。

总之，工科思维显得更严谨一些和理性一些，而文科思维则更粗放一些和感性一些。工科思维是一种工具性思维，文科思维是一种目的性思维，工科思维与文科思维的这种差别，导致其适用于不同时代和国情。在社会激烈变革的时代，文科思维的优势往往更明显，工科思维则难有用武之地；但在社会平缓发展时期，工科思维则会大有所为，文科思维的优势则难以显现。在发达国家，文科思维的天地会更广大，而在发展中国家，工科思维的优势则会更强。我国目前正处在由大到强的转化过程中，这两种思维都为社会发展所必需，但对工科思维的需要则更刚性一些。我们应该处理好这两种思维的关系，使其相互补充，相得益彰，共同为实现中华民族伟大复兴的中国梦做贡献。

（本文写于 2017 年 11 月 6 日）

18. 谈谈"挑战不可能"

最近看了几期央视推出的一款叫作"挑战不可能"的晚档节目，觉得很有意思。该节目的内容主要是讲实践中一些具有特定身体素质并经过艰苦努力的人做出挑战人类能力极限的故事，这有利于激发人们向认识和改造世界的新境界进军，对我国当今的社会主义现代化建设事业也有促进作用。但是就"挑战不可能"这一题目而言，我又觉得有不大科学之处，现不避浅薄写出来，以供教正。

首先从哲学的观点来看，不可能有两种类型：其一是指绝对不可能，即指违反客观规律，在任何情况下都不可能发生的事件。诸如生物个体长生不老以及物理学上的"永动机"等，就是绝对不可能事件。显然，这样的"不可能"事件是不允许挑战的，如果有人不自量力，硬要去挑战这样的"不可能"，实际上就是在对抗客观规律，结果就只能是失败，中国历史上的秦始皇遍寻长生不老药而未成功，欧洲历史上热衷于搞各种形式"永动机"研制的人也无不失败，这应该成为历史的教训！

其次是指相对不可能，即在通常条件下不可能发生的事件。如一般人不可能记住多幅在眼前转瞬即逝的图像，普通司机也不可能操纵吊车准确投篮，等等。实际上，央视节目中所说的不可能都是指这种不可能。然而如果条件发生了变化，则这种不可能就可以变成现实可能，如天资聪明记忆超强的人可以记住眼前瞬间通过的多幅图像，经过严格训练的司机可以操纵吊车准确投篮，等等。所以，这种相对不可能在哲学上又叫抽象可能，即在一定条件下才能实现的可能。央视中那些成功挑战不可能的人大都是这样的佼佼者。

由此可见，对于那种绝对不可能性事件而言，是不能进行挑战的。只有对于那种相对不可能或称抽象可能的事件，才能在条件具备时勇敢地进行挑战，并将其变为可能。因此，央视应该将两种不可能加以区分，而不应笼统地说"挑战不可能"，否则容易产生误导作用。我们所处的时代是提倡科学的时代，它要求一切人特别是青年人努力通过实践去认识客观规律，并按客观规律办事，而不能任意去挑战规律，去做客观上不可能实现的事。当然，青年人也应充分发挥主观能动性，利用社会主义制度的优越性，努力创造主客观条件，大胆实现过去条件下不可能实现的东西。总之我们要把尊重规律与发挥主观能动性相结合，勇于创造新天地。至于"挑战不可能"的节目则最好改名为"挑战人类极限"，因为人类能力的极限是会随着实践和认识条件的变化而变化的，是可以通过创造条件而不断刷新纪录的。

（本文写于 2017 年 11 月 27 日）

19. 能动性是历史辩证法的灵魂

辩证法有自然辩证法和历史辩证法两种基本形式。两种辩证法的本质都是能动发展，而历史辩证法的灵魂则是坚持主体能动性。

恩格斯在描述历史辩证法时曾这样写道："在社会历史领域内进行活动的，是具有意识的、经过思虑或凭激情行动的、追求某种目的的人；任何事情的发生都不是没有自觉的意图，没有预期的目的的。"[1]恩格斯在这里明确指出，能动性是历史辩证法的本质特征和灵魂。

所谓能动性主要有两个方面的表现：一是指任何社会历史行为都有明确的目的性，没有目的性的支配，社会就无法前进。所以革命阶级要推动社会

---

〔1〕《马克思恩格斯选集》（第 4 卷），人民出版社 1995 年版，第 247 页。

前进，就必须要制定一个科学目标。二是指任何社会历史行为都应有正确的行动计划。只有有了计划的指导，人的社会历史行为才有可能达到目标。总之，能动性是历史辩证法的基本特征，也是其灵魂。

当然，这里所谓能动性并不是孤立的，而是受客观规律制约的，能动性来自于主体对客观规律的把握，其实现也以符合客观规律性为前提。例如，主体制定目标就必须符合实际，既不能超越实际可能，也不能落后于实际可能；如果超越实际可能，则必然失败，如果落后于实际可能，则会打击群众积极性，并造成资源浪费。而所谓计划也必须具有实际可行性：不具可行性的计划无法实现，超越计划的盲动行为则会导致挫折。关于发挥能动性与遵守客观规律性之间的关系，毛泽东曾以军事为例给予准确而生动的叙述，"指导战争的人们不能超越客观条件许可的限度期求战争的胜利，然而可以而且必须在客观条件的限度之内，能动地争取战争的胜利。战争指挥员活动的舞台，必须建筑在客观条件的许可之上，然而他们凭借这个舞台，却可以导演出很多有声有色、威武雄壮的戏剧来。"[1] 这充分说明了能动性对于战争之重要，也说明了能动性对于客观条件之依存。

在国际共运史上，这种对于能动性的忽略是经常表现出来的。例如，苏共历史上否定十月革命必要性的"苏汉诺夫"论，中共历史上所谓"二次革命"论都是如此，目前国内一些人对全面改革开放的担心也是这样。革命和改革当然都需要具备一定条件，但并不需要具备一切条件，只要具备了基本或主要条件，革命者就应勇敢地起来领导人民革命或改革，并在实践中进一步创造和完善条件，从而使革命和改革走向胜利，而这也正是历史辩证法能动性灵魂的体现。那些主张等待条件完全具备以后才能开始行动的观点，实际上并不是历史辩证法，而是打着辩证法旗号的形而上学。

坚持历史辩证法的能动性灵魂！不断开辟全面改革开放的新境界！要做时代的"弄潮儿"，不做历史的观望者和"怨妇"！

（本文写于 2017 年 12 月 2 日）

---

［1］《毛泽东选集》（第二卷），人民出版社 1991 年版，第 478 页。

20. 政治、法治、德治

政治、法治、德治是统治阶级治理国家和社会的三种基本方式。这三者在治理对象、手段、目的、功能上既不相同，又相互作用。

政治即直接依靠政权来治理。其治理对象主要是"人"，即处于被压迫地位的阶级（群体和个人），也包括对自身的治理，手段主要是直接暴力，使命主要是镇压被统治阶级的反抗，进行社会管理和建设，目的是维护统治阶级的政治统治。历史上的政治形式主要有两类：一是集权制（如封建社会），二是民主制（包括资本主义社会的君主立宪制）。我国实行的是民主集中制，即在中国共产党领导下的人民民主专政制度，这是中国特色社会主义的主要政治特征。

法治则是依靠宪法和法律来治理。其治理对象主要是"事"，包括统治阶级和被统治阶级的事。手段则是法制的强制力，使命是惩治破坏社会秩序的行为，保护社会建设的正常进行，目的是维持统治阶级的政治统治和整个社会的正常运转。资本主义社会的所谓"宪政"就是一种法治形式，我国实行的中国特色社会主义法治是法治的一种新形式。其本质特征是中国共产党的领导，主体是全体人民。

德治则是依靠道德体系来治理的治国方式。其治理对象主要是"心"或"思"，包括全体国民的思想状况，手段则是理论体系、价值观、舆论、习惯、自觉意识等，使命是通过理论宣传、表彰等方式引导人们的社会行为，对违反价值和道德准则的行为进行批评和贬斥，目的是维护有利于统治阶级统治的正常社会秩序。我国历史上的孔孟之道就是封建统治者进行德治的主要手段，目前提倡的社会主义核心价值观则是中国特色社会主义德治的主要依据。

政治、法治、德治虽然是三种不同的国家和社会治理方式，然而它们又是紧密联系、相互作用的。一般情况下，在一个政权刚刚建立时期，政治往往是主要治理手段（因为这时法律尚未建立起来），随后便是法治的制定和实施，德治则在法治有效实施之后才能逐渐受到重视，并发挥作用。在任何社会中，法治都是主要的治理方式，政治和德治则起辅助作用。政治、法治、德治的相互作用主要表现在：政治为法治和德治提供前提和保障，没有政治开路，法治和德治都不可能建立和发展起来；法治和德治也为政治提供保护和引导作用，没有法治的保护，政治难以持久坚持下去，离开德治的配合与指导，政治也难以为人们所接受，法治则难以顺利实施。我国实行的是中国特色社会主义政治、法治、德治有机结合的综合治理方式，既包括"治人"，也包括"治事"，还包括"治心"。这种综合治理方式既有利于凝心聚力，使社会发展遵循社会主义方向，又有利于中国特色社会主义制度的长治久安，是实现中华民族伟大复兴的有力保证。

（本文写于 2017 年 12 月 8 日）

21. 哲学的入口是什么

任何一门知识体系都有自己的入口处，找到了这个入口处，就有希望进入该门知识的殿堂，若找不到入口处，便只能在该门知识的大门外徘徊并陷于茫然状态。

哲学知识的入口处就是世界的"本原"问题。抓住了世界的本原问题，就找到了哲学知识的大门，进入这个大门，就能发现无数个哲学知识的珍宝。

古代思想家们大都是从世界的本原问题而进入哲学知识之门的。古希腊的泰勒斯认为世界的本原是水，赫拉克利特则认为世界的本原是火，于是他们进入了唯物主义哲学的殿堂；柏拉图则认为世界的本原是理念，这引导他进入了唯心主义哲学的领域。中国古代的管子也认为世界的本原是水，这也引领他步入了唯物主义哲学的世界，而朱熹认为世界的本原是"理"，这使他陷入了唯心主义哲学的天地。老子则认为世界的本原的是"道"，而"道"是什么样子的？他又说不清楚（道之为物，惟恍惟惚），这也就使中国古代哲学带有了神秘主义的色彩，此外如中国古代的"太极说"也是如此。除了古希腊和古代中国以外，其他国家的哲学思想也大都是以对世界本原问题的回答而开启其逻辑思维进程的。马克思主义哲学更是这样：现在学哲学的人都知道，"世界统一于物质"是马克思主义哲学的基本原理，而这里所谓的"统一性"问题也就是指世界的本原问题，只是马克思主义把世界的本原归结为"物质"罢了，所以这一原理被称为马克思的辩证唯物主义哲学大厦的"基石"。

哲学的入口为什么会是本原问题呢？这主要与哲学的本性有关。历史表明，一切科学研究都是从世界"是什么"的问题开始的，自然科学要研究自然现象的本原是什么，社会科学要研究社会现象的本原是什么。而哲学则是"科学的科学"，是一门高度概括的学问，是对"自然知识和社会知识的概括和总结"，因而它也就必然要站在更高的层次上回答世界的本原是什么的问题了，否则它也就不是哲学，也无法担负指导科学研究的职能了。

恩格斯在讲到哲学分野的时候曾指出："哲学家依照他们如何回答这个问题（世界的本原问题——作者注）而分成了两大阵营。凡是断定精神对自然界说来是本原的，从而归根到底承认某种创世说的人（……）组成唯心主义阵营。凡是认为自然界是本原的，则属于唯物主义的各种学派。"[1]恩格斯在这里也从哲学派别的分野中指出了本原问题对于研究哲学问题的重要意义。

把握哲学知识的这一入口具有重要理论和实践意义。首先它可以破除哲学的神秘性，引导普通大众学哲学、用哲学。因为世界的本原问题也就是世界从何而来，其本质是什么的问题，而这一点对普通百姓而言并不神秘，是只要依据生活经验就可以回答的问题，并由此可以引出"实事求是"，"一切从实际出发"的方法论结论。其次也有利于厘清哲学发展的一般历史脉络，以利于人们从哲学共性上理解哲学的发展规律。最后也有利于防止人们把唯物主义和唯心主义这两个术语任意加以使用，以致造成恩格斯所说的思想上的"混乱"。当然，把握住哲学入口并不等于就把握全部哲学了，哲学知识渊博如海，只有从世界本原问题的入口进去，不断深入思考各种一般性问题，才能在哲学的大海中扬帆远航，不断发现世界的新秘密。

（本文写于 2018 年 3 月 24 日）

22. 注意从思维方式上总结经验

近年，国内个别企业在对外交往中遭遇一些挫折，造成了不小损失，目前人们正在从不同方面总结经验，以便将来更好发展。笔者以为，在总结经验时应当特别注意思维方式方面的问题。思维方式对认识和行为结果具有根

---

〔1〕《马克思恩格斯选集》（第 4 卷），人民出版社 1995 年版，第 224 页。

本性影响：思维方式正确，一般在认识和行为上不会出现大的失误，而思维方式不正确，则难免会导致犯"颠覆性"错误和重大失利。所以，思维方式上的不当往往成为问题发生的首要根源。

科学的思维方式有不同的层次，也有多种类型。最为根本的思维方式是辩证思维。所谓辩证思维，就是要求人们在认识和处理问题时，要注意矛盾分析：既要看到事物的正面，也要看到其反面；既要看到其现象，也要看到其本质；既要看到其内容，也要看到其形式；既要看到其必然性，也要看到其偶然性；既要看到全局，也要看到局部；既要看到事物的质，也要看到事物的量；等等。人们在运用辩证思维评价事物时，则既要看到有利方面，又要看到不利方面；既要看到成功的因素，也要看到失败的因素；既要看到进步的一面，也要看到落后的一面；等等。具体到现实社会主义建设实践而言，就是既要看到"顶层设计"的重要性，也要看到"摸着石头过河"的必要性；既要看到世界一体化、经济全球化的国际大趋势，也要看到分散化和民粹化的小趋势；既要看到经济全球化对发展我国经济的有利一面，也要看到其危害我国经济发展的一面；既要看到社会和谐的一面，也要看到社会斗争的一面；既要看到帝国主义衰亡的一面，也要看到其尚有强大势力的一面；既要看到我国实力日益增大的一面，也要看到我国实力尚有短板的一面；既要看到市场化有利的一面，也要看到市场化弊端的一面；既要看到世界战争有被遏止的可能性一面，也要看到帝国主义有可能通过战争维系其世界霸权的一面；既要看到国内企业因处理问题失误而导致损失的一面，又要看到其因此而总结经验、最终走向健康发展的一面……

坚持辩证的思维方式，有利于我们全面把握事物发展的规律性，从而正确认识事物和成功处理问题；也有利于我们全面评价事物的利与弊，以便在行为上趋利避害，避免损失。坚持辩证思维方式，对各行各业领导机关做好科学决策尤为重要，它可以使我们做出符合客观规律要求的方针政策，指导社会主义建设实践不断走向胜利，而避免遭受重大损失。

我们正在从事的是中国特色社会主义建设极其光荣而伟大的新事业，我们的前人既没有讲过，也没有干过，全靠我们在辩证唯物主义和历史唯物主义思维方式的指引下，对事物进行辩证思考和实践摸索才行。诚如邓小平所说，"我们现在所干的事业是一项新事业，马克思没有讲过，我们的前人没有做过，其他社会主义国家也没有干过，所以，没有现成的经验可学。我们只能在干中学，在实践中摸索。"[1]

特别是在"顶层设计"中，学会辩证思考更是决定胜败的根本大事。习近平在十九大报告中指出了坚持"辩证思维"对"科学制定和坚决执行党的路线方针政策，把党总揽全局、协调各方落到实处"的重要性。2018 年是我们党领导改革开放事业 40 周年，各行各业都在进行总结。我们应在习近平新时代中国特色社会主义思想的指引下，努力学好辩证思维，并用以思考和解决新时代中国特色社会主义建设实践遇到的各种问题，使中华民族伟大复兴的历史航船顺利抵达胜利的彼岸。

（本文写于 2018 年 5 月）

23. 最优化与最满意

在日常生活中，人们往往对行为方案或结果提出最优化和最满意两方面要求。然而这两者又往往发生矛盾：有时方案和结果在客观上指标最优，却不令人满意；又有时人们虽然对方案和结果很满意，但其客观指标又不是最优。如何克服这一矛盾？1978 年，美国学者西蒙提出一种观点：用满意解取代最优解，这也就是所谓"满意性原理"。其理由如下：

第一，由于最优标准不一，因而一个完全客观的最优是不存在的。以吃饭为例，一席丰盛的饭菜怎么才算最优？中国人说好吃，外国人说不好吃；南方人说好吃，北方人说不好吃，因为各国、各地区人们的饮食习惯不一样。

第二，最优方案即使在现实生活中存在，但在短时间内也很难获得完全的信息把它找到。如一个人饿了走进苞米地找玉米吃，他要在一大片茫茫几平方公里的苞米地中找出一个最大、最长、最嫩的苞米来，不仅短时间内不可能，即使能够找到，人也快饿死了。

第三，事物是不断发展变化的，当你花了很长时间找到一个最优结果以后，事物又变化前进了，这个最优结果可能已不是最优了。

然而，在最满意与最优化之间又必定是有着一定区别的。最优化主要强

---

　[1]《邓小平文选》（第三卷），人民出版社 1993 年版，第 258~259 页。

调的是行为方案或结果的客观指标，而最满意则主要强调的是主体的主观需要指标，因而这二者并不能完全互相取代。实际上人们在对行为方案或结果进行选择时，应当处理好二者的关系：

首先，最满意选择应以客观最优化为基础。例如，国外有人研究证明，适量喝酒对健康是有好处的，但过量饮酒则有害，因而人们为了保持健康，显然应选择适量饮酒，这样就把最满意建立在最优化的基础上了。然而有人却偏偏喜欢酗酒，认为酗酒是人生最大乐事，这种最满意就脱离了最优化的基础，而其结果显然对身体健康无利。

其次，最优化结果亦应以最满意为目标。我们选择最优化方案或结果是为了满足人类主体的最大需要，如果忽略了这一点，则最优选择便失去意义。据报载，前些年西安菜市场的货架上摆上了一批"无公害蔬菜"，质量也很好，却少有人买，出现了所谓"叫好不听座"的现象。被调查的群众说：这些菜"吃得让人放心，贵得叫人无法承受"。类似这样的最优化就无多大意义。

总之，我们在选择某项行为方案或结果时，一定要把最优化与最满意两个原则结合起来，既反对只顾主体满意，不顾客观优化的唯心主义倾向，又要反对只顾客观优化，不顾主体满意的机械唯物主义弊端。把这一点提到哲学的高度来认识，就是要做到主客观的统一，科学与人文的统一。我们搞中国特色社会主义建设，既要努力做到行为方案和结果科学上最优化，又要尽量做到使人民群众最满意，从而产生充分的"获得感"。总之要努力将二者结合起来而防止片面性。

（本文写于 2018 年 6 月 26 日）

24. 谈谈辩证法的时代特征

辩证法是哲学理论的重要内容，它的基本特征是联系和发展，核心是对立统一（矛盾），精髓是共性与个性的关系。辩证法有客观辩证法与主观辩证法之分，主观辩证法是客观辩证法的反映。

恩格斯讲："随着自然科学领域中每一个划时代的发现，唯物主义也必然要改变自己的形式。"〔1〕辩证法也不是固定不变的。随着时代的发展，它也会不断丰富自己的内容，改变自己的形式。从大的时代来说，辩证法曾有古代辩证法、近代辩证法、现代辩证法（唯物辩证法）三大形式。而就现代辩证法而言，则经历了革命时期辩证法、和平时期辩证法两个发展阶段。不同时代的辩证法在内容和形式上都有共性，也有自己的个性，即时代特征。

革命时期辩证法（革命辩证法）主要表现为强调矛盾双方的斗争性一面：强调矛盾双方的差别和对立，强调矛盾双方的相互排斥和斗争，强调矛盾的斗争性在推动事物发展中的根本作用。马克思主义创始人由于生活在革命时代，因而他们所主张的辩证法必然带有革命辩证法的特征。和平时期辩证法（和平辩证法）则主要强调矛盾双方的统一性一面：强调矛盾双方在一定条件下的相互依存和相互合作，强调矛盾双方在一定条件性下的相互结合与相互转化，强调统一性（或同一性）在事物发展中的地位和作用。邓小平强调的"稳定"和"两手抓"方针、江泽民提出的"在推进社会主义现代化建设过程中必须处理好 12 个带有全局性的重大关系"思想、胡锦涛提出的"全面协调可持续"发展理念、习近平做出的社会主义建设"五位一体"的总体布局和"四个全面"的战略布局等，都体现着属于和平时代辩证法的思想及其特征。我国改革开放以来大力强调的"和谐与协同"以及国家之间的"互利共赢"思想更是和平时期辩证法的突出表现。

由于社会发展史对辩证法的要求不同，无论哪一时代的辩证法内容都有所侧重：或侧重于斗争性，或侧重于统一性，但同时并不否定另一方在事物发展中的作用，否则辩证法就会蜕变为形而上学。例如，毛泽东在民主革命时期就讲过"以斗争求团结则团结存，以退让求团结则团结亡"〔2〕的观点，这里显然把斗争性放在了核心地位，但也并未把斗争视为一切，而是坚持了团结（统一性）的目的，这是维护统一战线的不二法宝。又如，我国今天虽然强调和谐与协同在社会主义现代化建设中的作用，但也并不否定人民内部的差别以及协同者之间的独立性，这是"和而不同"的和谐观。习近平同志曾说："下好'十三五'时期发展的全国一盘棋，协调发展是制胜要诀。我们要学会运用辩证法，善于'弹钢琴'，处理好局部和全局、当前和长远、重点

〔1〕《马克思恩格斯选集》（第 4 卷），人民出版社 1995 年版，第 228 页。
〔2〕《毛泽东选集》（第二卷），人民出版社 1991 年版，第 745 页。

和非重点的关系，在权衡利弊中趋利避害、作出最为有利的战略选择。"〔1〕这也是强调在矛盾双方对立中寻求统一。

我国今天的辩证法无疑属于和平时期的辩证法。它的主要使命是服务于社会主义现代化建设和中华民族的伟大复兴事业。这一历史使命决定辩证法必须发挥指导人民团结合作的功能，在国际上则发挥互利共赢、构建人类命运共同体的作用。如果今天我们仍然在理论上大力强调矛盾斗争性的作用，在行为上奉行斗争方针，那就不仅背离今天的国内外发展大势，而且必然会阻碍社会的正常进步，最终导致辩证法理论的内容和形式因为不适合时代需要而被抛弃或"打入冷宫"。我们今天应努力建设好"和平与发展"时代的辩证法，建设好指导社会主义现代化建设的辩证法，建设好指引中华民族伟大复兴的辩证法，使辩证法更好地担当起现代使命。

总之，辩证法是发展的理论，而不是僵死的教条；辩证法只有为时代发展服务，才有生命力，因而也必然具有时代特征；辩证法只有在为时代服务中不断丰富自己的内容，完善自己的形式，才能使自己获得持续进步。我们研究辩证法也不应只是研究其在传统文本中的固有内容，而更应研究其随时代发展而发展的内容和形式。

（本文写于 2018 年 12 月 11 日）

25. 要善于进行辩证思维

辩证思维是马克思主义哲学思维的核心内容，也是客观事物的辩证法在思维中的真实反映。学会辩证思维有利于正确反映事物的发展规律，制定科学的计划和方案，引导实践取得成功。

辩证思维的本质是联系思维和发展思维，核心是矛盾思维。它要求人们用矛盾的观点观察事物和思考问题：第一要求把客观事物看成是各种矛盾组成的系统，而每一对矛盾都是对立面的统一，因而认识事物时应当用对立统一的观点和方法；第二要求人们在认识事物时应当注意把握矛盾的特殊性，

〔1〕《习近平谈治国理政》（第二卷），外文出版社 2017 年版，第 204 页。

而不能千篇一律地对待；第三要特别注意抓住主要矛盾和矛盾的主要方面，集中力量解决问题；第四要注意区分对抗性矛盾和非对抗性矛盾，并采取不同方式加以解决。

我国的现代化建设是一个充满着对立统一的矛盾运动过程，必须坚持运用矛盾分析观点来认识问题和解决问题。例如，对于改革开放既要看到顺利的一面，也要看到阻力的一面；既要看到成功经验的一面，也要看到失败教训的一面。对于经济全球化既要看到是大势所趋，又要看到孤立主义和保护主义的障碍；既要看到是发展机遇，又要看到其中隐含的陷阱。对于我国复杂的社会人际关系，既要看到有和谐一致的方面，也要看到有对立和分歧的方面；既要看到有需要教育手段加以引导的一面，也要看到有需要法治手段加以解决的一面；等等。如果不用对立统一观点来观察社会主义社会并处理问题，就会陷入被动，给人民群众造成损失。

我国社会现代化建设过程是一个与世界各国共同的前进过程，它遵循着现代化建设的一般规律，走着与世界各国现代化的共同道路。我国与世界各国签订的条约、协定、规则以及践行过程充分显示了这种共同性和普遍性，忽视这种共同性和普遍性，拒绝与世界各国相互交流并学习发达国家现代化的一般经验无利于我国现代化建设事业。然而，我国的现代化事业又有着自己的特征，我国的现代化是基于我国特殊历史和现实国情的现代化，是在社会主义条件下实行的现代化，现代化的目标是实现中华民族的伟大复兴，是要为世界人民做出更多贡献，我国现代化的实现途径是与世界各国人民合作共赢，而不是自己独赢。忽视这种特殊性，把现代化等同于西化，既不符合我国现代化建设的实际，也不符合我国人民对现代化的要求。总之，我国的现代化建设过程是把现代化建设的一般理论与我国特殊实际相结合的过程。过分强调一般化和过分强调特殊性都不利于我国现代化建设正常发展。

我国社会主义现代化建设过程也是一个各种矛盾相互交织和相互作用的过程。哪一种矛盾得不到合理解决都会影响社会主义现代化建设进程。所以党中央提出"五位一体"的总体布局和"四个全面"的战略布局，提出要树立包括"五个方面"内容的全面发展观，对党的建设也提出"四个意识"方面的要求。这都是一些全面性的要求。然而，在关注全面性要求的基础上，我们又要集中力量解决主要方面的问题，而不能分散精力，平均用劲。例如，在"五位一体"的总体布局中要集中抓住经济建设的统筹，在"四个全面"的战略布局中要集中抓住"全面从严治党"这个核心，在"五个方面"的发展观中要集中力量抓住"创新发展"，等等。事实说明，只有认清主要矛盾和矛盾的主要方面，集中使用力量，才能有效推动我国社会主义现代化建设进程，实现十九大报告中提出的世纪目标，最终推进中华民族的伟大复兴。

毛泽东曾经指出：社会主义社会中存在着两种不同性质的矛盾，一是敌我矛盾，二是人民内部矛盾。在我国今天的社会发展中，这两种不同性质的矛盾亦然是存在着的。我国人民同国内外阻碍国家统一、破坏社会主义现代化建设势力的矛盾就属于敌我矛盾，必须坚决与之进行斗争；但由于我国已经基本消灭了阶级，因而国内绝大多数矛盾属于人民内部矛盾的性质，必须在党的领导下，通过民主方法、法治方法、说服教育的方法加以解决。混淆两类不同性质的矛盾，用同一种方法解决所有矛盾是行不通的，也会影响社会主义事业的正常发展。

总之，我国社会主义社会的发展过程是一个充满矛盾的辩证发展过程，只有坚持以矛盾为中心的辩证思维来指导，才能有效解决发展中出现的各种矛盾，不断把我国社会的发展推向前进，最终实现我国社会主义的现代化，实现中华民族的伟大复兴。

（本文写于 2018 年 12 月 24 日）

26. 解释世界是哲学的重要使命

马克思在《关于费尔巴哈的提纲》中曾说："哲学家们只是用不同的方式解释世界，问题在于改变世界。"[1]这句话深刻地说明了马克思主义哲学与旧哲学的本质区别，是马克思主义哲学实现哲学史上伟大变革的根本标志之一。但长期以来在人们心中形成一种误解，即认为马克思主义哲学只是改变世界的哲学，而解释世界的任务则已随着辩证唯物主义和历史唯物主义的创立趋于完成了，这样就关闭了继续深入解释世界的哲学发展道路，对此有必要加

---

[1]《马克思恩格斯选集》（第 1 卷），人民出版社 1995 年版，第 57 页。

以澄清。

首先，马克思的这句话揭示的是旧哲学的根本缺陷，并没有否定解释世界对于哲学的必要性，更没有否定旧哲学对解释世界的贡献。哲学作为一种世界观和方法论，是必然要提供对世界的普遍本原和发展本性的解释的，否则它就不能称为哲学。而旧哲学则无论是唯物主义还是唯心主义，也无论是辩证法还是形而上学，则都对解释世界做出过重要贡献，只是有些解释（如唯心主义和形而上学）带有歪曲和片面的性质罢了。否定这一点，是哲学上历史虚无主义的表现。

其次，马克思的这句话指明了新哲学的本质特征和重大发展，但并没有否定解释世界是新哲学的重要使命。作为新哲学的马克思主义哲学无疑是以改造世界为自己根本使命的，所以马克思把自己称为"实践的唯物主义者"，但是马克思并没有否定解释世界的重要性。实际上，他（恩格斯也做出重要贡献）所创立的辩证唯物主义和历史唯物主义的世界观正是对世界科学解释的成果，恩格斯曾说唯物史观的创立是马克思一生中两个伟大发现之一，另一个伟大发现是剩余价值学说，而剩余价值学说也是对资本主义经济剥削秘密的科学解释，马克思的全部革命理论都是以对世界的哲学和科学解释为基础的。

再其次，对世界的解释乃是现代科学发展的基础。历史表明，一切科学都是以科学发现为起点的，而科学发现正是对世界的科学解释。例如，万有引力定律、热力学定律、生物进化律、化学定律、数学定律、社会基本矛盾规律、阶级斗争规律等都是对客观世界的科学解释。正是在这些科学解释的基础上，才发展出各种各样以改造世界为主要任务的技术科学。实际上，我们经常说的"从实际出发"也是离不开从对实际科学的解释的，例如"社会主义初级阶段论"就是我们党对当前最大实际的一种科学解释，这是我们一切行为的基本理论依据。所以，作为自然科学和社会科学知识概括和总结的哲学是不能不把解释世界作为改造世界的前提和基础的。

最后，人类对世界的解释是一个无限发展过程，永远也不可能达到这样一点："在这一点上它再也不能前进一步，除了袖手一旁惊愕地望着这个已经获得的绝对真理，就再也无事可做了。"[1]哲学认识如此，具体科学的认识也

---

〔1〕《马克思恩格斯选集》（第4卷），人民出版社1995年版，第216页。

是这样。当然，这种对世界的解释是随着改造世界的实践发展而前进的，而并非单纯头脑自由创造的产物。今天，无论在对自然界的解释上，还是对社会发展的解释上，人们面对的未知世界的广度和深度都远远高于以往任何时代，这就更需要我们以现有实践为基础，以现有哲学认识为起点，拿出百倍的精力去从事探索和解释世界的活动，以为更好地改造世界提供思想指针，那种忽视解释世界重要性的哲学认识应该抛弃。

（本文写于 2019 年 8 月 3 日）

27. 正确对待"零和博弈"与"加和博弈"

自从博弈论学者提出"加和博弈"概念之后，"零和博弈"概念就日益被人们冷落乃至抛弃了。一方面与现代的和谐共赢需要有关，另一方面也与人们对"零和博弈"的误解有系。

无论"零和博弈"还是"加和博弈"都只是博弈过程的两种客观结果，并无好坏之分。所谓"零和博弈"就是指博弈双方出现一赢一输的结局，赢和输相互抵消就是零，故称为"零和博弈"。所谓"加和博弈"则主要是指博弈双方出现的平局（和局）状况，由于平局双方结果之和大于零，故称为"加和博弈"。"零和博弈"和"加和博弈"出现的概率并不一样，在特定博弈中，前者出现的概率为 2/3，后者则为 1/3。究竟哪一种结果出现，这是由博弈双方的实力决定的：如果甲方实力大于乙方实力，或者乙方实力大于甲方实力，则会出现"零和博弈"的结果，这种情况相当于"叫花子与龙王斗宝"，叫花子一定是输，而龙王一定是赢的。如果甲乙双方实力相当，则会出现"加和博弈"的结局。"加和博弈"一词发展到现在，已经被引申出更多的内容：博弈双方只要是能够各取所得，则无论是赢多还是赢少，其结果也都是大于零的，因而也都被视为"加和博弈"。例如，在合资开发某一经济项目时，甲方按规定获利 30%，乙方按规定获利 70%，这就被认为是体现"共赢"的"加和博弈"。但这种博弈体现的是合作主体双方之间的博弈，而非对抗主体双方的博弈。总之，博弈结果的出现是一个有规律的过程，并不以人的意志为转移。

　　由于博弈论对于竞争性人际关系具有普适性，因而它的一些方法很早就被人们应用到实践之中了。但以往的博弈论应用主要是"零和博弈"方法的应用，"加和博弈"方法并未受到人们重视，这主要与博弈论最早产生于战争实践和资本主义早期竞争的历史背景有关，而战争和竞争在多数情况下总会出现胜负结果。但 21 世纪以来，随着和平与发展日益成为世界大势，人们的注意力日益投入到"加和博弈"方面，因为"加和博弈"结果有利于双方各取所需，可以避免任何一方的失败。特别是在经济全球化时代，经济主体大都渴望双赢，因而"加和博弈"便日益受到青睐，并逐渐被人们作为一种思维方式而追求。

　　由此可见，现在所谓"零和博弈"与"加和博弈"主要是两种不同关系主体博弈的结果。在主体为对抗双方的博弈情况下，"零和"与"加和"结果的出现都是必然的，只是"零和"结果出现的概率更高也更符合博弈双方期望值而已，而"加和"结果的出现则较低也不符合博弈双方的初心。而在主体为合作双方的博弈情况下，则必然出现"加和"的结果，只是双方获利结果的比例随双方实力的不同而有区别罢了。因此，我们在决定对博弈结果的态度时，应首先搞清博弈主体的类型：如果是与对抗主体进行的博弈，无疑应以"零和"结果为主要追求目标，而以"加和"结果为次要目标。例如，在体育比赛中、在科技竞争中、在同恶势力斗争中都应如此；如果是与合作主体进行的博弈，则应以"加和"结果为追求目的，但也应根据自己实力追求合理比例的"加和"目标。而不应脱离实际，不看具体对象去追求"加和"，否则不仅不会成功，还会使自己的利益受到侵害，影响自身的发展。

　　总而言之，"零和博弈"与"加和博弈"是两种不同的博弈类型，其适用的客观环境并不一样，因而不应盲目地追求"加和博弈"。特别是在今天复杂的世界政治经济博弈环境中，尤其不应将两种根本不同的博弈方式混淆起来，一概追求"加和"的博弈结果。

（本文写于 2018 年 8 月 14 日）

28. 论现代知识链条及其意义

现代知识纷繁复杂，其间联系无限多样，"知识链条"就是反映各种知识内在逻辑联系的概念。把握"知识链条"有利于人们理解和掌握知识整体，防止获取指导片面性。"知识链条"有很多形式，这里所说"知识链条"是指基于实践的知识链条，即由本体知识——价值知识——设计知识——控制知识——改造知识构成的链条。人类改造世界的实践活动需要这一知识链条的指导，任何一个环节的缺失都会破坏知识的完整性，也无法指导实践取得胜利。

本体性知识是关于世界万物"是什么"和"怎么样"的知识。例如，各类科学中关于研究对象的"本质"或"属性"知识就属于本体性知识，哲学上所说的"本原"或"本性"知识则是关于世界整体的本体性知识。本体性知识是最原始的知识类型，也是知识体系中最基本的内容。人们学习知识应该从学习本体性知识开始。

价值性知识是关于世界万物对人类主体"有什么用"的知识。例如，磁石有什么用？军队有什么用？音乐有什么用？等等，这些知识都属于价值性知识。价值性知识包括客观价值（如利与弊）和主观价值（如美与丑）两大类。价值性知识是在本体性知识基础上形成的，是人类行为产生的基本动力源：人们只有知道某物有什么用之后，才能进而决定对其采取什么态度和行为。人类的价值性知识越丰富，行为选择性就会越强，动力也会越充足。

设计性知识是关于人们"如何规划"利用或改造世界的知识。人们只有善于利用或改造世界才能维持生存和发展，然而怎样利用和改造世界？这需要有一个事先规划，否则行为就会发生混乱，这一规划过程就是设计过程。设计有整体设计与局部设计之分，顶层设计属于整体设计。设计知识是人类知识链条中的核心环节，缺少设计知识，人类无法成功利用和改造世界。

控制性知识是关于人们在行为上如何"选择"对象状态的知识。控制的本质是选择，人们只有具备选择世界状态的行为知识，才能利用世界为自身服务。驾驶员对交通工具运行状态的选择（驾驭），企业家对企业运行状态的选择（管理）都属于控制，相应的知识就是控制性知识。控制有他动控制与自动控制之分，自动控制知识是现代控制知识的发展前沿。

改造性知识是关于人们"如何变革"世界现状的知识。由于客观世界并不会自动适应人类需要，人类只有对其进行有目的的改造才能更好地维持自身生存和发展，故改造世界的知识是人类知识的最高层次，它决定人类进步和发展水平。改造世界的过程也就是实践过程，其主要有生产实践、社会实践、科学实验三大类型，这三类知识相互作用，形成一个整体。

上述五种知识构成人类知识的完整链条。人类无论是处理与自然的关系，还是处理与社会的关系或者处理与自身的关系，都必须全面掌握这一知识链条。在这一知识链条中，本体知识和价值知识处于基础地位，设计知识则是知识链条的核心，控制和改造对象的知识则是终极知识。人类只有全面掌握并学会应用这一知识链条，才能有效推动社会的进步和发展。

（本文写于 2019 年 8 月 31 日）

第九部分

论价值问题

1. 不能用价值观建设取代道德观建设

党的十八大以来，我国在社会主义核心价值观建设方面取得了显著成绩，其内容已经深入人心，并成为精神文明建设的总指导。然而，我们在道德观建设方面成绩却不尽如人意，很多机构和单位的精神文明建设缺少有自身特点的道德载体做支撑，因而常造成人们行为无德可循的现象。其中重要原因与我们没有搞清价值观与道德观的关系，在一定程度上用价值观建设取代了道德观建设有关。其实价值观与道德观是两个不同的范畴，价值观建设与道德观建设也不是一回事，它们之间虽有联系，但终究是有区别的。

首先，价值观与道德观的学科属性不同。价值观是一个哲学范畴，它反映的是人们对世界满足人需要的属性——价值的看法或观点，同时也体现着人们的精神追求。人们平时表现出来的喜好与厌恶等情绪都受其价值观的支配，人们用以评价事物的吉和凶、祸和福、顺与逆、昌与衰、功与过、友和敌等标准也都与其秉持的价值观有联系。具有共同需要的主体，对事物价值的认识即价值观也有共性，如"和平共处五项原则"就是世界人民共同的价值观诉求。当然，如果主体的需要不同，其对事物价值的看法即价值观就会有别，如某些人认为垃圾没有价值，或只有负价值，但对环保专家而言却可能是重要资源。社会主义核心价值观指的是人们对社会主义社会核心价值的看法或观点，其内容体现着我国社会主义社会中人们最高的物质和精神追求。而道德观则属于伦理学范畴，它是人们对调整人际关系行为准则的道德问题的看法或观点，道德观体现的是人们对人际关系行为方面的精神追求。道德追求当然也是一种价值追求，但是一种更为具体的价值追求，这两种价值观追求之间是一般与个别的关系。

其次，价值观与道德观的形成路径和社会地位不同。价值观是人们在与外界（包括自然和社会）事物普遍交往中形成的一种内心追求，如"环保"就是人们在与自然交往中形成的价值观追求，"和谐"则是人们在社会交往中形成的价值观追求。由于人们交往的广度和深度不同，因而形成的价值观的层次也有别，通常有五种层次的价值观：普世价值观，即人们在普遍国际交往中形成的价值观如"自由"和"民主"等；国家价值观，这是在国家内部交往中形成的价值观如"富强"和"文明"等；民族价值观，这是在民族内部交往中形成的价值观如"团结"与"和谐"等；阶级价值观，这是阶级内部交往中形成的价值观如"奉献"和"牺牲"等；阶层价值观，这是阶层内部交往中形成的价值观如"互帮"和"共济"等；此外还有小群体价值观和家庭内部价值观。道德观则主要是人们在处理人际关系行为过程中形成的行为准则观如"诚信"和"友善"等。在人们社会生活的所有领域，价值观均处于支配地位，即它不仅支配着道德观的建立和发展，也支配着政治观、法律观、文化观、社会观、生态观等建立和发展。而道德观则直接支配道德体系的建立和发展，是统治阶级实行"德治"的核心内容。

再其次，价值观与道德观对人们行为的约束力机制也不一样。价值观有隐性与显性的区别，为社会机构总结出来并加以提倡的价值观是显性价值观，它体现着社会整体对个体和群体行为的一般要求，价值观对个体或群体行为具有深层指导力，但并不具有外在约束力。而道德观对人们行为的要求更为具体，除内在约束力外，也靠外在因素（如社会舆论）的约束作用，人的行为违反了公德，会受到舆论谴责，而迫使其回归道德轨道。

最后，价值观与道德观的社会功能也有别。价值观作为人类群体的一种最高精神追求，在社会发展中起着总的方向指导作用，并能成为社会先进分子的奋斗目标。但由于其固有的抽象性，导致无法直接成为广大人民群众的行为准则，例如人们在行为中怎样做才符合"富强、民主、文明"的要求？又怎样才能体现"和谐、自由、平等"的规定？对此是很难把握的。而道德观是人们在人际关系实践中自发形成的，并且可以直接为人们感受到其效果，因而比起价值观，其现实可操作性要强得多，也更易为广大人民群众所掌握和践行。如果全国各个机构或组织或家庭都能自觉建立起行之有效的道德规范体系，加之各种科学制度、体制、机制做基础，则人们行为失范的可能性就会大为减少，从而也就能够较好地提高我国社会主义精神文明建设的水平。

价值观与道德观虽有上述区别，但其间也是有着密切联系的。其一，价值观不能孤立存在，它一定要通过道德观以及政治观、法律观、文艺观、科学观等观念形式体现出来，并深深渗透在这些社会观念之中。其二，在某些社会需要的情况下，道德观也会直接被人们纳入价值观的体系之中，成为价值观的内容（其道德观的本质未变），如我国社会主义核心价值观体系中就包括"诚信""友善"等道德内容，而这也正是一些人把价值观与道德观混淆的原因。其三，价值观与道德观也是相互作用的，一种价值观为人们接受的程度越高，相应的道德观也越容易建立并被有效遵守，反之，一种道德观的作用越普遍，以此为基础的价值观也会越容易形成并被接受。总之，一定的价值观和道德观都是社会稳定运行和发展的必要保障，二者都不可或缺。

综上所述，价值观与道德观虽然有联系，但其并不是一回事，价值观建设虽然能够指引和促进道德观建设，但并不能代替道德观建设，引导官员和人民群众践行社会主义核心价值观并不能自动提高人们的道德行为水平，更不完全等于"以德治国"。价值观是社会政治建设、法治建设、德治建设、文治建设和生态文明建设的精髓和灵魂，起着总指导的作用，但它不能代替道德观建设，否则会使人们的行为缺失具体规范，从而不利于社会主义事业的发展。近年的社会实践也表明，我们既要加强社会主义核心价值观的宣传和普及力度，也要看到加强我国道德观建设的必要性。习近平总书记在中国政法大学考察过程中指出：法学教育要坚持立德树人，不仅要提高学生的法学知识水平，而且要培养学生的思想道德素养。这从法学教育的角度强调了道德观教育的重要性。我们应该在完善社会主义核心价值观内涵建设的基础上，进一步加强社会主义道德观建设，在各行各业构建起适应自己特点的道德体系和道德评价机构，彻底解决人们"无德可守"和"守德不严"的问题，这样才能使社会主义"德治"更为充实并具可操作性，从而更有力地推动中华民族的伟大复兴。

（本文公开发表于 2017 年 7 月 6 日《社会科学报》）

2. 对社会主义核心价值观中"核心"二字的两种理解

目前，社会主义核心价值观在我国社会主义精神文明建设中所起的作用日益明显和增强，但人们对社会主义核心价值观中"核心"一词的理解尚不到位，甚至存在片面性，因而应在学理上加以澄清。笔者认为，社会主义核心价值观中的"核心"二字主要有两种不同含义：

其一是指内容上的核心地位。社会主义的价值观内容是很多的，除了现有的内容以外，还有共赢、为民、忠诚、勤俭、奋斗、牺牲、幸福等诸多内容，总之是一个庞大的价值观体系。但在这一价值观体系中，其内容的地位又是不同的，其中，"富强、民主、文明、和谐、自由、平等、公正、法治、爱国、敬业、诚信、友善"处于核心地位，这些价值观内容集中体现着中华民族的基本诉求，并对其他社会主义价值观内容起着指导和引领的作用。其他价值观虽然也有相当独立性，但都是围绕这些价值观而展开的，是对这些价值观的丰富和发展。这是社会主义核心价值观之所以为"核心"的第一要义。

其二是指功能上的核心作用。社会主义价值观是社会主义经济基础的最高反映形式，它代表着全国各族人民的最高价值诉求，并对广大人民群众的行为起着指导和引领作用。但这些价值观的各项内容在功能上却是不同的，其中，"富强、民主、文明、和谐、自由、平等、公正、法治、爱国、敬业、诚信、友善"在指引人们行为的过程中起着核心指导与引领的作用，而其他社会主义价值观的内容则起着辅助作用。如共赢的价值观对于社会主义和谐社会的构建就起着重要辅助作用，没有共赢价值观做基础，社会就难以和谐发展。所以，"共赢"本身并不是目的，而是构建和谐社会的手段。

由此可知，社会主义核心价值观并不是社会主义价值观的唯一内容，除此之外，社会主义价值观还有其他诸多内容，我们应该以社会主义核心价值观为内核，不断扩展和丰富社会主义价值观的内容，以丰富人们的精神生活。社会主义核心价值观也不是对社会主义社会中人们行为唯一起作用的社会主义价值观，除此之外的其他社会主义价值观也对社会主义社会中人们行为起着指导和引领作用，我们应在充分关注社会主义核心价值观作用的同时，也应关注非核心价值观对人们行为的引领作用，并努力使其与社会主义核心价值观的作用一致。总之，我们应该把社会主义核心价值观作为社会主义价值观体系的核心内容与核心功能来对待，只有这样，才更有利于突出社会主义核心价值观的地位，也更有利于发挥社会主义核心价值观的作用。

（本文写于 2017 年 4 月 26 日）

3. 浅谈价值观的层次性

现在人们喜欢谈论普世价值观，诸如和平、和谐、公正、发展等。这在经济全球化和世界一体化的今天，是有其一定合理性的，因为它反映了世界人民的普遍利益需要，并能为全世界各国人民普遍接受，因而盲目采取拒斥态度，并不高明。但是，普世价值观只是价值观的一种类型，虽然可说是最高类型。除此之外，还有适用于不同地区、不同国家、不同民族、不同阶级、不同阶层甚至小群体的共同价值观和个体价值观等层次，对此同样应引起重视：

第一是不同地区人类群体的价值观。目前的世界存在很多大的政治经济集团如欧盟、非盟、东盟、美盟等。这些大的地区组织都有自己共同的政治经济利益，因而也就必然有自己的共同价值需求，从而形成共同的价值观，这些价值观通过其共同行动纲领表现出来。这是仅次于普世价值观的价值观，属于价值观的第二个层次。

第二是不同国家内部的价值观。迄今为止，人们都是生活在不同国家之中的，国家利益代表着生活在该国家的人群的共同利益，因而国家的价值观也就必然成为适用范围较广的第三个层次的价值观。由于不同国家人群的政治经济利益不同，因而价值观也会不同。强行在一个国家内推行他国的价值观，必然会遭到抵制，因而不可能成功。

第三是不同民族的价值观。迄今为止，人类也都是有民族性的。民族有大有小，但每个民族都会有共同的政治经济文化需求，因而在价值观上也会有自己的不同特征。这是第四个层次的价值观。我国的社会主义核心价值观反映着中华民族大家庭的共同价值诉求，因而本质上属于中华民族的价值观，它是凝聚中华民族的强大精神力量，也是我们全面建成小康社会和实现中华民族伟大复兴事业的精神指引，我们无疑应集中力量加以贯彻和实施。

第四是不同阶级的价值观。阶级是迄今为止人类社会的普遍现象，每个人都是生活在不同阶级之中的，不同阶级会有不同的政治经济要求，因而在价值观上也会有自己不同的特点。例如，"绝对自由"是资产阶级鼓吹的价值观，而自由与集中相结合则是无产阶级的价值观。

第五是不同阶层的价值观。在阶级社会中，人们又都是生活在不同阶层之中的，因而不同阶层也会有自己特殊的价值观。例如，公务员阶层的价值观与工农基本群众的价值观会有不同，企业家阶层和劳动者阶层也会有不同的价值观。当然，由于不同阶层之间往往有共同利益需要，因而也会有共同的价值观追求。

第六是不同小群体的价值观。诸如某一行业的价值观、某一社会组织的价值观、某一家庭的价值观等。由于小群体的形式众多，利益也不一样，因而其价值观也显现出复杂特征。

第七是个体价值观。马克思曾说："人们的社会历史始终只是他们的个体发展的历史，而不管他们是否意识到这一点。"[1]而个体在发展中，也会形成自己的特殊价值观，这是一种最为复杂多样的价值观形式。也是一切价值观得以建立的终极基础。

应该指出，上述不同层次群体的价值观并不是孤立存在的，而是相互渗透、相互作用的。一方面，高层次的价值观往往渗透在低层次价值观中，并通过低层次价值观表现出来；另一方面，低层次价值观又往往成为高层次价值观的基础，脱离了低层次价值观，高层次价值观则无法存在。例如，我国社会主义核心价值观中就包含着普世价值观的内容：试想世界上哪一个民族的人民不希冀富强、民主、文明、和谐、自由、平等呢？又有哪一个民族的人民不企求公正、法治、爱国、敬业、诚信和友善呢？当然，由于世界上各个民族的具体生存状况不同，因而这12个词所表达的具体社会内容是不同的。例如，我们所建设的法治社会与美国所建设的法治社会就不同，忽视这种差别，用美国的法治原则来衡量中国的法治内容，并不符合中华民族的发展利益。实际上，这种价值观的共性主要是指其形式上的共性。

总之，价值观是有不同层次的，最高层次的价值观是普世的价值观，最低层次的价值观则是个体价值观，而在这两者之间的价值观则可称为共同价值观。

我国目前是开放的社会主义市场经济社会，既有自己的独立性，也与世界各国存在着普遍联系。由于利益主体是多元的，也是多层次的，因而价值观也必然具有多元和多层次的特点。其中既有为经济全球化所必须的普世价值观，也有为实现中华民族伟大复兴所需要的社会主义核心价值观，还有为

---

[1] 《马克思恩格斯选集》（第4卷），人民出版社1995年版，第532页。

各个阶级、阶层、小群体所需要和奉行的内部共同价值观，以及个体价值观。我们应该承认所有这些价值观存在的合理性，并对其采取包容态度，同时又要努力处理好它们之间的结构关系。我们应突出社会主义核心价值观的中心指导地位，使其他层次的价值观都为其服务，并服从其要求。这样做，既符合当前的世情，也符合当前的国情，无论对于中华民族的伟大复兴，还是构建和谐世界都是有好处的。

（本文写于 2017 年 4 月 26 日）

4. 客观对待"正能量"一词

最近，关于"正能量"一词的使用问题出现异议。有人指责其违反科学常识，因为物理学上的能量并无正负之分，若这样使用下去容易误导学生；也有人在报上发文要求"不要误会正能量"[1]，认为不当使用该词会使其成为被"道德绑架的武器"，并"只会灼伤社会肌体"。然而笔者认为，这些说法都有点言过其实和显得过分焦虑了。

首先，什么是"正能量"？这里所谓的能量是指一种社会作用，所谓"正能量"就是指人的行为及结果对当前社会发展和进步所起的积极推动作用，或者是对人们合法合德诉求的满足作用。显然，"正能量"在这里是一个与价值有关的褒义词，是人们对某种人或事的一种肯定性的评价用语。作为一个新出现的词汇，其含义和性质都是十分清楚的。

其次，"正能量"与自然科学上所说的"能量"一词根本不搭界，它至多只是借用一下该词而已。而且创造这个词的人恐怕压根就没有想到要把科学上的"能量"概念分为正和负两种类型，至于有的中学生提出"能量是否有正负之分"的问题，完全是由于其对"正能量"一词的含义缺乏了解所致，老师或学者们只要加以正确解释就行了，根本不会在学生掌握科学知识上造成混乱。

最后，近年的实践表明，"正能量"一词的使用效果也是好的。世界上任

---

[1] 张国："请不要误会'正能量'"，载《中国青年报》2017 年 6 月 14 日，第 9 版。

何时候都有进步力量与落后力量之别，改革开放以来这两种力量的对立更为突出。由于"正能量"一词简明易懂，其使用无疑强化了人们对健康上进力量的追求，在社会主义精神文明建设中起的积极作用不可忽视。也正因为如此，它刚一被创造性提出就迅速走向公共空间，并被广泛使用，甚至在红头文件和语文试卷中也常能找到该词，这说明广大群众是普遍认可这个词汇的。

经济全球化时代的语言变化非常快：一方面，任何新事物的出现都会引起相应词语的诞生；另一方面，人们在生活中总是需要用新词汇概括新感觉和新知识，表达新情感和新诉求。我国实行的"大众创业、万众创新"的战略更会促进这一趋势的高涨。这些新语言、新词语从何而来？或从其他学科领域引进和引申而来，或从旧词语中拆借并重新组合而来，但无论怎样都是一种语言创造，我国近年来新出现的成千上万条新词语无不如此。这种词语拆借和创造的现象是语言文化发展的一种时代趋势，人为加以阻止是不会有效果的。我们只能尽量在各种新词语中加以取舍和修正：对于那些符合语言规范并有积极意义的用语，我们不但应该允许其存在，还应积极加以完善、学习和推广，不能因自己感到不适应就动辄加以指斥。当然对于那些既无科学性，也无规范性，属于滥造的词语也应拒绝接受，并适当加以批评和纠正，但对其存在也不必过于焦虑，因为词语只是一种交流的工具，如果多数人感到其词不达意，不方便使用，那就终究是会被淘汰的，大可不必杞人忧天。

（本文写于 2017 年 6 月 17 日）

5. 普世价值观与经济全球化

经济全球化是资本主义造成的世界趋势，世界进入帝国主义阶段以后，这一趋势空前发展。经济全球化必然带来人和物的全球流动，而这些人和物都是体现着各民族特殊价值观的，因而也就必然导致其价值观的全球化。而经济强大的国家由于参与流动的人和物比较多，因而其价值观也就有传播的强势，这就有成为占主流价值观的可能。一旦这种主流价值观得到多数国家交往主体的承认，也就会成为普世价值观。所以，普世价值观不是从普遍的人性中产生出来的，而是从各个参与经济全球化民族和国家的价值观转化来的，特别是从参与经济全球化的强势民族的价值观转化来的，是不同民族之间世界性交往的结果。

普世价值观的出现又会加速经济全球化趋势的发展。这是因为，有了普世价值观的指导（如共同行为规则等），经济全球化活动会更加顺畅，从而促其发展；同时经济全球化也需要普世价值观的保障（如国际法等），以防范孤立主义和民粹主义价值观的干扰。所以，盲目否定和批判普世价值观是与经济全球化大趋势的要求相悖的。我们只能根据经济全球化趋势的发展需要，不断修正普世价值观（如用"加和博弈"价值观取代"零和博弈"价值观等），使发展成果真正惠及世界人民，而不是只惠及少数国家的个人或集团。

我国在改革开放以后迅速加入了经济全球化进程，参与世界交往的人和物日益增多，频率也日益提高。在此过程中，中华民族传统价值观也必然会走向世界，并在与世界交往中成为普世价值观的一支劲旅。例如，中国文化中的"和谐共生"与"互利共赢"就越来越成为世界普遍接受的普世价值观，这是中华民族在现代对世界人民做出的重要贡献。

经济全球化的过程也可以说是"化全球"的过程。因为经济全球化并不完全是自然历史过程，它也是人类能动过程，一方面，它需要各国共同制定和推广普世规则，遵守普世价值观，这样一来就必然促进并规范全球化的进程；另一方面，体现普世价值的人和物也会不断输送到世界各地，促使经济活动联为一体。实际上，"全球化"与"化全球"这两个过程是辩证统一的，单独强调某一个方面，并不符合世界发展的客观趋势。我国既要积极参与全球化过程，充分享受全球化的积极成果，同时也要积极推动中华优秀传统文化和高质量商品走向世界，勇于提出中国特色全球治理方案，积极参与"化全球"过程。这样我们才能为经济、政治、文化、生态治理等各方面的全球化做出更多贡献。

（本文写于 2018 年 7 月 1 日）

6. 我国价值观建设应当注意体系性

价值观建设是中国特色社会主义建设的重要内容。任何社会的价值观都有系统化特征，其中既有普遍意义的核心价值观，又有各行各业群体的价值观，还有个体价值观。因而价值观建设也应当是多层次、多样化的。当然，各个层次的价值观在社会发展中所占的地位不同，所起的作用也不一样，从而形成一个有结构的系统。例如，我国封建社会中除了有"仁义礼智信"的核心价值观外，还有适合社会不同层次群体以及个体需要的价值观。其实，社会生活对价值观的需求是多层次和多样化的，其中既有对一般性核心价值观的需求，也有对社会各层次特殊价值观的需求，还包括个体的价值观需求，并且各种不同的价值观不能相互取代。历史表明，只有在不同层次各具特色价值观的引领下，各个领域、部门、单位的人心才能凝聚起来，为局部共同的目标而奋斗。

应该指出，各行各业的价值观与社会主义核心价值观的关系是复杂的，其中既有个别与一般的关系，又有部分与整体的关系。作为个别与一般的关系，各行各业的具体价值观应当体现社会主义核心价值观的内容要求。例如，师生之间的平等观就体现着社会主义核心价值观中的平等要求，医患和谐观也体现着社会主义核心价值观中的和谐要求。但作为部分与整体的关系，各行各业的群体价值观又应该与社会主义核心价值观有所区别，并对之起着丰富和充实作用，因为各行各业有着自己的特殊情况和特殊价值观需求，社会主义核心价值观并不能代替之。如果用社会主义核心价值观取代各个不同领域的价值观，就会将人们对价值观的追求变成抽象教条，阻滞社会主义价值观的生动性和多样性形成，并且难以取得引领人们行为的应有效果。

总之，社会主义社会是一个非常复杂的社会系统，它需要有一个丰富的价值观体系与之相对应。在这一价值观体系中，既应有代表社会最根本利益的最高层次的价值观——社会主义核心价值观，也应有代表不同层次的群体和个体的价值观。当然，这些不同层次和行业或个体的价值观不能违背社会主义核心价值观的要求，而应接受其指导，但在内容和形式上又不应受其局限，而应对其起补充、丰富和充实作用。只有这样，社会主义价值观体系建设才能充满活力，指导人们生活。

（本文写于 2018 年 11 月 23 日）

7. 评期刊分级对学术发展的不良影响

改革开放以来，我国有关部门从国外引进了期刊评价法，并根据期刊的影响因子对所有期刊进行了分级排队。于是有了权威期刊、核心期刊、一般期刊之分，其中核心期刊又有南大核心与北大核心之分，有的学校还在核心期刊中又划分出 A、B、C 三类。应该说，这种划分期刊等级的办法，一方面对图书馆期刊管理、科研人员查阅文献资料、高校教师职称评定以及高校等级划分等都起着积极作用。但是另一方面，其对我国学术发展的不良影响也不可忽视：

第一，它违反学术本质性要求。现行的期刊分级法主要是以每篇论文的阅读下载和引用量为依据的。这两项指标都是主观指标，并不等同于论文的科学性水平本身。实践表明，论文下载和引用者主要是以自己主观需要为依据的。如其对某问题比较关注但又一时无解，该论文正好探讨了此问题，于是就被下载或引用了。这类情况出现得多，则论文也就被下载或引用得多。然而，一篇论文被下载或引用与该论文的科学水平并不是一回事。论文的科学水平取决于其揭示研究对象的本质和规律性的程度，而并不取决于大众的认可程度。有的核心期刊论文虽然被下载和引用得多，并不等于其科学性强，反之亦然。例如，一些纯学术论文或专业论文虽然有水平，但由于内容艰深难懂，或与人们关注度不大，其下载和引用量并不一定高，反之，一些大众化的论文却往往下载和引用量比较大。因而，如果仅以下载和引用量作为评价标准则往往会将一些有真知灼见的论文排除在外，而使一些有水分的论文登上台面。这种情况不利于真理的发扬光大，也严重挫伤作者特别是青年作者的科研积极性。

第二，它不利于贯彻科学上"百花齐放"的原则。由于学术研究的现实价值不同，因而其引发的关注度也是有别的，如果学术研究的对象是有关社会发展中的重大问题，则其成果的关注度也必然是大的，反之则小。例如，以中美关系为研究对象的学术成果引发的关注度显然比研究中国与某个欠发达的小国的学术成果引发的关注度要小，但这二者同样是学术成果，并无高低贵贱之分。如果以关注度为标准，则理论研究的影响力显然会低于实践研究的关注度，重大问题学术研究成果的关注度也会高于一般性问题的学术研究成果关注度。而这样一来，就会引导学术研究走向单一的方向，从而使学术研究的全面性和丰富性受到限制，这不利于贯彻"百花齐放"和"万众创新"的方针，最终也不利于社会的全面发展和进步。

第三，它往往引发学术不端行为。我国近年频频发生学术不端行为，成因是复杂的，但其中一个重要原因便是不合理的学术论文评价制度使然。由于学术成果的级别一般都被作为职称评定和单位业绩评定的依据，这就逼迫有职称晋升需要或研究生毕业需要的个人，不得不一稿多投，以提高命中率，或托关系、找后门发文，甚至用重金买文章发表机会。由于金钱起作用，论文的真实水平就不重要了。加之现在有个别所谓核心期刊把是否按规定交订刊费作为论文发表条件，这就会造成有水平但不愿缴费者的论文得不到发表的情况出现，于是学术腐败也就成为必然了。而这种情况的出现又必然大大影响我国学术成果的水平，浪费学术出版资源，并且使学者的科研积极性受到打击，最终影响我国学术事业的发展。

第四，某些核心期刊为作者投稿设定的形式要件太多，使作者望而生畏，不利于中老年作者发表论文。例如，规定注释必须用带有圆圈或方括号的数字，而且要注在引文结尾的右上角，还有的刊物要求把注释放在当页下面，等等，这对于年轻作者而言也许不算什么难事，但对于不熟悉电脑的中老年作者往往不会操作，于是也就只能把论文投在要求简单的普通刊物上了，而这样一来，其成果又往往不被科研管理机构所承认而被淹没，从而造成科研资源浪费。

最后说明，笔者并不否认对期刊分级的重要性，而只是反对把这种分级作为评价科研成果的唯一标准。科研管理机构应当客观看待发表在普通期刊上的论文，尊重这些作者在论文写作时付出的劳动，特别是对于其确有水平和价值的学术论文要给予应有重视，给其提供展示平台，以免埋没其贡献，遮挡其真理的光辉。

（本文写于 2018 年 12 月 15 日）

第十部分

论经济问题

1. 剩余劳动是社会财富的源泉

人类社会的生存和发展是建立在劳动基础上的，但劳动可以分为两类：一是维持人类生存的必要劳动，二是维持人类发展的剩余劳动。一个社会提供的剩余劳动越多，其发展潜力就越大。剩余劳动的多少取决于社会生产力水平，社会生产力水平越高，剩余劳动就会越多，反之则少。一般而言，奴隶社会、封建社会、资本主义社会的社会生产力分别比前一个社会高些，因而其所提供的剩余劳动分别比前一种社会形态提供的剩余劳动更多些，其社会总体发展也就更快一些。就个体人而言，其劳动也包括必要劳动和剩余劳动两部分。例如，公务员和工人的必要劳动相当于在上班时间进行的劳动，剩余劳动则是在业余时间所从事的劳动。

就整个社会而言，剩余劳动在客观上有两大去处：一是生产社会暂时不需要的或无效的产品，如所谓的过剩产能和过剩库存的状况即如此，这是一种对剩余劳动的浪费。党中央确定的 2016 年经济发展五大任务即"去产能、去库存、去杠杆、降成本、补短板"就是为解决我国剩余劳动问题服务的。二是用于创新，即生产为社会发展所需要的新产品。我国在这方面尚存在不足，但随着"大众创业、万众创新"活动的开展，我国剩余劳动的功能将得到充分发挥。就个体而言，在社会主义条件下，剩余劳动则主要用于为自身全面发展而创造财富，而在资本主义条件下，大部分剩余劳动被资本家剥削了。

剩余劳动的变化与两大要素有关：

一是与科学技术有关。对于一个具体社会而言，其科学技术水平越高，应用越普及，其生产效益也就越高，人们维持自身生存所花费的必要劳动量越少，因而所提供的剩余劳动越多，社会发展的基础也就越雄厚。所以，一个社会要想发展，就必须大力发展科学技术，并将其成果尽快用到劳动中，以充分开发出剩余劳动的利用价值。就个体来说，自身的科技水平越高，则其提供的剩余劳动量也就越大，因而个体的全面发展也就越有可能。

二是与管理有关。对于一个具体社会而言，管理水平越高，生产、交换、分配、消费关系越合理，社会财富就越会充分涌流，其维持自身生存所花费的劳动量就会相对减少，剩余劳动就会相对增多，社会发展的基础也就越雄厚。如果管理混乱，或根本缺乏管理，则大量的社会劳动成果就会被浪费掉，剩余劳动也就难以充分发挥功能。因此，我们为了充分利用剩余劳动，除了大力发展科学技术以外，还应努力加强管理，不断深化改革（改革也是管理），以便使剩余劳动得到充分利用，这是管理作为生产力的重要表现。就个体而言，剩余劳动的多少也与自身的工作安排有关，安排越合理，剩余劳动也就会越多。

总之，我们进行社会主义现代化建设，应该努力发展科学技术，并大力加强社会管理，这样就能极大增加社会剩余劳动量，从而为社会发展奠定坚实基础。对于个体而言，也应通过学习和合理安排实践来提高剩余劳动量，这既可以为社会多做贡献，亦可使自身得到更全面发展。

（本文写于 2016 年 8 月 24 日）

2. 实现农民脱贫的三大条件

十八大以后，党中央制定了 2020 年农民全部脱贫的目标，这是一个体现社会主义本质的伟大目标，也是全面建成小康社会的关键目标，值得全党全民为之努力奋斗。但要实现这一目标，笔者认为必须强化三个条件：

一是应大力加强农村党组织建设（核心）。农村脱贫是要有党组织领导的，如果一个农村的党组织领导强，特别是党支部书记领导能力强，则该村百姓就能凝心聚力，走上正确的脱贫道路，最终实现脱贫目标；反之，则无论政府给多少扶贫资金也没用，因为这些资金或者可能被贪污掉，或者可能被浪费掉，从而难以扭转贫困局面，即便一时脱贫了，随着外部支持条件的逐步减弱，也会重返贫困境地。因此，我们在农村脱贫过程中，应努力加强党组织建设，把村党支部真正建成领导农民脱贫的战斗指挥部，这是实现农村脱贫目标的根本保证。

二是应充分发动农民群众（基础）。农村脱贫归根结底是农民自己的事，只有农民自己有强烈的脱贫愿望，并能够拿出全部精力来为之奋斗，才能最终改变自身的贫困处境，实现脱贫目标。因此，农村党组织要领导农民脱贫，就必须在充分发动群众上下功夫，首先要帮助农民树立脱贫的信心，使他们相信在党的领导和自身努力下，脱贫目标是一定能实现的，这也是扶贫先扶志的道理。其次要动员农民拿出大干劲投入到脱贫行动中来，积极出主意、想办法，有钱出钱有力出力，并且不要因一时挫折而放弃努力，要有坚持到底的韧劲。事实说明，只要广大农民群众真正发动起来了，农村脱贫成功就有了真正的基础。因此，村党支部欲搞好本村脱贫工作，应下大力做好村民发动工作，特别要做好重点户的发动工作，同农民一起制定好脱贫计划，并带领他们去实施计划。事实说明，只有广大农民的脱贫积极性都充分调动起来了，农村脱贫才会有根本保证。

三是政府加大支持力度（外部条件）。农村贫困的原因是多种多样的，有些原因靠农民自己可以解决，有些原因（如自然环境不适于人类居住、缺少资金和物资、缺少得力干部等）靠农民自己则不能解决，在这种情况下则应靠政府大力支持和资助方能解决。例如，对于居住环境不好的地区政府可以采取移民搬迁的措施加以解决，对于缺少资金和物资的地区政府则可以提供无条件资助，对于缺少合格领导的地区政府可以为其派出得力领导型人才。事实说明，政府的支持虽然不是实现农村脱贫目标的决定性条件，却是十分重要的条件：政府支持可以加速农村脱贫的进程，使广大农村贫困地区的人民群众尽快走上小康之路。

（本文写于 2016 年 8 月 28 日）

3. 经济发展应以平衡为标尺

社会经济的发展以什么为标尺？有人以 GDP 为标尺，也有人以满足人的物质需要程度为标尺，笔者认为这些观点都有道理，但也都有片面性。社会经济的发展应该以平衡状况为标尺，脱离平衡的发展是畸形发展，其并不符合社会进步的要求。

首先是社会经济内部的平衡。社会经济是一个由内部各个部门组成的平衡发展的整体，包括生产与消费的平衡、各生产部门之间的平衡、消费部门之间的平衡、实体经济与虚拟经济的平衡，等等。这种平衡一旦打破，经济发展就会出现危机，甚至会导致其暂时崩溃。

其次是社会经济发展与生态环境的平衡。人类是生活在特定自然环境之中的，其由多方面因素构成，包括物理环境、化学环境、生物环境等。这种自然环境一旦遭到破坏，人类自身的生存就会遇到危难。社会经济的每一步发展都应该考虑自然环境问题，并通过调整生产来避免对生态环境的不利影响。实际上，自然环境的破坏本质上是经济发展自身平衡被破坏的结果。因而要实现生态平衡，就必须在保持经济平衡上下功夫，否则只能是舍本逐末。

最后是社会经济发展与社会整体的平衡。人类社会是由多个领域构成的。主要有政治领域、经济领域、文化领域、社会领域以及外部生态领域等。这些领域相互结合，共同组成社会有机整体。如果其中一个领域发展过快，与其他领域发展出现失衡，则社会整体的发展就会受到冲击而出现混乱。由于部分总是受整体的制约，因而某一领域的过度发展最终也会缓慢下来，实现与整个社会发展的平衡。

综上所述，我们在制定或执行经济发展规划的时候，必须充分考虑好平衡问题：一是经济内部的平衡，二是经济发展与自然环境的平衡，三是经济发展与整个社会发展的平衡。当然，平衡是相对的，而不是绝对的，一种平衡实现了，又会出现新的不平衡，人们又需向着新的平衡点努力。平衡也总是有重点的平衡，它要在不断调整发展重点中才能实现。我国目前的"供给侧"改革正是实现经济总体平衡发展的重要手段，应该着力抓好。

（本文写于 2017 年 2 月 18 日）

4. "一带一路"倡议将开辟经济全球化新时代

作为一种发展趋势，经济全球化进程早在近代就开始了，并且已经历了两个发展阶段：其一是自由资本主义时代商品经济的全球化，其二是垄断资本主义时代的资本全球化。伴随着两个阶段经济全球化，资本主义生产方式普及到了全世界，推动世界进入了资本主义时代。目前经济全球化已进入由"一带一路"倡议为主要推力的第三个阶段，虽然就内容而言，这种全球化并没有脱离商品和资本的范畴，然而它毕竟也有自己的一些特征：

第一，以往的经济全球化的原点是欧洲，无论是商品全球化还是资本全球化，都是由欧洲国家发源而向世界辐射的；这次经济全球化的原点则是东方大国，即"一带一路"倡议的提出者中国，伴随这一次全球化的进程，中国和广大发展中国家的商品和资本将与欧洲发达国家的商品和资本相向走向对方，并辐射到全世界。

第二，以往的经济全球化的获利者主要是欧洲发达国家，广大发展中国家只是沦为发达国家的商品倾销地和资本投资地，而这次经济全球化的获利者将主要是以中国为代表的广大发展中国家。在"一带一路"倡议推动下，广大发展中国家将充分利用本国的资源、国外资金和技术来发展经济，不断改变落后面貌，大大提高自己的经济政治地位和国际话语权。

第三，以往的经济全球化往往是由资本主义国家的坚船利炮来开路的，广大发展中国家在其威逼利诱之下不得不开放门户，以致全部或部分丧失主权，成为其殖民地或半殖民地；而这次"一带一路"倡议推动下的经济全球化则完全以平等协商、互利共赢的协定或条约来推进，绝对摒弃了军事开路和制定不平等条约的弊端，充分保障了广大发展中国家的经济和政治主权。

第四，以往的经济全球化的最终结果是资本主义生产方式在世界上的普及，这造成了民族矛盾和阶级矛盾的加深，并导致世界进入了革命和战争的时代；而这次"一带一路"倡议推动下全球化的结果将是社会主义的合作共赢的经济模式主导世界，必然开辟世界各国和平共处、相互尊重、和谐共赢的世界新局面。

当然，由"一带一路"倡议推动下的经济全球化进程绝不会是一帆风顺的，它必然会经历各种曲折，然而作为广大发展中国家崛起和世界经济发展的一种历史大势，这是任何国家的倒行逆施都不能阻挡的。随着发达国家逐渐认识到这次全球化进程给自身带来的巨大机遇，它们也将不得不加入到这股大潮中来，从而使经济全球化更加蓬勃发展。

（本文写于 2017 年 6 月 1 日）

5. 经济全球化与民族特色

经济全球化是从近代开始的一种世界大势，其本质是资本主义经济扩张的全球化。目前这种全球化趋势仍在发展，但其内容已发生了些许变化，主要是增加了发达国家与发展中国家经济交往的内容，并且产生了经济全球化与发展中国家保持自身特色之间的矛盾。这一矛盾的主要表现是：

第一，经济全球化必然产生经济交往规则的普适化。因为没有普适性的交往规则，公平的经济交往便无法进行，更难以持续下去。但这种普适性的交往规则一旦形成习惯，就必然影响到国内经济交往也遵照其进行，于是国内经济交往的特殊性就会受到冲击，而成为国际经济交往的附庸，最终被同化。

第二，经济全球化必然带来不同国家文化的交融，而在这一过程中，强势的发达国家的文化必然渗透到发展中国家，并且会日益扩大影响，而原来发展中国家的文化由于弱势，根本抵挡不住发达国家优势文化的传播，这样时间一长，发展中国家的文化特色也很难保持住，最终会沦为发达国家的文化附庸。我们对付这种文化冲击的有效办法就是充分强调坚持四个自信，即道路自信、理论自信、制度自信、文化自信。这种自信的程度越高，我们抵抗外部文化冲击的能力越强。

由此可见，经济全球化与保持发展中国家自身特色之间是存在尖锐矛盾的。这一矛盾怎样解决？发展中国家怎样才能既利用经济全球化大势来发展自己，同时又能保持自身民族特色？本文认为以下几点值得注意：

一是处理好国际经济交往规则与国内经济交往规则的关系，即处理好国际经济法与国内经济法的关系。一方面，要注意国内经济法与国际经济法接轨，尽量避免或减少冲突，如遵守好 WTO 原则等；另一方面，又要注意保持国内经济法的独立性，使其最大程度适合国内经济发展需要，例如政府对外汇市场的管理等。防止霸权国家利用国际法中的条款干扰国内经济运行，在经济基础上消除国际规则侵蚀国内规则的途径。

二是在国际经济交往中弘扬中华文化的引领作用，如强调公平交易，讲求信誉，禁止经济交往附带政治条件，并且要以自己的实力为基础，争取经济交往规则的制定权，等等。这样可以有效防止国外文化借助经济交往途径侵蚀中国传统文化。

三是在国际文化交往中，严控人文社会科学类的学生到国外留学的人数，而鼓励学生深入中国大地进行调研和创新，建立和发展有中国特色的社会主义政治、经济、社会、生态方面的文化。在高等学校中也应强调教师讲授本国特色的知识内容，为本国现代化建设服务。

总之，具有本民族特色的社会科学理论只有靠扎根本国社会实际的人才能建立和发展起来。对本国实际根本不了解，缺乏必要的情感，对国外的社会知识学得再多，也不可能创立出有本民族特色的科学理论。当年，青年毛泽东曾拒绝留学国外，而潜心研究中国实际，并结合学习马克思主义，终于创立了中国化的马克思主义理论，领导中国革命取得胜利。我们今天应以青年毛泽东为榜样，立足中国实际，并以马克思主义为指导，探寻中国现代社会的发展规律，丰富和发展中国特色社会主义理论，为中华民族的伟大复兴和共产主义伟大目标的实现而英勇奋斗。

（本文写于 2017 年 7 月 21 日）

6. 论建立中国特色社会主义经济学

经济学是研究经济运行规律的科学，主要分为两个层次：一是研究某种类型经济运行普遍规律的经济学，二是研究特殊经济形态运行规律的经济学。我国应该建立有中国特色的社会主义经济学。

经济学是大国经济学，只有大国才能有自己的经济学，因为大国经济往往有自己的独特性和特殊发展规律，并且有着广泛的世界影响。当然大国并不必然产生自己的经济学，只有大国特殊的经济国情和运行规律为经济学家所认识，并上升到理论高度，才能产生自己的经济学。《国富论》《资本论》《帝国主义论》《俄国资本主义的发展》等就都是大国经济学，或主要反映了大国经济特征的经济学著作。

中国是个大国，有自己特殊的经济发展史和经济规律，虽然其时刻处于与世界各国经济交往之中，但这种交往并不能抹掉中国经济特色，更不可能改变中国经济特殊的运行规律。事实说明，外国经济学说不管其多么具有权威性，也不可能完全适合中国的情况，更不能解决中国的实际问题。我们只能由自己的经济学家们在深入研究中国经济史和经济现实的基础上，总结出自己的特殊规律，形成反映这一特殊规律的科学理论，才能指导本国经济的正常发展。近年，有人动辄用西方经济学说来给我国经济发展开药方，解读或预言中国经济发展实际，结果都遭到失败就是证明。

建立中国特色社会主义经济学，应该抓住中国经济的基本要素、基本结构、基本功能、基本环境来展开。就是说，要把中国经济作为一个特殊的系统运动过程来对待，以揭示其系统运动规律为目标，而不必采取传统经济学的建构方法。建立中国特色社会主义经济学将是一个艰难的探索过程，但我们已经有了几十年经济建设正反两方面的经验，加之经济学家们矢志不渝的探索和总结，相信在新中国成立百年的时候，这一目标一定会达到，届时，中国特色社会主义经济学一定会成为世界经济学百花园中的一朵奇葩而受人瞩目！

(本文写于 2017 年 8 月 27 日)

7. 农村扶贫工作应把扶助个体与扶助集体结合起来

目前党和政府正根据十九大精神加大对贫困地区的扶贫力度，以实现我们党"让贫困人口和贫困地区同全国一道进入全面小康社会"的庄严承诺。但目前的扶贫工作重点集中在贫困户个体上，这是不够的，还应该在扶助贫困集体上下足功夫，并把二者结合起来。

贫困地区之所以贫困有很多原因，而集体经济不发达是一个重要原因，集体经济不发达，人力、物力、财力、智力和志力就集中不起来，形不成 1+1>2 的效果，有的个体借助其片面优势发展起来了，但难以调动其他个体同步发展。当然，近年也有过农村个体在外面挣了大钱后回村奉献把全村搞好的例子，但这只是凤毛麟角而已。总之，就一般规律而言，集体的命运是决定着个体命运的。因此，农村扶贫工作应在有针对性地做好农户个体扶贫的基础上，适当加大做好农村集体的扶贫工作力度。

要做好对贫困农村的扶贫工作，首先就要整顿好农村集体经济。现在不少农村集体经济组织都消亡了，农村又成了一家一户的分散集合体，根本没有了共同利益，共同命运也谈不到了，在这种情况下的一家一户的脱贫很难保持扩散性和持续性。应当努力把农村集体经济再建立起来，以便集中起人力、物力、财力、智力和志力来解决问题，政府亦应大力给与支持，并加强对支持过程的指导和监督，防止财物的浪费。

要做好对贫困农村的扶贫工作，必须努力加强农村党支部的建设工作。农村党支部是农村脱贫的领导核心，这是任何外来力量都无法代替的。只有高质量的农村党支部建立起来，才能搞清农村的真实贫困情况，才能因地制宜地制定出本村脱贫战略，才能调动起农村广大贫困农民的脱贫积极性，并尽快走出贫困境地。因此，搞好农村党支部建设应是做好农村脱贫工作的关键和根本保证。

在做农村贫困户的扶贫工作时，也要提倡贫困户之间的相互帮扶，防止老西拉胡琴式地"自顾自"。要教育农民懂得"一户脱贫不是真脱贫，大家都脱贫才是真脱贫"的道理，要把生活扶贫与思想扶贫结合起来，引领贫困农民走联合起来共同脱贫的道路，而要做到这一点也必须靠强有力的农村党支部工作才行。

总之，要做好农村脱贫工作，应该两手抓，一方面有针对性地抓好一家一户的扶贫和脱贫，另一方面也应做好农村集体经济的扶贫和脱贫。要通过扶助农村集体经济来带动一家一户的脱贫，要通过领导农村脱贫工作实践引导农民走集体化道路或建立"村民命运共同体"道路。

（本文写于 2017 年 12 月 19 日）

8. 我国经济高质量发展的基础是经济效益不断提高

党的十九大报告中提出新时代国民经济发展由高速增长向高质量发展的总特征，最近召开的中央经济工作会议又进一步提出贯彻从高速度增长向高质量发展的经济工作总方针。衡量经济高质量发展的评价指标有很多，但基础指标是经济效益，只有不断提高我国整体经济效益，才能真正保证我国经济高质量发展。

对经济效益可以从两个方面来考量：一是经济发展满足人民群众对美好生活需要的程度。在经济发展总量不变的情况下，其满足人民群众对美好生活需要的程度越高，经济效益也越高，经济发展质量也越高，反之则低。改革开放以来，我国的经济增长速度是高的，其满足人民群众日益增长的物质文化生活需要的程度也基本上是同步的，但这种满足主要是对人民群众物质文化生活需要数量方面的满足，而十九大报告提出的对人民群众美好生活需要的满足则是指生活品质方面的满足。目前我国经济的发展满足人民群众这一方面需要的程度还不高，诸如产能过大（无效产能）、库存量大（无效库存）、杠杆烂（脱离实际需要）、成本高（人民消费不起）、短板明显（人民需要得不到满足）等就是这种缺陷的表现，而近年党中央提出"去产能、去库存、去杠杆、降成本、补短板"的一系列供给侧结构性改革要求也正是为了解决这方面问题的。我们一定要把供给侧结构性改革的上述任务完成好，以努力实现满足人民群众对美好生活需要的要求，这也是供给侧结构性改革的真正意义之所在。

二是从国民经济总产出与总投入的比例来考量。任何社会经济过程都是投入与产出的关系变化过程。投入大于产出，总体经济效益就低，而投入小于产出，则总体经济效益则高。这里所说的投入是一个综合范畴，包括环境资源等投入在内。据说发达国家的经济效益在1:2以上，而我国则在1:1左右。我国经济效益之所以比较低，主要与科技不够发达并且投入生产量不够有关，科技不发达和投入生产的科技量不够，就无法充分将投入转化为产出，因而效益低下是必然的。因此，我们要提高经济效益，就应该在发展科技并加大科技对生产的投入力度上下功夫。目前我国科技贡献率虽然已接近60%，但离发达国家还是有不小距离的，我们应该努力补上这一重要短板。

总之，由高速度增长到高质量发展是我国经济转型中的重大转折性变化，尽快完成这一重大转变，是我们顺利实现两个一百年目标和中华民族伟大复兴的根本保证，而这一经济转型的根本条件则是经济效益的不断提高，根本动力则是高科技投入生产过程的力度不断加大。

（本文写于 2017 年 12 月 30 日）

9. 现代化经济体系的四大特征

现代化经济体系是十八大以后提出来的一个概念，建设现代化经济体系更成为十九大提出的一个重要发展目标。关于建设现代化经济体系的要点，十九大报告已做了六个方面的明确阐释，这里从系统论的角度对其特征提出四点认识：

1. 现代化经济体系的产业基础一定是全面而先进的。现代化经济体系是相对独立的经济体系，它一定要有相对齐全和完善的产业部门做支撑，并且这些产业部门具有先进水平。我国目前已经建立起相对完善的产业部门体系，有些产业部门亦已达到世界先进水平，但就总体而言，还相对落后，我们应在提高产业质量水平上下大功夫，为现代化经济体系的建立打好基础。

2. 现代化经济体系的经济结构一定是优化的、协调的，而不是相互掣肘的。经济结构是经济体系的核心内容，经济结构的现代化则是现代化经济体系的本质特征。经济结构的现代化指标有很多，如不同企业类型之间的结构关系指标，高科技、中科技、低科技产业之间的结构关系指标，等等。核心指标是体现产业革命发展趋势的经济部门（如人工智能产业、新能源产业等）在整个经济体系中所占的"引擎"地位和比重高低状况。此外，地区经济部门的分布是否合理也是重要指标。我国当前经济结构的主要问题是作为现代经济引擎的信息产业的地位尚不巩固，所占比重亦不突出。此外作为供给侧的产业领域尚存在不平衡、不发展的状况。我们应当通过改革逐步使经济结构趋于优化和协调，这是建设现代化经济体系的关键所在。

3. 现代化经济体系的经济功能一定是强大的、高效的，而不是弱小的和低效的。衡量经济体系现代化程度的一个重要指标是其效益和满足社会需要的功能状况，对于我国而言则主要是满足人民群众对美好生活需要的程度。目前我国在这方面已经取得很大成绩，然而缺陷也还是显而易见的，不断发展的国内消费者到国外的购物潮的存在就是明证。因此，要建设现代化经济体系，就必须努力在提高经济效益和满足人民需要上下大功夫，使经济由高速增长阶段尽快转向高质量发展阶段。当然经济体系的功能还表现在与其他经济体系的竞争方面，如果这一竞争能力强大，则说明经济体系的现代化程度也是高的，我们应该通过供给侧结构性改革尽快解决这一问题。

4. 现代化经济体系与环境的关系一定是高度开放的、适应的，而不是封闭的、冲突的。经济活动反映的是人与自然的交换关系，因而经济的发展是无法脱离自然的，人们只有在与自然发生日益紧密的交换过程中，才能促进自身的发展。但是这种交换关系不能以破坏或损害自然平衡为代价，而必须与自然保持和谐关系，这是衡量经济现代化水平的一项基本指标。此外，在现代世界上，任何一个国家的经济都不可能是完全独立发展的，而必然与世界经济发生互补和交换关系，因此，一国经济与世界经济的适应状况也是衡量其发展水平的重要标尺。我们要建立现代化经济体系，就必须不断加大开放力度，并在这个过程中，既努力做到与自然环境和谐共生，又努力做到与世界经济合作共赢。

总之，现代化经济体系是一个高质量系统，它在构成要素、内在结构、社会功能、与环境关系上都必须具有高度合理性。因而，建设现代化经济体系也必须在这四个方面下功夫：一是要抓好高质量的企业培育工作，二是要抓好高质量的经济结构调整，三是要抓好高质量的经济功能发挥，四是要抓好高质量的经济开放活动。其中一是基础，二是核心，三是关键，四是条件。只有协调推进这四个方面的工作，才能达到坚持现代化经济体系的目标。

（本文写于 2018 年 2 月 7 日）

10. 论全球化的两个维度

全球化的概念已经提出好些年了，但全球化的含义却至今未形成共识。其实从哲学上看，全球化主要表现为两大趋势：

一是整体化趋势。世界是一个整体，而各个民族或地区都是它的组成部分。但由于生产方式的落后，以往各个民族或地区之间缺少必要的联系，因而基本处在分散化存在阶段。虽然拿破仑和成吉思汗也曾企图通过军事手段控制全世界，实现全球化，但由于其力量的限制，终未获得成功，或只说仅实现了转瞬即逝的区域整体化。直到英国产业革命发生，以原料产地和商品销售地分工为内容的真正经济整体化进程才开始。今天，不管人们是否承认，以经济活动内部分工为基础的世界整体联系的全球化趋势已经开始了。虽然这种世界范围内的经济分工不断调整和变化，各个民族的世界历史地位也在相应发生改变，但是这种整体相互联系的趋势却是不可遏止地向前发展的。各个民族和地区只有适应这个大潮，拿出科学对策才能有效立足于今天的世界。

二是普遍化趋势。世界上的各个民族之间都是具有普遍性的，但由于生产方式的落后和交通的闭塞，在以往时代，这种普遍性也难以显现出来，因而各个民族和地区的特殊性也就成为以往世界的主要特征。秦始皇统一六国只是在中国范围内实行了某种普遍化（如统一文字和度量衡等），成吉思汗和拿破仑也只是在把占领地居民都变成他统治的臣民的意义上瞬间实行了这种普遍化。促进世界真正开始进入普遍化时代的是英国的资本主义生产方式。普遍按照资本主义的生产方式、交换方式、分配方式、消费方式来生产和生活乃是现代全球化的重要内容。只是由于历史的短暂，这种意义的全球化尚未充分发展起来罢了。

总之，经济全球化趋势是通过整体化和普遍化两种趋势体现出来的。过分强调某一方面都会陷入片面性，也不利于指导国民经济的发展。经济整体化和普遍化都需要通过先进生产方式来引领，因而发展以科学技术为第一内容的先进生产方式乃是我们在全球化方面从"跟跑"到"并跑"再到"领跑"地位的根本保障。

（本文写于 2018 年 3 月 11 日）

11. 应加强对市场需求的结构研究

市场经济本质上是靠需求拉动的经济。市场需求的结构如何，经济结构也就会如何，市场需求的结构变动，也必然带来经济结构的变动。因而欲发展社会主义市场经济，必须从整体上及时把握市场需求结构的变化状况，并据此制定相应经济政策，以满足市场需求，推动整体经济的发展。

市场需求结构有多种表现形式：一是需求的地域结构，主要表现为国内市场与国际市场的关系及其各自内部的地域市场关系；二是数量结构，主要表现为各种需求的数量比和变动趋势；三是逻辑结构，主要表现为各种需求之间的内在关联及其变化。我国市场需求结构在整体上以国内市场需求为主，其中中西部市场需求又占有重要地位；在数量上则仍以物质生活资料需求为主，其中对居住条件的需求又占有较大比重；在逻辑上则以物质生活需求与文化生活需求的结构关系为主，近年对环境和教育科学等文化的需求呈上升趋势。因而我国发展社会主义市场经济应注意整体上立足于国内市场特别是中西部市场的发展，大力发展与人民群众物质生活有关的经济部门（如环保和房产业等），特别应处理好物质经济市场与文化经济市场的关系，在目前，尤其应注意发展教育和科技，因为人民群众对这方面的需求已经日显强烈，并且教育和科技的发展可以极大带动整个经济的发展，从而显示科技是第一生产力的伟大作用。

这种以市场需求为引擎的经济发展与供给侧结构性改革方针是根本一致的。市场需求结构决定供给侧结构，供给侧结构如果不能反映市场需求结构的需要，就会出现无效供给的情况，因此，供给侧结构性改革的成败只能以能否适应需求结构状况为标尺。实际上，供给侧结构性改革方针也正是基于与需求侧的矛盾状况制定出来的，是为满足需求侧的要求服务的。那种认为供给侧结构性改革与需求侧无关，供给侧结构性改革可以完全不顾需求侧的状况来进行的观点完全是对这一方针的误解。还应指出，市场需求的根本是民生需求，市场需求只不过是民生需求的滞后反应罢了。因而只有真正体现民生需求的市场需求才是对国民经济发展起决定作用的力量，而脱离民生需求的市场需求则会转瞬即逝，无法持久。

改革开放以来，我们党历届代表大会都是把满足人民群众日益增长的物质文化生活需要作为奋斗目标的，国民经济的发展规划则围绕着这一需求来制定，这充分显示了"以人民为中心"的中国特色社会主义的本质特征。党的十九大报告则在以往基础上，又提出满足"人民日益增长的美好生活需要"的方针。但什么是人民群众的"美好生活需要"？其结构如何？对此也是需要进行认真研究的。只有从实际出发，采用大数据等科学研究手段，对民生需求的宏观结构形成一个科学清晰的动态了解，才能制定出与民生需求结构相符合的国民经济发展规划，从而真正使人民群众对美好生活的需求得到最大满足。

（本文写于 2018 年 7 月 5 日）

12. 新自由主义不能引领我们跨越"振兴之坎"

美中贸易战已经发生半年之久了，从各方面情况来看，短期内尚无结束之迹象，甚至有愈演愈烈之势。这就不能不引发人们从宏观和长期两个角度来思考问题：中华民族伟大振兴是一个世界历史现象，它将结束被压迫民族永远落后的历史，而光明正大地走上民族振兴之舞台。但这一民族振兴之路并不平坦，它会有诸多"沟坎"需要跨越，而指导我们跨越种种"振兴之坎"的唯一科学思想体系乃是马克思主义中国化的最新成果——习近平新时代中国特色社会主义思想体系，新自由主义则根本无法完成这一使命。

新自由主义本质上是一种为霸权主义服务的思想体系。从表面上看，它主张自由贸易，反对国家干预；鼓吹开放，反对封闭。实际上它所说的自由贸易是在一国称霸世界条件下的自由贸易，而不是在各国平等条件下的自由贸易；它所说的开放也只是要求广大发展中国家对发达国家开放，而不是要求发达国家对发展中国家开放。因而实行这种新自由主义经济政策的唯一结果只能是有利于霸权国家维持霸权地位，而不可能维护广大发展中国家的利益。实际情况也证明，自20世纪末以来，世界上实行新自由主义政策的国家绝大多数都陷入了发展"陷阱"，并至今无一能够走出来。我国在党中央的正确领导下，虽未受到新自由主义思潮的严重冲击，但其对我国经济发展的影响却是毋庸讳言的，我国经济从出口依赖型向主要靠内需驱动型的回归则是逐步摆脱这种影响的表现，这也是我国目前之所以能经受住美国关税政策打压的重要原因。

新自由主义思潮与全球化思潮既有联系也有区别。一方面，全球化思潮是新自由主义思潮在当前的表现形式之一，对此我们应该加以警惕，防止其借全球化思潮还魂，对我国产生不利影响。另一方面，全球化思潮又在一定程度上反映了世界经济发展的大势，各国都可以借助这一大势发展自己，我国更可以乘这一时代的东风，进一步通过开放政策，发展与世界各国的经济合作关系，实现互利共赢，并推动民族振兴与世界的进步。总之，我们要鉴别新自由主义思潮与全球化思潮这两个概念，充分利用世界经济全球化大势为民族振兴服务，同时摒弃新自由主义思潮，防止其利用全球化思潮对我国经济的发展起消极作用。

历史表明，在社会发展的转折时期，各种社会思潮都是会竭力表现自己的，企图按自己的世界观改造世界。我们在实现中华民族伟大复兴的征程中，一定要擦亮双眼，识别各种"左"的或"右"的错误思潮，防止其干扰我国社会主义建设的大方向。当前最为重要的是：坚定不移地高举新时代中国特色社会主义旗帜，进一步落实"五位一体"的总体布局和"四个全面"的战略布局，强化"四个意识"和"四个自信"，充分发挥社会主义制度的优越性，克服一切艰难险阻，沿着十九大报告指引的方向，在中华民族伟大复兴之路上继续前进。

（本文写于 2018 年 10 月 2 日）

13. 发展好民营企业是消除两极分化的有效途径

"消除两极分化，实现共同富裕"是社会主义的本质内容之一，也是改革开放以来党的历次代表大会政治报告所确定的目标。实现这一要求有很多途径，在目前的我国，发展民营企业特别是中小微企业乃是实现这一目标的有效途径。

第一，中小微企业在民营企业中占有主体地位，数量庞大，可以有效解决大量就业问题。就业不足是导致劳动者贫困并造成两极分化的重要原因。在我国实现市场经济条件下，国有企业解决就业的能力极为有限，而广大民营企业特别是中小微企业则成为解决就业问题的主力军。国家支持和发展中小微企业可以极大增强其吸纳劳动力的能力，而广大劳动者获得了就业机会，生活就有了基本保障，从而摆脱贫困状态，再经过努力奋斗，其经济状况还可以不断得到提升，从而缩小与富裕阶层的差距。

第二，发展中小微企业可以使广大劳动者容易获得生产资料，从事生产活动。造成两极分化的原因很多，其中一个重要原因是困难群体缺少必要的生产资料，因而难以开展生产活动，并通过生产活动改善自己的生活状况。而中小微企业所需要的资本金不多，而且多可以就地取材开业办厂，因而发展起来相对容易，见效也快。金融部门只要采取适当贷款政策，大批中小微企业就可以迅速建立并发展起来，遇困企业也可以较快起死回生，重振局面。中小微企业一旦普遍发展起来，便可以在消除地区经济差距和缩小个人经济收入差距方面有所作为，还可以对民族经济的发展起极大推动作用。

第三，我国目前的两极分化现象，突出表现为极少数贫困人口的存在。因而消除两极分化的第一位任务就是先消除贫困。目前我们在这方面虽已取得重大成就，但困难仍然不小。而解决这一问题的手段之一便是利用国家下发的扶贫资金支持贫困地区中小微企业发展，通过生产性扶贫使广大贫困人口走上自救之路，并带动身边人脱贫，这比单纯性生活扶贫更具有可靠性和持续性。

总之，"消除两极分化，实现共同富裕"是社会主义社会的本质特征，也是我们建设中国特色社会主义的重要使命。在目前社会主义市场经济体制下，发展好民营经济特别是扶持好中小微企业的成长乃是遏制两极分化趋势，实现共同富裕的有效途径之一。我国距全面建成小康社会、实现彻底脱贫的目标还剩两年时间，时间紧，任务重，发展好民营经济，搞好生产性扶贫也是我们最终完成脱贫目标的重要办法。我们应该在保证国营经济发展的同时，大力发展好民营经济，以便更好完成社会主义建设的根本使命，并为中国特色社会主义现代化建设做出大贡献。

（本文写于 2018 年 12 月 3 日）

14. 警惕经济全球化中的市场陷阱

经济全球化是当前世界发展大势，也是广大发展中国家发展自己的大好机遇。然而，我们在充分利用这一大好机遇的同时，也应警惕并设法避开其隐含的陷阱。

经济全球化是以世界市场为依托的。没有全球市场，资本和商品就无法在全球内流动，因而经济全球化也就成为不可能。对于任何一个独立国家而言，市场都包括两大类：一是出口市场，二是进口市场。没有出口市场，国内商品卖不出去；而无进口市场，国外商品也无法买进来。这种情况就隐含一定风险：一旦出口市场被堵死，国内商品就会形成积压，其价值无法实现，进而会引发一系列问题；而一旦进口市场被卡死，则为国内所需要的商品（主要是技术和原材料等）也无法买进来。在这方面，我们已经有过铁矿石进口被无理加价和中兴从美国进口电子芯片被卡的教训。然而，经济全球化的陷阱还不止于此：近代史上多次出现的世界性经济危机都是这种隐患的表现，而两次世界大战的爆发更是这种隐患导致的恶果。

对于广大发展中国家而言有没有办法避开经济全球化隐含的陷阱呢？有的。一是要保持进出口市场多元化。只有保持进出口市场多元化，才能有效防止市场垄断局面的出现。因为一种进出口市场渠道堵死了，可以选择其他进出口市场，这样就可以有效防止因市场被垄断而给国民经济发展造成伤害；

二是坚持自力更生发展国民经济的方针。关系国计民生的重要经济部门一定要以我为主，而不能依赖进出口市场，否则容易受制于人，诚如习近平主席所说：高新技术是买不来的；三要有被严格遵守的市场规则。任何国家都不得利用市场优势要挟和盘剥他国，否则应受制裁。另外，当某国因政策不当而导致市场环境出现危机时，国际市场组织应采取救济措施，助其回归正轨。

总之，经济全球化趋势对当下世界各国而言都既是发展机遇，同时也隐含危机和陷阱。我们一方面应当充分利用这一机遇发展好自己，另一方面也应警惕掉入其固有陷阱，从而保证我国安全并可持续地实现社会主义现代化，并推进中华民族的伟大复兴。

（本文写于 2018 年 12 月 4 日）

15. 要做企业家，不做资本家

资本家是马克思对资本主义社会中以运营资本为手段，以获取利润为目的的社会经济活动群体的总称，资本家是资本的人格化，其活动受资本规律的支配。企业家则是指以经营企业为手段，追求生产物质或精神产品的经济活动者，企业家受企业发展规律的制约。

资本家与企业家有联系也有区别。其联系是：资本家运营资本赚取利润需要以企业为依托，而企业家经营生产则需要借助资本运营这一手段。世界上没有不依赖于企业的资本家，也没有不依赖于资本的企业家。但二者又是有着本质区别的：第一是活动目的不同。资本家的活动目的是以追求利润为核心的资本扩张，奉行无利不干的行为原则；而企业家的目的则是追求以社会需要为基础的扩大再生产，奉行市场竞争原则。第二是手段有别。资本家的手段是选择投放并控制资本，一旦不能带来利润，就会立即撤资或移资；而企业家的手段则是选择建立并经营企业，一旦企业生产不能正常维持，便会宣布减产或转产。由于资本家和企业家的这种内在联系，导致其社会身份有时是很难区分的。在现代社会中，有人往往既是资本家，又是企业家；也有人以某种身份为主而以另一种身份为次。

我国社会主义市场经济社会既有资本家，也有企业家。如果一个人以资本扩张为主要目的来从事经济活动，那他就是资本家；如果一个人以扩大再生产为目的来从事经济活动，那他就是企业家。如果一个人以满足民生为终极目的而追求扩大再生产，那他就是社会主义企业家。由于我国社会主义制度所决定，我们应该允许资本家和企业家的存在和发展，但应采取政策和法治手段对其进行引导、规范和控制，使其活动有利于社会主义国家的发展目标。同时更应培养和造就、鼓励和支持社会主义企业家队伍的发展和扩大。只有这样，我们才能逐渐解决好经济发展的不平衡、不充分问题，才能不断满足人民日益增长的美好生活需要，才能顺利实现中华民族的伟大复兴。

（本文写于 2019 年 2 月 12 日）

16. 不应过分追求第三产业的增长

第三产业在国民经济中的比重逐年上升是我国近年经济发展的一个重要特征，这也符合国民经济发展的总体趋势。但笔者认为，对于我国而言，不应过分追求这一趋势，尤其不能将其作为观察我国经济发展水平的主要指标。

首先，一种产业结构的形成是由特定国情决定的。如果一个国家的基础产业（第一产业、第二产业）十分发达，足以满足国民物质生活需求，则以服务业为核心的第三产业就会自动发展起来，并在国民经济中占有主要地位。例如美国即如此。但我国是世界最大的发展中国家，有十四亿人口，就我国现有基础产业水平而言，远未达到满足其物质生活需要的程度。例如，农业、房产业和交通业皆如此，诸多贫困人口的存在也是证明。在这种情况下，过分强调第三产业的发展，并不符合国情现实和国民需要。

其次，我党十九大确定的经济体制改革重点是供给侧结构性改革。这里所说的供给侧范围十分广泛，三大产业的供给侧都包括在内。但就整个国民经济而言，第一产业、第二产业的供给侧乃是重点。试想：如果农业生产不出质高量足的农产品，工业生产不出国民需要的工业品，光是电视剧数量增多了，交流用的手机质量提高了，这能叫全面现代化吗？我国现在还主要是制造业大国，称不上创造业大国。我们要实行真正的现代化，应首先在把制造业大国转变成创造业大国上下大功夫，而过分追求服务业的发展乃是舍本逐末。

最后，过分追求第三产业的增长会导致社会浮躁心理的发生，近年所谓虚拟经济的过度发展，金融产业的过度扩张，娱乐业的过度兴旺，文教产业的过度膨胀等，都是这种社会浮躁心理的表现。这些东西表面上给人以欣欣向荣之感，实际上过多占用了社会发展资源，并不利于社会物质基础的巩固和加强，超过一定限度还会引发社会危机，包括金融危机、社会危机以及意识形态危机等。

总之，我国目前仍是世界上最大的发展中国家，物质财富的生产无疑仍是最基础的社会需要，也是国家稳定的基石，我们应当给予充分重视。至于第三产业的生产，我们当然亦应适当投入人力和财力促其发展，但不应以此为重点，更不应脱离具体国情而向发达国家的这一方面看齐。我们还是应该从国情实际出发，调整好以第一产业、第二产业为基础的产业结构，使其更好地为社会主义现代化建设服务，为中华民族的伟大复兴服务。

（本文写于 2019 年 2 月 17 日）

17. 重评市场经济体制对中国社会的价值

用社会主义市场经济取代社会主义计划经济是我国实行社会改革的根本内容。采取社会主义市场经济的最初目的是将其作为资源配置的一种手段，以弥补计划配置的不足，后来变为资源配置的决定性手段，政府宏观调控只起辅助作用。社会主义市场经济体制的实施极大地促进了社会生产力的发展，促进了社会主义综合国力的提升，为人民群众生活的改善做出了大贡献。我们要建设新时代中国特色社会主义，完成"两个一百年"奋斗目标，实现中华民族伟大复兴，就必须继续坚持并不断完善社会主义市场经济体制。

然而，经过 40 多年的实践，我们也应看到，社会主义市场经济的功能已不仅仅局限在发展经济方面了，而是逐渐波及社会生活的各个领域，乃至成为改造整个中国社会的总动力和总标尺。

应该看到，市场经济体制的这一功能是极为强大的。之所以强大，并非人为因素使然，而是由于经济基础决定上层建筑这一历史规律起作用的必然结果。虽然，市场经济体制不是社会主义经济基础的全部内容，与之相比，所有制问题更为基本和重要，但是市场经济体制毕竟是在不同所有制基础上建立起来的，是体现不同所有者利益关切的经济运作方式，因而其也就不能不在经济基础中起核心作用，并对整个上层建筑起着决定作用。上层建筑当然也有独立性和反作用，但就目前而言，这种反作用除了保护和规范市场机制的运行和发展以外，克服其消极作用的一面还远未充分发挥出来。

因而，我们必须重新审视市场经济体制以及我们以往对市场经济的态度。应该承认市场经济体制对于社会主义初级阶段发展的充分必要性，继续坚持和不断完善，使其更好地为社会主义建设起好资源配置作用，否定这一点，企图抓住市场经济的弊端而要阻止其继续前行的观点和做法都是错误的。然而我们也必须看到，市场经济体制对我国社会主义社会发展所起的消极影响，特别是对上层建筑领域所起的消极影响。我们应当把市场经济的作用限制在经济领域之内，并且在经济领域内也应当注意充分发挥政府的宏观指导和调控作用，当然政府宏观调控机制亦应不断改善。总之，我们应防止市场经济体制的原则成为上层建筑改革的指挥棒和风向标，特别是防止其危害党的领导，危害马克思主义思想体系的指导。我们应当有辩证思维，一方面要坚持市场机制，另一方面又要反对市场迷信。要坚持好党的领导，坚持新时代中国特色社会主义思想体系的指导，坚持"五位一体"总体布局和"四个全面"战略布局，坚持"四个自信"和新的发展理念，为保障社会主义全面发展，为中华民族伟大复兴，为构建人类命运共同体而贡献力量。

（本文写于 2019 年 2 月 27 日）

18. 处理政府与市场的关系应该更灵活

政府调控与市场调节的关系问题是社会主义经济管理中的核心问题。我国现有的处理方法是：让市场调节起决定作用，政府调控起重要作用。实践表明，这种处理政府调控与市场调节关系的方法总体上是成功的，客观上推动了我国经济的大发展。但随着社会实践的前行，对这一关系的处理应该更灵活一些，以使二者促进国民经济发展的功能得到更充分的发挥。

首先，对于不同的经济要素而言，政府与市场的作用应该有别。对于小企业的经济活动应该完全交由市场说了算，政府除了依法管理外，不必进行其他干预。小企业在这种放任型管理中，会通过自由竞争而优胜劣汰，自发成长起来，如果政府进行保姆式干预，反而不利于其自发成长。对于中等企业的经济活动，应主要由市场说了算，政府进行适度干预和引导，因为中等企业体量稍大，涉及就业人员较多，完全任其自由竞争，会给社会造成较大影响，或引发金融、就业等一系列社会问题。对于大企业特别是大型国企的经济活动来说，则应以政府调控为主，而以市场调节为辅。这是因为大型企业体量巨大，如任其自由竞争，会引发垄断或造成剧烈经济波动，不利于党对经济的领导和民生的稳定。

其次，在不同时期内，政府与市场手段应用亦应有别。例如，在市场机制顺利发挥作用时期，政府调控则应适当减少甚至放弃，否则会给经济的发展平添各种障碍和阻力；而在市场机制遇到障碍或失效的状况下，则应加强政府调控的作用。例如，在发生贸易战的情况下，政府就应该充分发挥保护国内经济的作用，在国内某些领域市场（如房地产）调节出现失效和某种商品（如猪肉供应）出现紧缺而市场调节滞后的情况下，政府亦应及时充分发挥调控作用，这样可以有效保障民生需求和防止市场价格出现波动的情况出现。

灵活处理政府调控与市场调节的关系是否违背市场经济大局的要求呢？答案是否定的。市场机制的决定作用是就经济全局和过程总体而言的，它并不否定在个别领域和个别时段政府调控起主要作用，这种情况就是在典型的资本主义市场经济国家也是如此，特别是在经济危机时期，资本主义国家的政府更会毫不犹豫地采取政府干预手段，以挽救危局，而凯恩斯主义正是这一实践的理论反映。所以，在政府调控与市场调节的关系上采用灵活应对方针并不否定整体的市场经济体制，而是对在这一体制的补充和丰富。

总之，政府调控与市场调节之间的关系不应是僵死的，而应是灵活变动的。在特定领域和特定时期，政府调控可以多一些，而在另一领域和另一时期，市场调节又可以多一些；在实行市场机制有利于发展的领域一定要坚决实行市场调节，而在实行政府调控有利于发展的经济领域则应坚决实行政府调控；在实行政府调控与市场调节相结合有利于经济发展的领域则要将两种手段结合起来。只有这样，才能充分发挥出政府调控与市场调节各自的最大功能，并使其相互协调起来，从而最大程度地推动国民经济的发展。

（本文写于 2019 年 10 月 20 日）

第十一部分

论环境问题

1. 解决环境污染问题需要调整发展目的

接二连三的雾霾天给人们的生活造成严重负面影响。然而造成雾霾天的原因是什么？又如何从根本上逐渐解决雾霾问题？对此，人们除了从自然环境方面找原因和制定应对办法外，多喜欢从生产活动上找原因并采取措施：一是认为生产活动无序，从而造成污染，因而必须加强法治，做到有序生产；二是认为生产技术落后，产生污染气体，因而必须大力发展生态科技，以减少或消除污染。这些认识都有道理，相关措施也起作用，但仅停留于此又是很不够的。其实，环境污染是由人类整个行为系统决定的，而人类行为系统是目的和手段的统一，其中目的性起着更为根本的作用，而环境污染的根本原因是人类行为的目的性不当。迄今为止，人类活动的目的都被定义为自身的生存和发展，要实现这一目的，就必须要通过改造自然环境、生产出物质生活资料的手段才能达到，生产出的物质生活资料越多越好，人类的生存和发展目的就越容易实现。于是乎，为了实现更好地生存和发展的目标，人类就要千方百计地发展物质生产活动，而自然环境的承受力和自身平衡等问题就被忽略了，于是环境灾难问题也就应运而生。

因此，人类要从根本上解决环境问题，就必须在坚持改变人类生产方式的同时，首先在人类行为目的上做出改变和调整。人类行为的目的不应只是自身的生存和发展，而应是人与自然环境的共生和发展，人的生存和发展只是这一总目标中的子目标，并且只有在总目标实现的基础上，子目标才能实现。要实现人与自然的共生发展的总目标，人类在制定实践规划时就不能只考虑自身的需要，还应首先考虑人与自然平衡发展的需要；在发展科学技术时，也不应只考虑如何改造自然，向自然索取，而应首先考虑人与自然关系的改善，考虑人与自然的和谐共生；在制定行为标准时也不应只考虑物质生产的数量和质量（如 GDP 等），而应考虑人与自然关系的水平。总之，解决环境污染问题，是不能只从技术角度出发的，而应该从人类目的这一根本观念上进行反思并做出修正。只有把人与自然的和谐共生作为人类目的，并以此为指导安排人类各种行动计划，制定衡量人类各种行为的标准，才能在根本上解决环境污染问题，使人类在天蓝水净的环境中生存和发展。

我国是经济上后发国家，追赶发达国家的物质生产和生活水平是全党全民的重要奋斗目标，目前已经取得经济总量占世界第二、人民生活接近中等发达国家水平的重要成果。但我们在前进过程中，也应反思一下自身行为的目的性是否合理的问题，因为不合理的目的必然造成不合理的行为结果。环境污染是发达国家在追求物质生活高发展的过程中发生的，并且曾经给其造成过惨重灾难，我们在追赶其前进步伐过程中应该去掉盲目性，首先在发展目标上做出科学调整，其次在发展模式上也做出合理改进。我们党十八届五中全会提出的"创新、协调、绿色、开放、共享"的五大发展理念正是体现着人与自然和谐共生目标的发展理念和发展模式，我们应该努力加以贯彻。

（本文写于 2016 年 12 月 4 日）

2. 应该树立有控制发展的理念

目前，"纪念《发展权利宣言》通过 30 周年国际研讨会"在京开幕，发展又一次成为人们关注的焦点。但笔者认为从历史的经验来看，我们更应该强调有控制发展的理念，避免无控制发展。

所谓有控制发展就是有特定目标并遵循特定方式的发展，我们党十八届五中全会提出的"创新、协调、绿色、开放、共享"的五大发展理念就是有控制发展的理念，习近平主席给"纪念《发展权利宣言》通过 30 周年国际研讨会"开幕式贺信中所说的"公平、开放、全面、创新"的发展也是有控制发展，可持续发展理念更是有控制发展的内容。实践证明，这种有控制发展符合人民群众利益的需要，也符合现代社会前进的要求，因而应予提倡。

所谓无控制发展则是指无特定目标、也无特定方式的发展。诸如脱离人本位的发展、不顾环境的发展、不协调的发展、不能共享的发展、不可持续的发展等都是其表现。这种无控制发展模式必然会带来环境污染、社会冲突等各种弊病，不符合人民群众的利益要求，也违反现代社会前进的需要，因而应当坚决摒弃。

唯物辩证法认为客观事物都是相互联系着的，也是在相互作用中发展的，孤立的、片面的发展虽然也会出现，但这种发展终究不能长久存在下去。唯物辩证法还认为，人类社会的发展归根结底要在人民群众的推动下实现，如果脱离人民群众的创新推动，脱离人民群众共享的目标，社会发展就会失去动力，最终使发展成为不可能。所以，我们应该对发展进行有效控制，使其沿着正确方向前行，而反对那种无控制的发展观。

总之，发展是社会主义建设的第一要务，但我们所追求的发展应该是有控制的发展，"创新、协调、绿色、开放、共享"是这种控制的主要内容，我们应该按照这五大发展理念的要求去处理发展问题，才能获得成功。

（本文写于 2016 年 12 月 7 日）

3. 环境污染问题的本质是社会管理问题

环境污染的本质是什么？是气候异常问题吗？不是！是科学技术落后问题吗？不是！环境污染问题的本质是社会管理问题。

人类社会的生产和生活都是需要管理的。根据西方"理性经济人"的假设，人都有追求利益最大化的本性。生产上会追求利益最大化，生活中也会追求利益最大化，而在这种追求最大化利益的过程中，环境问题往往会被忽视，于是污染问题就应运而生，实际上，起源于西方发达国家的环境污染正是由于资本家们无限度追求利润的恶果。因此人类要想正常生存，就必须由社会机构对人的生产和生活进行制约和管理，使每个人的言行都不能破坏环境。可是如果社会机构管理缺位或失职，社会群体和个体就会无顾忌地追求自身最大利益，而造成环境毁坏。实际情况说明，我国的生态环境恶化也正是由于社会对企业管理不到位或失职造成的直接结果。

既然环境污染的本质是社会管理不到位造成，因而要从根本上解决问题也就必须主要靠加强管理才行。一是政府或其他机构要依法采取措施严格限制污染企业生产活动，为此宁可牺牲其他民生需求以保证生态这一根本民生需求；二是政府或其他机构要积极采取措施解决生态环境需求之外的民生需求；三是政府或其他机构要大力发展科技事业，为企业无污染生产方式提供支持和助力；四是政府或其他机构要大力加强环境保护教育，使广大民众都充分认识环保的重要性，并努力为之做贡献。事实说明，从 2014 年亚太经合组织会议期间的"APEC 蓝"，到 2016 年 G20 杭州峰会期间的大晴天，再到各地春节期间由于禁放鞭炮而获得的污染减轻，都是政府加强社会管理（企业停产或限产）起的决定性作用。而气候条件的改善则是人类至今无可作为的，所谓科学技术也仅能起到调查污染机制和测量污染程度的作用，因而都不能（至少今天不能）从根本上解决问题。

总之，我国环境污染问题的本质是社会管理问题，管理不力，就造成了环境污染，一旦加强管理，污染问题就立马会得到解决。作为社会重要管理机构的人民政府应该勇于担起这一管理的重任，该出手时就出手，千万不要再相信新自由主义者们那种认为政府无可作为的一套理论。

（本文写于 2017 年 3 月 29 日）

4. 浅谈绿化和美化

绿化和美化是人类在生态文明建设中提出来的两个范畴。二者既有区别，也有联系。搞清二者的关系，有利于新时代中国特色社会主义生态文明建设。

绿化是通过植树造林使国土增绿的过程，其主要解决的是人类对物质生活环境的需求问题。人类的生存和发展，不仅需要充足的吃喝穿住等物质生活资料，还需要适当的自然环境，诸如清洁的空气、干净的水源、适宜的气候，等等。而绿化则是构建这种良好自然环境的重要手段。中国古代已经消失的楼兰城，就是由于缺少绿化的支撑而毁亡的，西部沙漠地区也是由于缺少绿化而形成的。正是由于吸取了历史教训，新中国领导人才提出"植树造林，绿化祖国"的口号，后来全国人大又设置了"植树节"，全国各地也持续开展了群众性的植树造林活动，并取得了显著成果。

美化则是通过人的设计使环境变美的过程，其解决的是满足人类精神生活需要的问题。人类精神生活需要也包括诸多方面，而自然环境美则是重要内容之一，诸如斑斓的景色、沁人的花香、动听的鸟鸣、绝妙的造型、错落的地貌、潺潺的水声等，都是自然环境美的要素。但美丽的自然环境并不都是自然生成的，人类也可以根据自己的需要将其设计出来，而各式各样的花园和公园以及更为宏观的花园式城市就是人为设计的产物，这对创造优美生存环境和美化人们的心灵以及陶冶人们的情操都有重要意义。

绿化和美化虽有上述区别，但它们又是相互关联和相互作用的。一般说来，绿化是美化的基础要素，没有绿化的美化是不完全的，不能设想一座花园式城市没有绿色林木的铺垫和衬托。而美化又是对绿化的更高要求，在绿色的基础上再添加上各种颜色的植物和花朵，并且要布局合理，才能达到美化的效果。俗话说，鲜花需要绿叶扶持，这也指出了绿化和美化的相互作用。无论绿化还是美化，都需要经济力量的支持，一个经济落后的国家，绿化和美化都会受到制约。

我国是世界上最大的发展中国家，随着经济实力的提升和人民物质生活的改善，人民对国土绿化和美化的要求也日益强烈起来。但目前我们面临的主要任务仍然是绿化，要努力通过植树造林等方法使祖国大地都尽快披上绿装，解决好荒漠化和石漠化等环境灾害问题。以此为基础，我们也要尽可能地做好生存环境的美化工作，使天更蓝，水更清，山更绿，气更洁，景更幽，使人们对美的精神需求得到最大满足。党的十九大确定了"把我国建成富强民主文明和谐美丽的社会主义现代化强国"的目标，这里所说的"美丽"一词包括自然环境美的内容，我们应在社会主义法治的保障下，努力做好绿化和美化工作，为实现十九大目标做出应有贡献。

（本文写于 2018 年 5 月 15 日）

5. 生态文明建设需要生态思维

生态文明是人类文明的高级形式，是人类活动达到一定高度时的成果表现，生态文明建设需要生态思维的指引。生态思维是从人的生态需要出发并以满足生态需要为归宿的思维过程，具体包括五个环节：

一是思考人的生态需要。生态需要是现代人的第一需要，良好生态也是现代人生存和发展的第一条件。由于需要是人类行为的原始动力，因而现代人在从事任何活动时，都应当首先考虑好人的生态需要，包括生态需要的内容、结构等。考虑人的生态需要是治国理政战略的基本出发点，满足人民群众的生态需要是十九大报告中提出的"人民日益增长的美好生活需要"的基本内容，不思考人的生态需要的社会活动是盲目的活动，应该加以阻止。

二是思考人类行为的生态评价。人类任何行为最终都是会对生态环境造成影响的，因而对人类行为的生态影响评价不可或缺。这种评价主要有三个方面：其一是对生态的有利影响，如植树造林有利于改善生态环境；其二是对生态的有害影响，如金属冶炼、化工生产会污染环境；其三是中性影响，即人的行为对生态环境既无利亦无害，但这种情况具有相对性。人们只有对自身行为的生态影响做出评价，才能确定对该行为的肯定或否定态度，并据此做出行为决策。

三是思考人类行为方案的生态设计。人们在对自身行为的生态影响做出评价以后，就要依据这种评价对行为自身进行设计和决策了，在这种设计中应包括生态设计的内容，如永久避免危害生态环境的措施、对不可避免造成生态损害的补救措施等。如果行为总体设计中缺少生态设计的内容则应予以否定或推翻，近年不少地方在经济建设中实行的"环保一票否决制"正是这一原则的体现。凡属重大工程的设计方案都应包括生态设计的内容，诸如该工程对地质、气候、水文、动植物生长发育等生态因素的影响以及应对措施，等等。

四是思考人类行为的生态控制。人们在改造自然的过程中，总会影响到生态环境的，不过这种影响有大有小、有正有负罢了。为了使人类活动对生态的影响始终保持在可允许的目标范围内，必须对之加以有效控制才行。如果其影响超越可允许的目标范围则是失控。控制论对预防失控给出了以下措施：其一是设置壁垒，防止人类活动对生态的负面影响；其二是建立负反馈机制，消除人类活动对生态的不利影响；其三是设立双施控系统以增强控制的可靠性；等等。对人类行为的生态影响进行有效控制是生态思维的核心内容。

五是思考如何保护、恢复和改善生态状况。人类活动的生态影响是客观的，对生态无影响的人类活动并不存在。因而人们必须在生产和生活中思考如何保护、恢复、改善生态环境的问题，并采取实际措施加以落实。近年来我国在很多地方推行的植树造林、恢复植被、退耕还林或还草等措施就起到了有效保护、恢复和改善生态环境的作用，党中央提出的长江流域"不搞大开发，共抓大保护"等方针更是有效恢复和改善长江流域生态环境的顶层设计思维。

　　生态思维的上述内容是一个有机整体。其中，对生态需要和生态评价的思考是基础，对生态设计和决策的思考是关键，对生态控制和保护的思考是核心，对生态恢复和改善的思考则是手段。只有将这五方面思维有机结合，使之形成有机整体，才能引导人们达到永恒保护和不断发展生态文明的目标，实现人与自然的和谐发展。

（本文写于 2018 年 6 月 24 日）

第十二部分

论科学问题

1. 谈科学与技术的关系

近些时间以来，科学与技术的关系问题引发了科学界的一些议论。其中一种观点认为：科学反映的是规律，技术则是对科学的应用，因而科学是技术的基础，未来要靠科学。笔者认为，如果以旧的科学技术观来看问题，这也许没错，但若从现代科学技术观来看，则未必尽然。

首先，是先有科学还是先有技术？对此不能只从理论和应用的逻辑关系上来看，而主要应从实际历史的发展来看。历史事实表明：技术的发生是改造世界的直接产物，而科学理论的诞生则是改造世界的最终结果，所以，技术是发生在科学之前的，并且对科学的发生和发展起着重大推动作用。恩格斯曾说："……技术在很大程度上依赖于科学状况，那么科学却在更大得多的程度上依赖于技术的状况和需要。社会一旦有技术上的需要，这种需要就会比十所大学更能把科学推向前进。"[1]这里分明是说，科学的发展是以技术发展的需要为基础的，而不是相反。实际过程说明：人们早在不知道某些事物的科学原理之前，就已经用相应的技术来解决实际问题了，科学原理的提出只是后来的事；无论是牛顿三定律还是万有引力定律，无论是爱因斯坦相对论还是量子理论，都是在技术实践的基础上提出来的，而不是在科学家头脑感到"有兴趣"的情况下产生的。因此，我们要发展科学事业，还是应立足于技术发展的实践需要，多依靠技术为科学发展提供的各种可能条件，而不能把科学发展寄托在科学家的聪明头脑之上。

其次，关于"科学反映规律，而技术只是应用规律"的说法也是片面的。技术同样是对客观规律的反映，但是技术所反映的规律并非是单纯的自然客体规律，而是人与自然客体的关系规律。说得更明白一点，技术反映的是人类改造自然界的实践规律。如果人类只是了解了自然客体的规律，而不了解人类改造自然的实践规律，人类就无法生存。因此，如果把反映规律作为科

---

〔1〕《马克思恩格斯选集》（第4卷），人民出版社1995年版，第731~732页。

学本质的话，那么技术无疑也是科学，而且是更为重要的科学。当然，技术作为一种知识体系形成的时间比较晚，按照钱学森的观点，只是到了 20 世纪 20 年代，作为科学重要形态的技术体系才开始诞生，并在高等学校讲授。忽视技术反映规律的本质，仅仅把技术看成是对科学的应用，是对技术功能的极大藐视，它非常不利于科学事业的发展。

最后，把科学作为反映规律的知识体系，而把技术看成是对科学的应用，这是历史上形成的狭义科学技术观。现代科学技术观则是广义的科学技术观，它是把科学作为一个综合知识体系呈现在人们面前的。在现代科学技术观看来，科学离不开技术，技术也离不开科学；科学里面有技术，技术里面也有科学。这种趋势体现了现代科学技术的一体化特征，目前所谓大科学概念正是对这一趋势的反映。在科学技术已经发展到 21 世纪的今天，不应该再去重复旧的科学观念，它会束缚科学的发展。马克思曾经批评过旧哲学家只顾解释世界而不顾改变世界的缺陷，强调新哲学家要关注改变世界的问题，科学家也应该如此，一方面，应该深入探索宇宙的秘密；另一方面，也应把改造世界作为自己的固有使命，二者可以分工，但不能把分工绝对化，不要再试图把技术从科学中踢开。从事理论研究的科学家要同从事技术研究的科学家紧密结合成一个整体，在"大众创业、万众创新"方针的指引下，共同为我国科学事业的发展做出贡献。

（本文写于 2017 年 5 月 6 日）

2. "无为而治"与"自动控制"及"自组织"管理

"无为而治"是老子在《道德经》中提出来的一个思想，几千年来一直受到治世者的推崇。关于"无为而治"的含义，国内外学界的解释论文繁多，且不乏争论。笔者却认为，"无为而治"思想并没那么复杂，它不过是一种现代科学中所说的"自动控制"或"自组织"管理思想而已。

所谓自动控制就是指受控对象不需要管理者的即时干预而可以自动实现预定目标的运行过程。例如，水塔的自动上水、冰箱的自动降温、导弹自动巡飞、飞船自动运行等，就都是一些自动控制过程，或叫无为而治过程。自动控制过程并非完全不需要控制，只是这种控制不是即时控制，而是前馈控制罢了。所谓前馈控制就是指施控者事先把应对环境变化的控制程序输入给受控系统，然后使受控系统按给定程序运行，不需要施控者再输入控制信号，就能实现控制目标。当然，如果就总体而言，这一过程还是处于受控之中的，只不过控制手段（控制程序）被前移了而已。随着科学技术的发展，现在有了一种"自学习机"或叫"自适应机"，即不需要人们事先给受控系统输入特定程序而其就能根据环境变化自动调节行为以维持生存并最终实现既定目标的机器，这就是一种更为高级的自动控制过程——随动控制过程。不过，即便这种更为高级的自动控制过程，最终也还是离不开人为其提供原始控制程序，并且其最终也要服务于人的目的。在国家治理中，这种"无为而治"的方法也不乏见，主要表现为治理者先提供"顶层设计"，即提供路线、方针、政策，然后让各个地区和部门（控制对象）自觉按"顶层设计"的要求去做事的过程，中央在其运行中并不进行具体干预。

　　所谓"自组织"过程，指客观对象在没有外界信息指令作用的情况下，自发地由无序到有序、由低有序到高有序的生成过程。如动植物的生长发育和灭亡过程就属于自组织过程，某些社会组织的自行生成和灭亡过程也属于自组织过程。所谓"自组织"管理就是依据这种自组织机制进行的管理。"自组织"机制的生成需要一系列内在条件，其中最主要条件有三个：一是系统必须具有开放性，以从外界吸收物质和能量，封闭系统只能走向自我消耗，并最终陷于自分解；二是系统内部要素必须有协同机制，这是关键条件，缺少内部协同机制的系统不能形成自组织；三是突变机制，即由一种稳态经过非稳态向新稳态跃迁的机制，这是自组织的标志，没有这种机制的系统，也无法形成自组织。系统自组织的形成也是需要有外在条件的，如没有地球自然界发展到一定阶段，地球上的生命现象就不可能出现。实现系统自组织管理也是如此：农作物的生长过程无疑是自组织过程，但它需要一定的水分、土壤、阳光、气候等条件的保障，农民给庄稼浇水施肥促其生长的过程，其实就是利用庄稼"自组织"机制进行管理的过程，由于农民并不干预也无法干预农作物内部的生长机制，因而这种"自组织"管理过程也就是"无为而治"的过程。

　　由此可见，真正完全彻底的"无为而治"过程是并不存在的，所谓"无为"只是相对意义上的无为而已，它并不是什么事也不做的放任自流。虽然如此，"无为而治"作为一种社会治理方略还是有重要意义的。一是可以促进治理者学习科学技术，提高管理能力，这样才能做到简政放权，实现"无为而治"；二是可以大大节省治理者人力资源，将其配置到其他更为需要的岗位上去，减少人才使用上的浪费；三是可以极大调动被治理对象的积极性和主动性，促其自己管理自己，从而增强治理效果。总之，实施"无为而治"的治理策略，无论对于治理自然还是治理社会都是十分有好处的，各行各业都应努力学习其机制并积极加以应用。

（本文写于 2017 年 6 月 15 日）

3. 论科学技术的价值

所谓科学技术的价值是指科学技术满足人类需求的功用。由于人类在不同发展阶段上的需求不同，因而科学技术的价值也有差别。

迄今为止，人类的社会需求经历了三个发展阶段：一是古代阶段。这一阶段人类的需求主要是规避各种自然或社会灾害，以保证生存安全，因而科学技术的价值也主要表现在这一方面。如治水科技的价值就是保障人类不受水灾的侵害，医疗科技的价值就是保障人类不受疾病的困扰，钻木取火的科技主要是起到吓退野兽的作用，军事科技的价值则是保证人们应对异族的侵犯和维护自身安全，等等。二是近现代阶段。这一阶段人类的需求主要是生产出各种物质生活资料，以保证人类的生存和发展。因而科学技术的价值也主要表现在促进生产发展和生活改善上，所谓科学技术是生产力的观点则对科学技术这一价值的突出反映。实际上，近现代社会生产的巨大进步也正是在科学技术的强大推动下获得的，而人类生活也由此得到了显著提升。三是未来阶段。这一阶段人类的需求将主要是从自然和社会中获取更多自由，由必然王国进入自由王国时代，因而科学技术的价值也将主要表现在促进人类争取自由上。毛泽东说："自然科学是人们争取自由的一种武器。""社会科学"则是人们"在社会上得到自由"的武器。例如，现在人类已经不满足于在地球上生活了，而要到宇宙中去；在社会生活中人类也不再满足于生活在阶级束缚之下，而要向无阶级的共产主义社会进军，这正是马克思主义的宗旨；在思想上也不再满足于按照传统唯心主义和形而上学思维方式来思考，而要采取一种全新的辩证唯物主义思维方式。所谓的"人类解放"一词正表明了科学技术的这一未来价值。

当然，科学技术的上述价值发展阶段并不是截然分开的，而是相互交叉的。在古代阶段，科学技术也有满足生产需要的价值内容。例如，各种农田水利设施的价值即在于此；在近现代阶段，科学技术的价值也有着帮助人们获取自由的成分。例如，航天科技和人工智能就是这样，所谓"科学无国界"的口号正是在这一阶段上出现的，它反映了科学为全人类服务的价值追求。反之亦然：近现代的科技价值也有保障人类安全生存的内容，而未来科技也会具有保障人类生存和生活的价值因素，只是在不同阶段，科学技术价值的主要内容不同罢了。我国目前正处于社会现代化发展阶段，经济上需要克服不平衡、不充分发展的弊病，以满足人们对"美好生活"的诉求。而现阶段我国科学技术的价值也正是在满足这一需要的过程中显现出来的。但是，我们不应就此止步，而应在充分满足人民群众生产生活需要的基础上，逐步向着更高的价值境界——有助于人类从自然和社会中获得更多自由的价值目标进军，并应注意在这一方面搞好与其他国家科技界的协同合作，以更有利于取得成功！

（本文写于 2018 年 1 月 3 日）

4. 对评价我国科技水平的几点看法

近年舆论界关于中国科技水平的评价问题发生了争议：有人说，中国科技水平已经超过美国，占有世界第一位了；也有人不同意此观点，认为这是自吹自擂，不合实际，中国科技水平还比较落后，等等。笔者在科技工作方面是外行，因而对于这两种观点的是非，无法评论！但关于评价标准问题却想说几点意见：

一是评价标准应该有综合性。我国的科技水平究竟如何？这是由各方面情况决定的，不是由单一方面决定的。有些方面，我国的科技水平可能已达到世界第一，例如量子通信等；而在另外方面，则可能还比较落后，诸如飞机发动机研制等。如果以这些个例为依据，就说我国总体科技水平是先进或落后，显然不恰当。因为个体并不能代表整体，这是常识。当然，某些反映总体科技水平的单项科技成果的先进和落后可以作为整体科技水平的标志，但对此必须做出有说服力的说明并且要取得科技界共识才行，不是可以由哪一个人（即便是专家）随便说的。因此，评价我国总体科技水平是先进还是落后，要有综合标准体系做依据，而不能用单项成果水平来说明，可是这一点至今无人做到。

二是评价标准应该体现发展观点。现代国际科技竞争十分激烈，有些领域的科技水平呈现拉锯状态：今年甲国第一，明年乙国又第一了。如超算机的研制即如此：原来美国多年占据第一位，但近几年中国又连续取得第一了，2018 年，美国又超过了中国。谁是世界最高水平？但就总的发展趋势来说，谁更先进和落后还是可以看出端倪并做出评价的：如果某国能够连续多年在某项科技研发水平上居于首位，而且领先地位明显，只是偶尔一两年退居其次，那么其先进地位还是应该肯定的，反之亦然。

三是评价标准应体现目的性。评价是人们认识世界的重要环节，其最终目的是改变世界。因而采用各种标准评价客观事物时，应该有目的性，而不应该为了评价而评价，把评价本身当成目的。例如，我们对我国科技在近年取得的突出成绩做出肯定性评价，是为了提高人民志气，提升民族自豪感，坚定民族自信心，鼓励更多的人潜心投入科学研究，做出科学发明或发现，以便推进国家发展，促进中华民族伟大复兴。当然，我们也要充分看到我国在科学技术方面的差距甚至巨大差距，看到前进中的路途遥远和多种艰难，其目的则是使国民特别是科技人员保持谦虚谨慎和戒骄戒躁的心态，避免盲目乐观引起停滞，激发人们的韧劲和更大信心。实际上，目前舆论界两派关于我国科技水平评价上的争论也都是有着这两方面意识的，毋宁说是起着殊途同归效果。我们不应随便肯定一方而打压另一方。

四是评价标准应体现平和心理。由于人们的立场不同、掌握的材料不同、评价方法也不同，因而对同一结果往往会做出不同的评价，这是正常现象，我们大可不必因别人不同意自己意见而升压上火。须知，价值评判过程本来就是受主体情况左右的，要人们主观认识完全一致，评价完全一样并不可能。因此，只能大家一起商量、互相交换材料和看法，以求逐渐找到共同点，并在共同点逐渐增多的基础上，最终实现基本一致。过多争论无益，企图压倒另一方更会事与愿违。邓小平说："不争论，抓紧时间干"，这同样适合当今对我国科技水平的评价。总之，在评价我国当前科技水平的问题上，大家都应该坚持平和心理，可以发表自己的意见，但没必要贬低别人，甚至用帽子压人。

党十九大报告指出，到 2035 年时，我国经济实力、科技实力将大幅跃升，跻身创新型国家前列。还说："要瞄准世界科技前沿，强化基础研究，实现前瞻性基础研究、引领性原创成果重大突破。"这些论述都明确说明，迄今为止我国取得的科技成果是巨大的，但距离世界前沿又还是有差距的。正因为如此，我们才需要在习近平新时代中国特色社会主义思想指引下继续奋斗，以争取目标实现。我们在评价我国科技发展总体水平时，亦应该遵循十九大报告的基本精神，过高和过低评价我们的科技成就都是不恰当的，也是不利于全国人民和科技工作者振奋精神、增强斗志和继续奋斗、勇敢前行的。

（本文写于 2018 年 7 月 3 日）

5. 要全面把握科学精神的内涵

一段时间以来，科学精神成为科技界的热门话题。但究竟什么是科学精神？学者们却各有其见解。就笔者所看到文章而言，基本都是把科学精神理解为追求真理的精神，即追求客观真实地反映客观事物本质及其规律的精神，文中举的例子也都是这方面的典型。笔者认为这种对科学精神的解读是不全面的，甚至是很不全面的。

马克思说过："哲学家们只是用不同的方式解释世界，而问题在于改变世界。"[1]这既说明了科学精神的适用范围，也说明了科学精神的适用重点。而上述所说追求真理的精神实际上只是人们在认识世界中表现出来的科学精神。如果仅仅停留在这一点上，显然是不够的。其实，根据人们对客观事物本质及其规律性认识即真理去改变世界，更是需要科学精神的，而且是科学精神的主要表现。后一点所指的科学精神，一是指根据客观实际决定工作方针的

---

〔1〕《马克思恩格斯选集》（第 1 卷），人民出版社 1995 年版，第 61 页。

精神，二是指根据客观规律办事的实践精神。我们党的历史上曾出现过违背客观实际的决策和实践错误，"人有多大胆，地有多大产"的口号则是典型表现。这种盲动主义的决策和实践显然是不符合科学精神的，因为它脱离实际，违背规律，结果必然导致失败。

由此可见，科学精神是在人们认识世界和改变世界的综合活动中表现出来的，而不是仅仅在认识活动中表现出来的。认识上的科学精神和实践中的科学精神都为人类所必需，其中在改变世界的实践中表现出来的科学精神则更为重要，因为整个世界只有通过实践才能改造。我们在建设中国特色社会主义过程中不仅要充分发挥追求真理的科学精神，更要坚持按客观规律办事的科学精神，并努力把二者结合起来。总之一句话：科学精神就是追求真理并按真理办事的精神，是人们认识世界与改变世界的统一，这应是辩证唯物主义的科学精神观。

（本文写于 2018 年 8 月 26 日）

6. 论科学精神与人文精神

科学精神与人文精神是人类所特有的两种精神，这两种精神既有区别又相互关联，共同推动人类文明进步。我们欲搞好社会主义现代化建设，必须坚持好这两种精神，并处理好其相互之间的关系。

科学精神本质上是一种做事精神。其特征是强调理性思考，要求按规律办事。如司法人员在审理一个案件时，就要"以事实为根据，以法律为准绳"，避免主观臆断，这就是科学精神；科技人员搞一项工程前也要进行充分的科学论证，避免盲目决策，这也是科学精神。古人言"凡事预则立，不预则废"，这同样是一种科学精神。科学精神的最高体现是"实事求是"：认识世界、评价世界要实事求是；改造世界时也要实事求是。毛泽东生前曾提醒人们要做老实人，做老实事，这也就是要按科学精神办事。要有科学精神，就必须在办事之前用脑子好好想一想，有成功可能再去办，不要凭义气办事，不要"挑战不可能"。例如，世界上没有长生不老药，你非要去寻求，就是没有科学精神；永动机也不可能，你非要去研制，也是没有科学精神的表现。

总之，科学精神就是要求人们尊重客观规律，在理性思维指导下办事。

人文精神本质上是一种做人的精神。其特征是追求信仰、遵守道德、善待他人、重视情感。古人讲的"仁义礼智信"就是封建社会的人文精神，也是封建社会的做人准则；近代资本主义社会讲的"自由、平等、博爱"是资本主义社会的人文精神，也是该社会对做人的要求；我国社会主义社会人文精神的本质则是"全心全意为人民服务"，就是做一个"大有利于人民的人"；社会主义核心价值观则是中国特色社会主义人文精神的集中体现。人文精神特别重视信仰、情感和意志的力量。信仰是人生的指明灯，情感是人际关系的纽带，意志是人生的内在驱动力，缺失人文精神的人只是一种追求低级趣味的动物，难以在社会中立足。

科学精神与人文精神体现着人类生存的不同需要，我们不能用科学精神取代人文精神，否则会使人变得无情无义，就会使人在处理任何人际关系时都穷于算计，前些年有所谓"大学生张华跳入粪坑救老农不值"的观点就是缺少人文精神的表现。也不能用人文精神取代科学精神，否则又会使人在处理人事关系时陷于盲动和失去理智，"大跃进"中所谓"人有多大胆地有多大产"的口号就是缺少科学精神的体现。总之，科学精神与人文精神的适用场合是不同的，不能互相代替。当然，科学精神和人文精神又紧密相关，不可分割。首先，科学精神是人文精神的基础。没有科学精神，人类就难以成功地改造世界，人类自身的生存和发展也不可能。但光有科学精神又很不够，因为人类不仅要同自然界打交道，还要同自身打交道，而同自身打交道，就需要有人文精神，否则，人就无法联合起来，形成整体，共同发展。一般而言，科学精神越发展，人文精神也就越丰厚，反之，人文精神越丰厚，也会推动科学精神的发展。但在某些情况下，二者又并不是完全平衡与同步的，有时科学精神会发展得快一些，有时人文精神又发展得快一些；有的民族科学精神比较发达，有的民族则人文精神比较深厚。但二者终究是相互依存的，完全割裂的情况并不存在。

综上所述，科学精神和人文精神都是人类生存和发展所必须坚持的精神，我们在任何时候都应努力将二者有机结合起来：一方面，要把人文精神纳入历史唯物主义的科学轨道，以历史唯物主义指导人文精神建设；另一方面，也要注意用人文精神统领科学精神，用共产主义的伟大理想和中华民族伟大复兴的目标激励人们努力奋斗，用"全心全意为人民服务"的精神支持人们从事各项社会主义事业，用和谐社会的构建保证人民群众创新活动的开展。在社会主义现代化建设的今天，首先要大力提倡以"实事求是"为核心的科学精神，在党中央领导下，大力发展科学技术，努力建设社会主义创新型国家；其次要努力弘扬以"全心全意为人民服务"为核心的人文精神，在党中央的领导下，团结好各民族和各阶层人民，构建好社会主义和谐社会，为实现中华民族的伟大复兴和共产主义伟大理想而奋斗到底。

（本文写于 2017 年 6 月）

7. 科学研究不能脱离人文精神

目前提起科学研究特别是自然科学研究，人们都总是强调科学精神的指导，这当然是必要的，没有科学精神的指导，任何科研都难以成功，这已为历史所证明。然而，科学研究如果只以科学精神为指导又是很不够的，还必须遵循人文精神的指导才行。这是因为，科学家在从事科研活动过程中，并不是仅仅同自然客体打交道，还要同人和社会打交道，如果人际关系处理不好，则科学研究就会无法顺利进行。所谓人文精神的核心是指为人精神，包括做人和利人两个方面。首先要按道德的要求做人，诸如团结互助、诚信友善、包容互谅等，其次做事要利人、利国、利民等。人文精神对科学研究的至关重要性主要表现在以下方面：

首先，科学研究需要以人文精神为指导确立目的和方向。科学研究是一种人类行为，而人类行为的基本特征是有目的性和方向性的。科学研究的目的性和方向性是什么？就总体而言，当然是人类自身的生存和发展，脱离这一目的和方向的科学研究，只是一种本能行为而已，并无多大意义。如何确立科学研究的目的性和方向性？最为重要的就是要充分考虑人类自身生存和发展的需要而确立。当然，就具体的科学研究主体而言，并不一定就有这样宏伟的目标和方向，而可能是出于特殊群体或个体的生存和发展需要而为之的，甚至是个体纯粹的兴趣、爱好、猎奇心理使然。但这仍然是属于人文范畴的事，而非属于人的科学本能。有人认为，科学发展自身的规律性也为科学研究目标的确立提供指引，确实如此，例如遗传学研究就有自己的阶段性目标，高铁技术的发展也是如此。然而目标并不就是目的，而只是实现目的性的手段，只有关乎人类（群体或个体）自身生存和发展的人文目标才能称为目的。历史上的科学家特别是近现代科学家，大都是出于强烈的人文关怀目的而从事科学研究的，科学救国、科教兴国更是近现代我国广大科学家从事科学研究的强烈目的。没有这种强烈的人文精神指引，我国科学事业就难以确立正确的目的和方向，就不可能取得今天这样的巨大进步。

其次，科学研究需要人文精神提供动力支持。从根本上说，人文精神就是为了人类生存和发展而奋斗的精神，由于人类存在群体和个体两个层次，因而人文精神也包括为民族、阶级生存和发展而奋斗的内容，这是人文精神在阶级社会的特殊表现。历史表明，科学研究的发展是离不开人文精神提供动力支持的，这种人文精神有时体现为为人类而奋斗，有时又体现为为民族、阶级、小群体乃至个体而奋斗，而为民族和阶级而奋斗的人文精神对科学研究产生的推动力则最大。"为人类工作"是马克思从事科学研究的最初精神动力，后来"为无产阶级解放事业而斗争"又成为推动其科学研究的直接动力；钱学森曾为获得"人民科学家"的称号而自豪并进一步推动其更加全力以赴地投入科学研究，为我国的"两弹一星"事业做出重大贡献。我国现在发展科学技术事业，应当主要依靠这种为民族复兴和人民幸福而奋斗的人文精神的推动，同时也不否认在这一大前提下个人兴趣、爱好乃至猎奇心理对科学研究的促进作用。总之，没有人文精神的支持，科学研究是难以获得巨大发展动力的。

再其次，科学研究需要人文精神提供适当环境。任何科学研究都是在一定社会人文环境中进行的，社会人文环境好，科学研究就能顺利发展，社会人文环境恶劣，科学研究发展就会遇到各种阻力。封建社会的科学技术之所以难以发展起来，重要原因就是缺少有利的人文环境，比如在欧洲，哥白尼"太阳中心说"的提出就被认为是对上帝和古代圣贤的挑战，以至于《天体运行论》一书被收集起来烧毁，宣传这一科学学说的布鲁诺亦被宗教裁判所判处死刑，伽利略也被投入监狱；在中国古代，科学技术则被认为是"奇技淫巧"而受到压制。近代科学则是在西方文艺复兴创造的追求自由民主的人文环境中发展起来的，新中国成立以后科学研究的迅速兴起，则与党和政府的高度重视以及"科学技术是人们争取自由的一种武器""科学技术是第一生产力"等观念被普遍接受有关。此外，科学研究也需要科学家之间相互切磋和协作的精神，这是一种微人文环境，如果科学家个体以邻为壑，缺少协作精神，则科研成果的取得也是非常难的，特别对于现代大科学研究更是如此。

最后，从哲学上看，科学（自然科学）研究解决的是人与自然的关系问题，属于生产力范畴，而生产力则是经济基础的重要内容。人文精神则是上层建筑领域的内容，它对经济基础有着重要反作用：一方面，先进的人文精神可以引领科学技术的发展；另一方面，落后的人文精神又会阻碍科学技术的发展。否定作为上层建筑重要内容的人文精神对科学研究的作用，既不符合科学发展史的事实，也不符合唯物主义历史观的基本原理要求。

总之，科学精神与人文精神是人类在改造客观世界过程中形成的两种精神，它们不可分割并且相互作用，共同引领人类社会进步。脱离人文精神引领的科学研究必然是瘸腿的科学研究，难以行稳致远。只有在科学精神和人文精神的双重指引下，科学研究事业才能获得持久健康发展，并充分发挥出推动人类社会进步的作用。

（本文写于 2018 年 11 月 1 日）

8. 论兴趣与理想对科学研究的意义

科学研究需要兴趣的引导，也需要理想的支持。

科学研究首先需要兴趣引导。青少年在实践中总会遇到一些奇闻异事，如果对这些奇闻异事产生兴趣，就会吸引对其投入精力进行研究，以揭示其本质和规律，一旦获得成功，科学成果也就诞生了。例如，瓦特对蒸汽冲击壶盖现象产生兴趣而展开研究，因而发明了蒸汽机；牛顿因对苹果落地产生兴趣而展开研究，结果发现万有引力定律；屠呦呦对青蒿治疟有兴趣而进行攻关，结果发现青蒿素。此种例子在科学史上比比皆是。我们应该在教育青少年的过程中，引导他们多观察现实，并激发他们在对现实产生兴趣后，加以探究，这有利于引导青少年走上科研之路，并做出发明和发现。但兴趣毕竟是感性之物，它具有瞬时性和易变性的特点，因而搞科研只靠兴趣引领又是很不够的，要引导青少年真正走上科研之路，还必须有理想信念的支持才行。

所谓理想是一种高级的精神状态，理想的产生既与兴趣有关，也与主体对人类、社会、国家的责任有关，还与人的人生观有关。人们对某种现象产生长久兴趣之后，就会形成一种精神上的飞越，产生理想，这是一种情况。还有另一种情况，即主体对人类、社会、国家保有高度责任感而形成的理想，如我国科学家于敏原来是搞理论物理研究的，但当国家需要他转向氢弹研究时，他毅然放弃了原来的方向，改为研究氢弹的爆炸机制，并取得成功。当别人问他，为什么做出这样选择时，他说：个人兴趣要让位于祖国需要；还有"糖丸爷爷"顾方舟的科研转向也是如此。理想属于理性认识，具有稳定性和恒久性，能够激励人们克服种种阻力，对科研起着始终的支持作用。瓦特之所以发明蒸汽机，牛顿之所以发现引力定律，屠呦呦之所以发现青蒿素的治疟作用，于敏之所以研制出氢弹的"于敏构型"，都不是单纯凭借兴趣引导的结果，而主要是理想长期支持的产物。

由此可见，在说明科学研究成功的规律时，既要看到兴趣的原始引导作用，更应注意理想的长期巨大支持作用，并把二者统一起来，不能只顾其一，不顾其二。

（本文写于 2019 年 6 月 19 日）

第十三部分

论创新问题

1. 浅谈创新的层次性

目前，创新正在变成广泛的社会实践行动。这无论对于扭转当前经济下行趋势还是对于深化经济体制改革都是有推动作用的，对于振奋中华民族精神和实现"中国梦"更是重要的动力。但目前有一种把创新神秘化和精英化的趋向：或认为创新需要较高文化水平，或认为创新只是少数精英的专利，文化低的芸芸众生则难与创新有缘。这种倾向不利于创新活动的开展，也不符合创新的发展规律，因而有必要加以澄清。

创新其实并不神秘，它不过是指发现和创造某一时空中所没有过的新事物而已。如果一个人在实践中发现了他人没有发现的新事物，或做出了他人没有做出来的新事物，这便是创新。例如，原始人发现经过火烧过的兽肉比生肉好吃，这就是一种认识上的创新，原始人还发明了过去没有的弓箭这种捕猎工具，这也是一种创新。历史经验表明，创新的基础是实践，因为只有通过实践，人们才能认识新事物，创造新事物；脱离实践，创新就成为不可能。科学知识只有在实践基础上才能发挥作用。人类社会的发展过程是不断创新的过程，不创新，认识不能上升，实践不能进步，人类社会也不能发展，所以创新是人类进步的灵魂。

创新是有层次的，这可以从空间和时间两个方面来说明。从空间上说，有世界级的创新，如诺贝尔奖就是授予这一级别创新的；也有国家级的创新，如我国每年一次的科学发明奖就是授予这一层次创新的；此外还有省部级创新、县处级创新、科室级的创新，甚至个体的一些新想法、新做法、只要有利于个体或群体发展也属于创新范畴，也应予以鼓励和宣扬。创新也有时间上的层次性，如蒸汽机的发明、电动机的制造、爱因斯坦相对论的提出都属于时代级别的创新，这种创新往往要管一个时代；计算机的发明、生物基因论的创立、核能的利用等则属于世纪级别的创新，这种创新往往要管整个世纪；此外还有年代的创新（以十年为单位）、年度创新、甚至月度创新等层次。实际上，创新就是由各种不同层次创新组成的有机整体或系统。我们不能把创新只限定为一种层次的创新，尤其不能只把高层次的创新视为唯一层次的创新，从而把千百万群众挡在创新的门槛之外。

创新的各个层次并不是各个孤立的，而是相互关联的。一般而言，高层次创新依赖于低层次创新，没有低层次创新提供的各个方面（物质和文化）的支持，高层次创新很难做出来，也难以发挥出作用；例如，引力波的发现就需要各种创新思路和创新仪器的支持才能实现。当然，高层次创新对低层次创新也有重要引导和带动作用，通常一次世界性或世纪性创新会引发一系列社会认识和实践上的创新，并最终推动整个社会巨大进步。

我国目前在创新宣传上存在过分重视高层次创新而忽视低层次创新的片面性。高层次创新固然对提高国家的科技实力和经济实力起着引领作用，因而政府应给予优先和重点支持，但高层次创新需要长期知识积累和极高的智慧条件，通常只有少数科学技术家才能做出，因而不具有普遍意义。而第二层次、第三层次的创新则由于条件并不十分苛刻，因而可以被更多的人做到，中央和地方政府以及各级企业管理部门应该大力加以支持，以引领不同领域和时间段的经济发展。实际上，我国也只有努力发展不同层次的创新活动，并处理好其间的相互关系，才能真正形成"大众创业、万众创新"的局面，也才能真正建立起创新文化，从而引领我国经济社会的全面发展。

总之，创新并不神秘，也并非只有少数精英才能做得出来。在创新问题上我们也要走群众路线和实践路线，而不能走精英路线和书斋路线，而"大众创业、万众创新"正是这种群众路线和实践路线的体现。实际上，我们所说的创新也主要是指大众层面的创新，只有这种层面的创新，才是推动我国社会发展更加伟大的力量。

（本文写于 2016 年 2 月 14 日）

2. 马克思主义也需要不断创新

马克思主义是由普遍真理和特殊真理构成的理论体系。这两部分内容都需要随着实践的发展和人民群众的需要而不断创新。实际上，马克思主义本身就是在哲学、政治经济学和社会主义思想的创新中诞生的，也是在这三大领域不断创新中发展的。没有创新就没有列宁主义，就没有毛泽东思想，就没有邓小平理论、"三个代表"重要思想和科学发展观，就没有新时代中国特色社会主义思想体系。

马克思主义如何创新？首先要靠共产党人在社会主义革命和建设实践中不断创新。共产党人在实践中，会发现有些内容已经不适应新情况了，还会发现原有理论中缺少能够解决新问题的内容，这就需要创新。其次要在为人民服务中不断创新。在为人民服务中，共产党人会发现原有的做法不再适应人民群众的要求了，也会发现原有的做法中缺少满足人民群众新要求的内容，于是也就会引发创新。最后在不断总结以往成功和失败的经验教训中创新。共产党人只有在不断总结实践经验中才会发现原有理论的成功和不足，从而加以坚持或修正，使理论不断走向丰富和完善。总之，马克思主义是必须不断创新的，不创新马克思主义理论就无法为新的实践服务并满足人民群众的新要求，因而也就无法永葆发展的青春！

我们今天正处在国际和平与发展、国内改革与开放的伟大时代，已经出现并需要解决的问题非常多，世界人民和国内人民对自身发展的要求也极为强烈，这为马克思主义的发展提供了丰厚的土壤和强大的动力，因为马克思主义正是在不断回答和解决时代发展中的新问题和人民群众新需要的基础上向前发展的。正如习近平总书记所说，这是一个需要理论而且一定能够产生理论的时代，这也是一个需要思想而且一定能够产生思想的时代。我们应该勇敢地投入到当前伟大的实践中去，投入到为人民服务的伟大实践中去，并在这一实践中不断创新马克思主义的理论，创新中国特色社会主义理论，使之成为永远指导人类和中华民族前进的伟大明灯！

（本文写于 2016 年 6 月 28 日）

3. 浅谈创新的两种类型

创新有两种类型：一是改良性创新。这种创新主要在继承传统内容的基础上完成，诸如各种社会形态内部的体制机制调整和改革就都属于此种类型；二是革命性创新。这种创新需要在打破传统的基础上实现，历史上的政治、经济、文化革命则属于此种创新范畴。

在人类社会发展中，这两种创新都是需要的，也都能推动社会的进步。首先，没有政治、经济、文化的革命性创新，社会就难以发生质变和飞跃，人类社会之所以能从原始社会经历奴隶社会、封建社会、资本主义社会而到今天，正是历次革命性创新推动的结果。其次，没有各个社会形态内部的改良性创新，社会形态也无法实现局部的或阶段性的质变，因而自身的巩固和发展也就不可能。所以，社会的进步和发展乃是革命性创新和改良性创新共同推动的结果，而并非单一创新形式起作用的产物。

在人类社会发展中，革命性创新与改良性创新发生的环境是不同的。在特定的社会形态中，改良性创新通常占据主要地位，因为任何一个社会形态在发展过程中，都需要不断调整自身的制度和体现这一制度的体制和机制，而这种调整也就是改良性创新，舍此不能使自身得到巩固和完善。但是，当这种调整已经到了极限，无法再保证该社会形态继续发展的时候，由先进阶级担负的革命性创新就提到日程上来了，非此不能促使该社会形态向前飞跃一步。但当这种革命性创新已经基本完成之后，改良性创新便又会重新开始，并成为占主要地位的创新形式。由此可见，改良性创新和革命性创新是一个交互进行的过程。

由于客观世界是一个包括多种事物和过程的复杂体系，而这些事物和过程发展进程并不一样：有时这一事物正处于改良性创新为主的过程中，而另一事物却处于革命性创新为主的阶段，反之亦然。因而社会领导者在制定创新政策时，应该对两种形式的创新同样对待，而不能褒扬一种创新，贬抑另一种创新，更不能强行推动一种创新，阻碍另一种创新。对于具体过程而言，则应当具体分析，适合何种创新就支持何种创新。这样才能真正做到调动一切创新积极性，实现"大众创业、万众创新"的社会蓬勃发展局面。

（本文写于 2016 年 10 月 8 日）

4. 知识更新是实践创新的关键

每个人的头脑中都有很多知识，人的行为实践就是在这些知识指引下进行的。人脑中的知识陈旧，人的行为实践不可能有创造性；人脑中的知识不断更新，人的实践就会不断出现新局面，因而不断更新头脑中的知识乃是实践创新的关键。

人脑中的知识如何更新？唯一途径就是不断学习。

首先是向自己的实践学习。实践是主观作用于客观的过程，在这种作用中，客观世界的新属性、新特征就会不断暴露出来，为人所认识，人把这些认识加以总结和深化，就会得出关于客观对象新的规律性认识，用这种新认识指导实践，就会做出发明和创造。由于客观世界是不断发展变化的，因而人们只要不间断地从事实践，就总会不断地在认识上有所发现，在实践上有所创造。拒绝向自身的实践学习，就不可能产生新认识，并在实践上有新进步。

其次是向书本学习。书本知识是他人的实践知识。由于人总是在不同的环境中（主观环境和客观环境）从事实践活动的，因而总会对客观事物产生不同程度和不同侧面的认识，即便是从事同类实践活动时亦如此。因而不断向书本学习会使自己发现自己所未发现的东西，从而使自己产生新认识，而把这些认识用于实践，就会做到有所创造。目前时代是互联网时代，人类的新知识正以前所未有的速度和规模在互联网上存贮和传播，因而各种新知识大都可以通过互联网而较快地获得和掌握，我们应该把读书和上网结合起来，努力学习各种他人提供的新知识。

人们要通过实践和书本获得新知识，还有一点特别重要，就是要有科学的思维方法。只有有了科学的思维方法，才能对所学的实践新知识要素和书本新知识要素进行加工，从而得出系统的规律性认识，并用来指导实践。思维方法的内容有很多，其中最为重要的就是唯物辩证法。只有运用唯物辩证法作指导，才能从感性认识上升到理论认识，从零散认识上升到系统认识，从而全面、系统地反映客观世界的新属性和新规律，并用这种新认识去创造新世界。

"大众创业、万众创新"是党中央提出的建设社会主义事业的重要方针，要真正贯彻和落实这一方针，应该在全国人民中提倡更新知识活动。一方面，要鼓励人民群众通过社会主义建设实践不断创造出新知识；另一方面，要努力通过互联网等途径学习世界上的各种新知识。只有让全国人民尽可能地学会不断更新自己头脑中的知识，才能促其在认识和实践上做到有所发现、有所发明、有所创造、有所前进，推动我国社会主义建设不断走上新境界，最终实现伟大的"中国梦"。

（本文写于 2017 年 1 月 21 日）

5. 浅谈科技革命与科技创新

科技革命与科技创新是受社会关注的两个概念，但这两个概念并非完全等同，它们有着内在联系，也有重要区别。

首先，科技革命与科技创新都是科技发展中的质变，没有质的变化既不能叫科技革命，也不能叫科技创新。其中，人们把在认识世界方面发生的质变称为科学革命或科学创新，而把在改造世界方面发生的质变则称为技术革命和技术创新。人们公认的近代以来的科学革命的标志主要有牛顿力学、电磁学、相对论、信息论、基因论等理论的建立。而技术革命则主要有蒸汽机革命、电力革命、核动力革命、信息技术革命、基因工程革命，等等。当然，这里所说的质变又是有着层次性的。一是整个科技领域的质变，二是某一学科领域的质变，三是某一分支学科领域的质变。人们通常所说的科技革命主要是指第二个层次的科技革命，指在某一大的学科领域所发生的质变，如牛顿力学、相对论、电磁学及相关技术的发明都实现了物理学上的科技革命，达尔文进化论和基因学说的创立和相关技术的发明则是生物学领域上的科技革命，等等。

其次，科技革命和科技创新虽然都是质变，但其质变层次又是不同的。科技革命是指科技发展中发生的根本性和全局性质变。这里所谓根本性质变是指某一学科领域中根本观念（科学）和根本手段（技术）的改变，这种改变足以引发本学科其他观念和手段的改变。譬如牛顿时代物理学的根本观念是物质运动与时空无关这样一个观念，后来爱因斯坦相对论则提出物质运动与时空不可分的观念，这就是一次根本观念的改变，从而实现了一次物理学上的革命。而科技创新则是科技发展中带有非根本性和局部的质变。例如，科学研究中某一新机理的揭示、某一新特性或新功能的发现，工业生产中某一部件的创新、某一工艺的改良、某一流程的优化等，就都属于科技创新的内容。当然就一般意义上讲，科技革命也属于创新范畴，只不过它是属于根本和重大创新罢了。

最后，科技革命和科技创新又是相互作用的。一方面，科技创新是科技革命的基础。没有各个局部和环节的创新积累，很难实现根本的全局性创新，即革命，因为科技创新不仅为科技革命的发生提供物质基础，而且提供创新思路的积累，这就如同没有各个根据地的建立和支持，全国革命的胜利不可能发生一样。另一方面，科技革命又往往为科技创新提供思想指导并开辟道路，科技革命发生后，会引发一系列科技创新，这些创新促使科技革命成果不断完善和推广，功能不断扩大。

迄今为止，我国在科技方面取得的成果，大多是科技创新上的成果，尚无达到科技革命水平的成果可言。然而，我国在科技创新上所取得的成果必将成为科技革命发生的沃土，只要我们在"大众创业、万众创新"的方针指引下继续前进，我们就一定会在科技革命方面有所突破，为世界人民做出中华民族应有的贡献。

（本文写于 2017 年 4 月 4 日）

6. 再论创新的两大类型

创新有自组织创新和它组织创新两大类型。

自组织创新是指无需外接信息指令而仅凭创新主体的内在的兴趣、想象力、意志力和深刻的理性思维的支持的创新。古往今来大部分的创新成果都是这种自组织创新的产物。欧式、罗氏几何学的创立是如此，牛顿力学和爱因斯坦相对论的创立亦然，达尔文进化论和现代基因论的提出是这样，迄今为止数百名诺贝尔奖的取得更是这样。自组织创新需要遵循一定机制，主要有系统开放机制、系统内部远离平衡态机制、非线性机制、协同机制、涨落机制、突变机制等，脱离这些机制，自组织创新就不可能实现。自组织创新主体可以是群体，也可以是个体，但迄今为止绝大部分是个体，这种情况主要与个体思维能力的不平衡性和不同步性有关。

它组织创新是指在外部信息指令作用下主体实现的创新。这种创新的特点是：创新的目标、动力、条件都来自外部（国家或企业的支持）。例如，现在所谓项目招标创新就属于这种它组织创新。它组织创新无疑是能出大成果的。如我国近年在高铁、航天、超算机、量子通信等方面取得的成果就都属于国家支持的它组织创新的成果。它组织创新也需要创新主体的内在动力支持，但是这种内在动力主要来自完成任务的责任心。它组织创新的主体可以是群体，也可以是个体。但就我国实际而言，绝大部分是群体（包括协同创新群体）主体，即便是个体它组织创新（如屠呦呦的青蒿素奖）也离不开群体的支持。

我国目前正在实施"大众创业、万众创新"国家战略。要使这一战略取得成果，自组织创新和它组织创新都是不可或缺的，但其作用有一定区别：国家重大项目创新应主要靠它组织创新的模式来完成。首先要激发创新主体的社会责任感，鼓励其通过有序竞争勇夺国家重大创新项目的主持权，同时国家应给予创新活动充分支持，保证其重大创新攻关取得成果。但对于有长远意义的科学原始创新而言，则应更多依赖自组织创新模式。因为原始性创新具有一定偶然性，它往往是政府计划不出来的，而只能靠广大创新主体凭借自己的兴趣、想象力、意志力和理性思维力去坚持搞，甚至条件也要靠自己去准备。当然，有关主管部门对于这种自组织创新活动（包括报备的自主创新项目）亦应在调研的基础上尽量给予支持，以促其取得成功。

总之，对于创新活动，我们应采取充分的包容态度，既要支持它组织创新，也要鼓励自组织创新，而不应搞片面性，这应该也是"大众创业、万众创新"国家战略的固有之意。事实说明，只有设法使全国人民的创新之水充分涌流，中华民族才能有获得持续发展的可能，中华民族的伟大复兴也才有确实保证。

（本文写于 2017 年 7 月 11 日）

7. "大众创业、万众创新" 需要全面改革来推动

"大众创业、万众创新"的目的是使人民群众的创新之水充分涌流，推动创新型国家建设不断前进，加速中华民族的伟大复兴，为世界发展做出大贡献。然而这一"大众创业、万众创新"方针的贯彻需要全面改革为条件。

无论是创业还是创新，都要求有新的体制和机制配合才能实现，但现实

存在着并发挥作用的却是运行多年的旧体制和旧机制，而这种旧体制和旧机制是阻碍人们实现创业和创新的，因此，必须要对其进行改革才行：有时需要在局部上改良旧体制和旧机制以与创业和创新相适应，有时则需要彻底抛弃旧体制和旧机制而用新体制和机制来代替之，以为创业和创新开辟道路。体制和机制由谁来改？领导者和管理者义不容辞，领导者是体制和机制的制定者，管理者是体制和机制的执行者，因而领导者和管理者的改革意识和改革举措是改革成败的关键。总之，全面深化改革乃是贯彻"大众创业、万众创新"方针的必要条件。

无论创业还是创新，都需要有一定的环境条件来支持。这里所谓环境包括政治环境、经济环境、文化环境、社会环境、生态环境，等等。环境不仅决定创业和创新意识的生成，而且决定创业和创新的可否持续。其中创新的文化环境最为重要：只有创业和创新成为广大群众的共识和追求的价值目标，创业和创新兴趣才能普遍爆发，创新行为才能持续坚持下去。因而，领导者和管理者努力营造好创业和创新的"生态环境"至关重要，这也应成为政府支持"大众创业、万众创新"事业的重要任务和使命。

"大众创业、万众创新"的方针不是只适用于经济和技术领域，在政治和文化、领导和管理等社会生活的一切领域也都适用，因而应成为一种具有普遍意义的国家管理方针和社会发展的常态，更应成为广大人民群众的一种普遍价值观追求。无论什么部门都需要不断创业和创新；无论在什么历史阶段，也都需要不断创业和创新，只有这样，才能使人们不断开阔新视野，创造新世界。

"大众创业、万众创新"要注意守与用相结合。创业和创新本身都不是目的，而是满足广大人民群众物质文化生活需要的手段。在一定时间内和一定条件下，有了创新成果就应当尽快巩固并投入使用，以使其效益得到保护和持续性发挥，而不能像"狗熊掰棒子"一样，创新一个又丢弃一个；也不能把创新成果都锁在专利局的抽屉里而坐视其价值归零。只有及时并有效保护各种创业和创新成果，及时并有效地把创业和创新成果应用到实践中，使其发挥出应有的功能和效益，才能为社会主义现代化建设服好务。总之，"大众创业，万众创新"是我国发展国民经济的重要方针，我们应该积极创造条件加以贯彻和实施，以推进中华民族伟大复兴事业，并争取为人类做出大贡献。

（本文写于 2017 年 7 月 16 日）

8. 社会关系也应不断创新

"大众创业、万众创新"是党中央提出来的建设创新型国家的重要方针。但人们往往把"大众创业、万众创新"局限于人与自然关系领域内，其实人与人之间的社会关系也应是创新的重要内容。

社会关系创新的本质是人际关系创新。人际关系包括的内容很多：就当代我国而言，阶级关系、阶层关系、群体关系、党际关系、党政关系、政企关系、军民关系、党内关系、政府各部门关系、企业间和企业内部关系、个体与国家关系、个体与群体关系、家庭关系、个体之间关系等都在此列。人际关系状况对社会发展起着直接作用：人们的社会关系合理，社会就能顺利发展，而社会关系不合理，社会发展就会受到阻碍，因而人际关系创新对社会发展至关重要。历史表明，不同社会形态中的人际关系性质和状况不同，新的社会形态中的人际关系要比旧社会中的人际关系合理些，因而也更能促进社会的发展。我们应该不断调整和创新社会主义初级阶段中各种人际关系，使其适应社会生产力发展的需要，适应整个社会发展的需要。

社会关系创新相对于人与自然关系创新比较难。这主要是由于，社会关系与统治阶级的地位息息相关，社会关系的根本改变必然导致统治阶级地位的改变，所以它们总会设法维持有利于自身统治的社会关系，另外社会关系受传统习惯影响也比较大，人们通常不大愿意改变这种固有关系（例如，封建社会中的"三纲五常"即如此），所以当有人违背了传统社会关系时，轻则会受到道德的谴责，重则会受到法律的制裁。因而在一般情况下，人们是不愿也不敢创新社会关系的，这使得社会关系具有相对稳定性。但是由于社会关系服从于人与自然关系这一规律的作用，社会关系的改变终究是会发生的，否则，社会生产力无法发展，整个社会也无法发展，人自身也无法发展，而革命和改革的必然性也正基于此。实际上，革命和改革的本质就是改变人际关系，只不过革命是通过暴力改变社会关系，而改革则是通过和平手段来改变社会关系罢了。

社会关系创新要求社会科学研究也随之创新。社会科学本质上是关于人际关系的科学，故人际关系创新必然导致以此为对象的社会科学的创新。社会科学创新的使命在于揭示新的人际关系的本质及其发展规律，并为新的人际关系的建立和发展提供理论指导。例如，社会主义社会的官民关系就是新型的全心全意为人民服务的关系，因而干部队伍建设必须以全心全意为人民服务为根本宗旨。同人际关系创新比较困难一样，社会科学创新也比自然科学创新更困难些。这主要是因为，社会科学创新会遭遇传统思维的抵制和反抗，即便在我国的社会主义社会中也是如此，例如，在改革开放初期人们对社会主义市场经济观念的不适应就是证明，当然这一观念最终还是被广为接受了。

我国目前处在社会主义初级阶段，这一阶段的最大特点是人际关系处在过渡状态之中。一方面，我们已经依法确立了新型的人与人之间的民主、平等、公正、和谐的社会关系，这是社会主义社会持久繁荣和发展的可靠保证；另一方面，由于生产力发展水平以及传统文化方面的限制，在人际关系方面还有很多过时的传统东西在起作用，诸如不平等、不民主、损人利己、损公肥私、恶性竞争，甚至过度剥削现象还都大量存在。这些情况的存在压抑人的积极性，阻滞社会财富源泉的涌流，障碍生产力的发展，并在总体上阻挡社会的进步。我们必须通过"全面深化改革"战略方针逐渐革除这些过时的不利社会关系，不断创造新的人际关系，以促进人的积极性的迸发和社会整体的不断进步，实现中华民族伟大复兴和最终建成共产主义社会的目标。

（本文写于 2017 年 8 月 2 日）

9. 要按创新规律来建设众创空间平台

众创空间是近年来各国为培养创新人才搭建的重要平台。据 2018 年年初统计，目前我国众创空间数量已达 5500 多家，其对促进"大众创业、万众创新"活动的开展、开辟就业渠道以及企业提质增效均起了重要作用。但目前我国众创空间的发展也存在一哄而上和缺少各自特色的弊病，因而显得有些盲目，其功能亦未得到充分发挥。要解决这些问题，众创空间建设应充分遵循创新人才发展规律，并按这些规律来调整其相关体制机制。

创新性人才的成长是遵循诸多规律的，这里从自组织规律的角度强调以下几点：一是创新性人才必须处于开放环境中。只有在开放环境中，创新性人才才能从环境中不断获取创新所需要的物质、能量和信息，从而使创新成为可能。二是创新性人才必须具有清晰的问题意识。只有充分了解现有理论和技术与发展需要之间的矛盾，了解自身水平与世界先进水平的差距，才有利于激励和促进创新性人才确立创新目标并制定创新规划。三是创新性人才的成长遵循非线性机制。创新性人才的成长是多种因素共同促进的结果，而并非单一因素作用的产物，这些因素中既有物质因素，亦有精神因素；既有理性因素，亦有情感因素，还有意志因素。只有充分调动和综合利用这些因素，才能有效促进创新性人才的成长。四是创新性人才的成长遵循协同机制。现在的众创空间平台多支持个体创新，其实更应支持群体创新，因为有些重大创新项目只靠个体是难以完成的，只有众多创新个体相互协作才能达到目标，众创空间应努力为创新性人才之间的协作提供条件。五是创新性人才的成长遵循涨落机制。创新过程并不是直线上升过程，而是会经历成功—失败—成功的曲折过程才能最终获得成功，而且有时的成功小一点，有时的成功又会大一点，总之是有着起伏和涨落的。众创空间平台的主持者不能对创新性人才有一次性成功的奢望和企求，而要允许和宽容失败，并鼓励失败者总结经验再战。六是创新性人才的成长遵循突变性机制。这里所说的突变并非一般的质变，而是指创新性人才的状态变化，即由稳态到非稳态再到新稳态的变化。一般而言，创新性人才一开始总是处于受旧的理论和技术支配的稳态之中的，经过怀疑和主观努力，其旧的理论和技术会逐渐被冲破，而新的理论和技术则会以萌芽形式成长起来，这种新与旧的拉锯状态就是一种不稳定态，最后由于主客观因素的扰动，新的理论和技术在特定时刻会取代旧的理论和技术，成为创新人才思想和实践的新稳态（新常态），于是创新性人才的理论和技术创新过程就完成了。因而，作为众创空间的主持者或负责人应当具有高度的创新感觉敏锐性，在创新性人才处于创新非稳态时，应给予密切观察和支持，促使其一朝实现突变，完成创新大业。

总之，创新性人才的创新过程是一个有规律的发展过程，众创空间建设只有遵循包括自组织在内的发展规律，满足创新所需要的各种内外条件，才能真正起到为创新性人才的成长提供平台的作用。不了解创新规律，不按照创新规律办事，再多的物质条件也发挥不出应有的促进创新性人才成长的功能，而只能成为创新性人才的临时居住地。

（本文写于 2018 年 5 月 24 日）

10. 创新的动力是什么

党的十九大报告中提出：创新是引领发展的第一动力，这话说得何其正确！没有创新就没有中国的高铁，没有中国的航空母舰，没有中国的航天事业，没有中国的量子通信，没有……总之，没有创新，就没有中国 GDP 的世界第二，就没有中华民族的全面复兴，所以我们要提倡"大众创业、万众创新"。但是，创新的动力又是什么？有人说，创新动力来自人的求新兴趣，这有一定道理，但就近现代中国实际而言，创新动力更来自人的社会责任感，来自自身对中华民族使命的认知！

检视一下中国进入近现代特别是社会主义社会以来的发明创造，几乎没有一项重大创新不是科学家出于高度的社会责任感和民族使命认知而做出的，钱学森不是为了发展中国的建设事业怎么会历尽艰险回到祖国并做出"两弹一星"的重大创新？袁隆平不是为了解决亿万人民的吃饭问题，又怎么会搞出亩产千公斤以上的杂交水稻？屠呦呦若没有解决人们病痛的强烈愿望又怎么会研制出救万民于病痛的青蒿素？总工程师林鸣不是为了给中国人争口气，怎么能解决一系列难题而指挥参建人员建成世界第一的珠港澳大桥？……无数事实说明，世界上的任何事物都不是人单纯靠自身兴趣支配而做出的，而主要是人的社会责任感和使命认知使然，人的社会责任感和使命认知可以支配人的兴趣发挥的方向，可以支配人的本能发挥的强度，可以增强人的行为能力的持久性。总之，人的社会责任感和使命认知才是支配人的创新行为的原始动因。

人的社会责任感和使命认知不是天生的，而是在后天的实践学习和受教育过程中形成的：不经历亡国的苦痛就不会产生爱国之心，不经历落后挨打的教训就不会产生奋发图强的民族上进心，没有各个领域的先进人物和教师教育，人的社会责任感和民族使命认知也不会快速形成。因而我们欲推动"大众创业、万众创新"事业，就应当加强对创新主体的社会责任感和民族使命认知教育，引导其主动学习历史和现实的实践经验，否则，人的创新热情就难以激发出来，创新动力就无从产生，而创新行为也会成为无源之水、无本之木。

总而言之，我国近现代的创新（特别是重大创新）大都是一种有着强烈社会目的性的行为，它不是由所谓人的单纯兴趣本性决定的。我们必须从广泛的社会实践教育入手，使人们充分认识自己的社会责任，认知自己所担负的民族复兴使命，从而激发人们特别是青年人的持久创新热情和动力，那种单纯追求创新或把创新动力寄望于个人兴趣的做法是很难达到目标的。

（本文写于 2018 年 6 月 7 日）

11. 对创新的动力机制的思考

党的十九大报告中提出：创新是引领发展的第一动力，这话深刻揭示了创新在社会发展中的历史地位的作用。但是，创新的动力机制又是什么？这是一个需要进一步探讨的问题。

让我们先来探讨一下创新的实际发生过程：人们在认识客观世界过程中，总是先接受前人获得的知识，并以此为指导继续认识世界。但人类在已有知识的指导下认识世界的时候，往往会遇到其解释不了的客观现象。这就需要人们探索新的认识，提出新的观念或假说。当这种新认识被实践证明是正确之后，创新认识就诞生了。自由落体定律的发现，相对论的提出，量子理论的创立，生物基因理论的诞生都是如此，这就是认识创新过程。人们在改造客观世界的过程中，也总是先接受前人的技术方法指导。但在这个过程中，人们也会遇到已有技术和方法解决不了的问题，这时就需要人们去探索另外的技术和方法，而一旦这一技术或方法在实践中获得成功，新方法、新技术也就诞生了，系统方法、系统工程方法、信息方法、优化法等新方法或技术就是这样诞生的。这就是技术创新过程。由此可见，创新是由认识与实践的矛盾引发的，认识创新是由旧认识与新认识对象的矛盾引发的，技术创新是由旧技术与新实践对象的矛盾引发的。没有矛盾就不会有创新。

创新当然与欲望和兴趣有关，但人的创新欲望和创新兴趣并不是凭空产生的，而是在认识和实践中矛盾激发的结果，由于已有的认识和技术状况不能满足人们的主客观需要的发展，这就会激发人们去探索新认识和发现新方法的欲望和兴趣，而这种欲望和兴趣又会驱动主体产生探索新认识和发现新方法的行为，从而使创新成为可能并变为现实。由此可见，人的创新欲望和兴趣，并不是创新的原始动力，原始动力是思维和实践中的矛盾。因而，创新的动力是思维和实践中的矛盾及其运动。谁能先发现这一矛盾，谁能据此产生解决矛盾的欲望和兴趣，谁就能做到有所创新。因此，人们要实现创新，就应主动去认识事物，主动去改造事物。只有在这个过程中，才能不断发现矛盾，并不断激发出解决矛盾的欲望和兴趣，从而采取行动，做到有所创新。这是创新的内在动力。

实践不仅会激发主体创新的兴趣、欲望，而且会激发创新的使命感、责任感、压力感等。如中华民族伟大复兴的使命感、责任感、压力感就对现代中国人的创新行为起着巨大推动作用。但是这种外力只有通过促使人们深入思考和实践，从而发现认识和实践中的矛盾，并进而激发出主体解决问题的强烈欲望或兴趣，才能出现创新成果。如果外在因素不能激发人们深入思考问题和勇于实践，那是无法对创新有所裨益的。这也就是说，外部动力只有通过内部动力才能起作用，创新是内外动力共同起作用的结果，这是创新的唯物论和辩证法。

（本文写于 2019 年 1 月 1 日）

12. 注意行为系统创新

创新是人类一种行为模式，是引领发展的第一动力。但这里所说的创新并非指那种孤立的、碎片化的创新，而是指人的整个行为系统的创新。由于人的行为是由认识、评价、设计、控制、实践诸环节有机构成的系统，因而系统创新也就主要表现为这五个方面及其内部相互关系创新。事实说明，只有全面搞好这五个环节创新，并处理好其内部关系，才能真正引领我国社会的发展。

首先是认识创新。认识创新是人类行为创新的第一环节，没有认识上的创新，其他行为创新就失去根据。近现代以来的人类创新都是从认识创新——科学发现开始的，马克思主义哲学创新也起源于对世界的新认识。故就总体而言，认识创新是现代一切创新的逻辑起点，是宏观上的原始创新。

其次是评价创新。评价是人们对事物有利于人类生存发展价值的评判，包括定性评价和定量评价两部分。评价创新是人类行为的重要依据，对人类发展意义重大。近现代社会革命和改革都是以对旧社会的评价为基础的，一切科技创新也都建立在对原有科技的辩证否定性评价基础之上，所谓"变废为宝"是评价创新的典型例证。评价创新也以认识创新为前提。

再其次是设计创新。设计是人类行为的核心环节，它以对事物的认识和评价为基础，以人类对事物发展的期望为导向和动力。设计的正或误直接决定人类实践行为的成败。因而设计创新乃是整个人类行为创新的核心环节。没有设计创新，就不会有实践行为创新，因而必须高度重视设计创新，特别是顶层设计创新。

复次是控制创新。人类的任何行为都是需要控制的，这里所谓控制就是指在环境影响下使人的行为始终指向既定目标的性质。失去既定目标的行为是失控行为。失控行为的发生多与内外环境因素干扰有关。由于控制的本质是选择，因而控制创新也就是行为选择创新。客观存在的控制方式无限多样，因而控制创新也就有广阔的选择天地。

最后是实践创新。实践是人类基于自身需要而对客观世界进行有目的的改造过程，是人类行为的最高形式，实践创新也是人类最高形式的创新。实践的目的是创造适合人类需要的物质新形式。例如，将自然物质改造成适合人类需要的食物、住房、衣服，将旧社会改造成适合人类生存的新社会等。实践创新也有多种方式。例如，有物质手段创新、能量手段创新、信息手段创新等。

应该指出，上述行为创新是一个系统整体，任何一个环节都不可或缺，同时它们之间又有着一定结构：认识创新是前提，评价创新是动力，设计创新是核心，控制创新是保障，实践创新是最高形式。事实说明，只有上述各环节有机结合的行为系统创新，才能真正起到引领发展的第一动力作用。

（本文写于 2019 年 7 月 31 日）